高职高专汽车制造类系列创新教材

汽车制造质量管理

（配任务工单）

第2版

主　编　陈秀华　刘福尚
副主编　李　鑫　刘资媛　黎　莉　尹春山
参　编　刘　劼　周贵庭　李艺成　李秋艳

机械工业出版社

本书由浅入深地介绍了质量管理的基础知识、国际上通用的ISO 9000质量管理体系，结合汽车制造企业的生产实际，介绍了零部件制造质量管理、制造过程的质量管理方法和手段，整车质量管理及相关的法律常识（如缺陷汽车产品召回管理条例、汽车"三包"政策、强制性产品认证），质量改进的方式与方法。

本书最大的特点是理论与实际相结合，由高职院校具有丰富教学经验的教师、汽车制造企业的一线技术人员和质量管理人员、精通汽车企业工作特点的出版社工作人员三方组成的团队编写和审核。本书图文并茂、理论够用、案例具体、实用性强、针对性强、具有可操作性，各单元配备任务工单。本书可作为高职院校汽车制造与试验技术专业的教材，也可作为汽车相关专业质量管理方面的参考书，还可作为企业技术人员质量管理和质量控制的参考书。

图书在版编目（CIP）数据

汽车制造质量管理：配任务工单/陈秀华，刘福尚主编. — 2版. — 北京：机械工业出版社，2022.11（2025.1重印）
高职高专汽车制造类系列创新教材
ISBN 978-7-111-71815-4

Ⅰ.①汽… Ⅱ.①陈…②刘… Ⅲ.①汽车企业–工业企业管理–质量管理–高等职业教育–教材 Ⅳ.①F407.471.63

中国版本图书馆CIP数据核字（2022）第192479号

机械工业出版社（北京市百万庄大街22号　邮政编码100037）
策划编辑：李　军　　　　　责任编辑：李　军
责任校对：郑　婕　张　薇　封面设计：马精明
责任印制：常天培
固安县铭成印刷有限公司印刷
2025年1月第2版第4次印刷
184mm×260mm・13.25印张・321千字
标准书号：ISBN 978-7-111-71815-4
定价：59.90元（含任务工单）

电话服务　　　　　　　　　网络服务
客服电话：010-88361066　　机　工　官　网：www.cmpbook.com
　　　　　010-88379833　　机　工　官　博：weibo.com/cmp1952
　　　　　010-68326294　　金　书　网：www.golden-book.com
封底无防伪标均为盗版　机工教育服务网：www.cmpedu.com

前言

"汽车制造质量管理"是汽车制造与试验技术专业必修的一门专业课。通过该课程的学习,学生能够了解质量概念与定义、质量管理的基础知识,学会质量管理的基本方法和常用工具,掌握全面质量管理和汽车制造过程的质量管理方法与要点,全面了解和学会 ISO 9000 质量管理体系的基础知识,熟悉 ISO 9000 族标准和适用于汽车行业的 IATF16949 标准,熟悉与整车质量相关的法律法规常识,如《缺陷汽车产品召回管理条例》《汽车三包规定》《强制性产品认证管理规定》等,为后续的课程学习提供必要的预备知识。

本书从质量管理的基础知识入手,逐步引入 ISO 9000 标准的学习,让学生对全面质量管理有全面、系统的了解,接着介绍汽车零部件质量管理,汽车制造过程的质量控制,整车质量管理,以及与汽车相关的法律法规介绍(缺陷汽车产品召回管理条例、强制性产品认证管理规定、汽车三包规定),最后介绍质量改进,共包括六个单元的内容。本书内容丰富、裁剪适当、理论够用、实践性强,采用单元式编写,案例鲜活、图文并茂、可操作性强。本书可作为高职院校汽车制造与试验技术专业的教材,也可作为汽车相关专业的质量管理参考书,还可作为企业技术人员质量管理和质量控制的参考书。

本书由湖南交通职业技术学院陈秀华老师和汽车制造企业质量管理专家刘福尚担任主编,汽车制造企业资深专家范家春担任主审。在编写本书过程中,得到湖南交通职业技术学院和兄弟院校领导和老师们的支持和帮助,也得到长沙汽车制造企业高管和现场技术人员的帮助,他们的加入以及其他人员提供的信息为本书增色不少,在此一并表示感谢。

由于编者水平有限,本书难免存在不足之处,敬请专家和读者批评指正。

编 者

目录

前言

单元 1 质量管理基础知识 ············· 1

1.1 质量与质量管理发展史 ············· 2
1.1.1 质量和顾客满意 ············· 2
1.1.2 质量管理发展史 ············· 3

1.2 全面质量管理认知 ············· 5
1.2.1 质量的概念和质量特性 ············· 6
1.2.2 质量的产生、形成和实现的过程 ············· 7
1.2.3 质量管理理论 ············· 9
1.2.4 全面质量管理 ············· 12

1.3 质量管理基础认知 ············· 16
1.3.1 质量责任制 ············· 16
1.3.2 质量控制计划 ············· 17
1.3.3 质量方针和质量目标 ············· 17
1.3.4 计量管理 ············· 17
1.3.5 标准化管理 ············· 17
1.3.6 质量信息管理 ············· 18
1.3.7 质量教育与培训 ············· 19

1.4 QC 常用工具应用 ············· 20
1.4.1 排列图 ············· 20
1.4.2 因果图 ············· 21
1.4.3 调查表 ············· 23
1.4.4 分层法 ············· 24
1.4.5 直方图 ············· 25
1.4.6 散布图 ············· 27

1.4.7　控制图 ·· 28

单元 2　质量管理体系 ······································· 31

2.1　质量管理体系认知 ··· 34
2.1.1　概述 ·· 34
2.1.2　基本术语 ·· 36
2.1.3　质量管理体系要素 ··· 38
2.1.4　ISO 9001：2015 标准理解 ································· 41

2.2　质量管理体系构筑与运行 ·· 44
2.2.1　质量管理体系的特点 ·· 44
2.2.2　质量管理体系的构筑步骤 ··································· 45
2.2.3　质量管理体系的运行 ·· 46
2.2.4　员工在质量管理体系中应当发挥的作用 ············· 47

2.3　质量管理体系审核 ··· 57
2.3.1　目的 ·· 58
2.3.2　目标 ·· 58
2.3.3　依据 ·· 58
2.3.4　方式 ·· 58
2.3.5　主要内容 ·· 59

2.4　ISO 9000 与 IATF 16949：2016 ······························· 66
2.4.1　ISO 9000 概述 ··· 66
2.4.2　IATF16949：2016 ·· 68

单元 3　零部件质量管理 ······································· 74

3.1　零部件质量管理概述 ·· 75
3.1.1　零部件质量管理基础知识 ··································· 75
3.1.2　开发阶段的零部件质量管理 ······························· 76
3.1.3　量产阶段的零部件质量管理 ······························· 77

3.2　质量不合格零部件管理 ·· 81
3.2.1　不合格零部件的类型 ·· 81

3.2.2　不合格零部件的处理 …………………………………………………… 83
　　3.2.3　不合格零部件的质量改善 ……………………………………………… 85

单元 4　汽车制造过程质量管理 ………………………………………… 86

4.1　生产现场质量管理 ……………………………………………………… 87
　　4.1.1　生产现场质量管理内容与要点 …………………………………………… 89
　　4.1.2　汽车生产流程与质量管理 ………………………………………………… 93
　　4.1.3　生产班组的质量管理职能 ………………………………………………… 94
　　4.1.4　标准作业 …………………………………………………………………… 95

4.2　过程质量管理 …………………………………………………………… 97
　　4.2.1　过程和过程质量的概念 …………………………………………………… 97
　　4.2.2　过程质量的控制方法 ……………………………………………………… 98
　　4.2.3　过程能力评估 …………………………………………………………… 100
　　4.2.4　过程评审 ………………………………………………………………… 104

4.3　精度质量管理 ………………………………………………………… 106
　　4.3.1　车身精度管理概述 ……………………………………………………… 106
　　4.3.2　车身精度管理内容 ……………………………………………………… 107
　　4.3.3　监测装置管理内容 ……………………………………………………… 114

单元 5　整车质量管理及相关法律法规 ……………………………… 116

5.1　整车质量检查 ………………………………………………………… 117
　　5.1.1　整车质量检查概述 ……………………………………………………… 117
　　5.1.2　整车质量评审 …………………………………………………………… 119
　　5.1.3　整车质量评审规范 ……………………………………………………… 120

5.2　制定工厂通过强制性产品认证及后续管理的方案 …………………… 122
　　5.2.1　强制性产品认证的含义 ………………………………………………… 122
　　5.2.2　3C 认证步骤 …………………………………………………………… 124
　　5.2.3　产品认证证书及认证标志的颁发及使用 ……………………………… 127
　　5.2.4　获证后跟踪检查和监督管理 …………………………………………… 128

5.3 制定汽车召回管理方案 ·· 129
5.3.1 汽车召回管理概述 ·· 130
5.3.2 汽车召回的关键词 ·· 130
5.3.3 汽车召回实施 ·· 131
5.3.4 国外汽车召回的情况介绍 ···································· 134

5.4 汽车"三包" ·· 135
5.4.1 汽车"三包"政策概述 ······································· 136
5.4.2 汽车"三包"与"召回"的差异 ······························ 137
5.4.3 汽车"三包"案例讨论 ······································· 137

单元 6 质量改进 ·· 139

6.1 质量改进基本认识 ·· 140
6.1.1 质量改进的概念及意义 ······································· 141
6.1.2 质量改进的步骤和内容 ······································· 142
6.1.3 质量改进的组织与推进 ······································· 146
6.1.4 作业人员要积极参加质量改进 ································· 149

6.2 QC 小组活动 ··· 150
6.2.1 QC 小组活动概述 ·· 150
6.2.2 QC 小组的性质和特点 ·· 151
6.2.3 QC 小组活动的宗旨 ·· 152
6.2.4 QC 小组活动的产生和发展 ···································· 152

6.3 QC 小组的组建 ··· 153
6.3.1 QC 小组的组建原则 ·· 153
6.3.2 QC 小组成员的组成及职责 ···································· 154
6.3.3 QC 小组的组建程序和注册登记 ································ 154

6.4 QC 小组活动的步骤 ··· 156
6.4.1 P：计划阶段 ·· 157
6.4.2 D：实施阶段 ·· 160
6.4.3 C：检查阶段 ·· 160
6.4.4 A：处置阶段 ·· 161

6.5 QC 小组活动成果 ·············· 168
6.5.1 QC 小组成果报告的编写 ·············· 169
6.5.2 QC 小组成果报告的发表 ·············· 170
6.5.3 QC 小组活动成果的评价 ·············· 170
6.5.4 QC 小组活动的激励 ·············· 171

6.6 5S 活动 ·············· 172
6.6.1 5S 概述 ·············· 172
6.6.2 整理、整顿、清扫 ·············· 173
6.6.3 清洁和自律 ·············· 175
6.6.4 现场开展 5S 活动的方法 ·············· 177

参考文献 ·············· 180

单元 1
质量管理基础知识

单元概述

国家的强大依赖能生产高质量产品和服务的工业能力，质量是企业的生命，质量管理是企业管理的纲要。

产品质量的优劣，关系到每位消费者的切身利益。国家已明确提出建设"质量强国"，提高质量已成为国家重大的战略目标。产品质量代表一个国家的形象，一个民族的精神。质量管理是在质量方面指挥和控制、组织与协调的活动，质量管理是企业管理的基础，可以规范企业管理和员工的行为，监督和预防质量事故的发生，对提升企业的经济效益有着重要意义。优质能给人们带来效益和发展，最终能使社会繁荣、国富民强；劣质会给人们带来无尽的烦恼乃至灾难，造成企业的亏损甚至倒闭。因此，提高质量的意义非常重大。我们将从顾客满意、企业、效益、社会等几个方面分别来分析提高质量的重要性。通过本单元的学习，达成如下主要学习目标。

单元学习目标

1. 能力目标
（1）能够描述质量与质量管理发展的三个阶段。
（2）能够描述质量产生、形成和实现的过程。
（3）能够掌握全面质量管理的内容。
（4）能在质量管理活动中较熟练使用质量控制（QC）7大工具。
（5）能熟练绘制因果图。

2. 知识目标
（1）了解全面质量的概念。
（2）熟悉质量管理基础知识。
（3）掌握使用质量控制（QC）主要工具绘制因果图，分析问题。

3. 素养目标
（1）树立顾客第一的思想，满足顾客需求，为顾客服务。
（2）树立质量意识，关注产品和服务质量。

1.1 质量与质量管理发展史

丰田质量管理

20世纪70年代是丰田汽车公司飞速发展的黄金期,从1972年到1976年仅四年时间,该公司就生产了1000万辆汽车,年产汽车达到200多万辆。进入80年代,丰田汽车公司的产销量仍呈直线上升。到90年代初,年产汽车已经超过了400万辆,并接近500万辆,击败福特汽车公司,汽车产量名列世界第二。2007年,丰田汽车公司总共生产了949.77万辆汽车,超过美国通用汽车公司,成为世界第一汽车生产厂商,而它的利润自2010年起一直在全世界汽车行业中保持第一。丰田汽车公司为何会取得如此骄人的成绩?总结起来有以下几点:①丰田汽车公司有很强的技术开发能力,而且十分注重研究顾客对汽车的需求。②丰田汽车公司很注重产品质量。

丰田汽车公司认为质量管理是"以最经济的手段制造出市场最有用的产品"。它以5S为基础,综合利用各种统计方法及PDCA循环,全员开展质量控制活动,从上到下,从每一个细节入手,持续不断地推行质量管理。

请同学们根据以上报道,讨论并完成如下任务:
1. 丰田汽车公司为什么能够取得如此骄人的成绩?
2. 丰田汽车公司采用了哪些质量管理的方法?

1. 能描述质量与顾客满意的概念。
2. 能描述质量管理发展三阶段。

1.1.1 质量和顾客满意

1. 顾客

按照ISO 9000国际标准2015年版中的定义,顾客是指能够或实际接受为其提供的,或按其要求提供的产品或服务的个人或组织。

示例

消费者、委托人、最终使用者、零售商、内部过程的产品或服务的接收人、受益者和采购方。

注:这里的"顾客",既包括组织外部的顾客,也包括组织内部的顾客。

外部顾客指外部接受服务和使用产品的个人或团体。外部顾客又有现实顾客和潜在顾客之分。现实顾客指具有消费能力、对产品或服务有购买需求、了解产品和服务的信息以及购买渠道、能立即为组织带来收入的个人或团体。潜在顾客是指消费能力不足或没有购买产品和服务的需求,以及缺乏信息和购买渠道的个人或团体。潜在顾客可以随环境、条件、需要的变化转化为现实顾客,因此也是组织扩大市场份额时可以争取的部分。

内部顾客是指在组织内部接受服务或使用产品的个人或团体。从过程的观点来看,组织的内部是由纵横交错的过程链或过程网络所构成的,过程的上下环节之间便形成了供方和顾客的关系。为保证满足顾客的需求,需要在企业中取得以下共识:第一,企业中的每一位员工都直接或间接地服务于最终顾客,每个人都要为企业做出贡献。第二,企业的所有员工、部门和单位还要为内部顾客(包括其他的员工、部门和单位)提供服务等。总之,组织中的每一个部门、每一个环节乃至每一个人都应该树立"下一过程是顾客"的观念,只有如此,过程之间的衔接才能够协调,组织才能成为一个真正的整体,组织的机能才能保持在一种最佳状态。

2. 顾客满意

顾客满意是指顾客对其要求已被满足的程度和感受。它是顾客将其对企业的产品或服务实际感受的价值与期望的价值进行比较的结果。如果顾客实际感受的价值与其期望价值一致,顾客会满意;如果实际感受的价值不及期望价值,顾客会不满意;如果实际感受的价值超过了期望价值,顾客会非常满意。从企业的角度看,顾客满意是企业成功地理解某一顾客或某部分顾客的爱好,并着手为满足顾客需求作出相应努力的结果。

3. 提高质量是顾客满意的保证

顾客满意是质量管理的主要目标,企业通过持续地满足顾客可以获得长期的发展。但是,顾客的需求又在不断提高,要持续满足顾客的要求必须不断提高产品质量。那么如何才能实现这一目标呢?这就需要分析整个质量管理体系,通过不断改进系统、完善流程来持续达到这一目标。

1.1.2 质量管理发展史

质量管理是对确定和达到质量所必需的全部职能和活动的管理。其中包括质量方针的制定及所有产品、过程或服务方面的质量保证和质量控制的组织、实施。

质量管理是随着生产的发展和科学技术的进步而逐渐形成和发展起来的,它发展到今天大致经历了三个阶段。

1. 质量检验阶段

第二次世界大战之前,人们对质量管理的理解还只限于质量的检验,也就是说,通过严格的检验来控制和保证出厂或转入下一道工序的产品质量。检验工作是这一阶段执行质量职能的主要内容。在由谁来检验把关方面,也有一个逐步发展的过程。①在 20 世纪以前,生产方式主要是小作坊形式,那时的工人既是操作者,又是检验者,制造和检验的职能都集中在操作者身上,因此被称为"操作者质量管理"。②20世纪初，科学管理的奠基人泰勒提出了在生产中应该将计划与执行、生产与检验分开的主张。于是，在一些工厂中建立了"工长制"，将质量检验的职能从操作者身上分离出来，由工长行使对产品质量的检验。这一变化强化了质量检验的职能，称为"工长质量管理"。③随着科学技术和生产力的发展，企业的生产规模不断扩大，管理分工的概念就被提了出来。在管理分工概念的影响下，一些工厂便设立了专职的检验部门并配备专职的检验人员来对产品质量进行检验。质量检验的职能从工长转移给了质量检验员，称为"检验员质量管理"。

专门的质量检验部门和专职的质量检验员，使用专门的检验工具，业务专精，对产品质量起到了把关的作用。然而，"检验员质量管理"也存在不足，主要表现在：①只有检验部门负责对产品质量进行检验，没有其他管理部门和全体员工的参与，尤其是直接操作者不参与质量检验与管理，就容易与检验人员产生矛盾，不利于产品质量的提高。②主要采取全数检验，不仅检验工作量大，检验周期长，而且检验费用高。③由于是事后检验，没有在制造过程中起到预防和控制作用，即使检验出废品，也已是"既成事实"，质量问题造成的损失已难以挽回。④全数检验有时在技术上变得不可能，如破坏性检验，判断质量与保留产品之间产生了矛盾。这种质量管理方式逐渐不能适应经济发展的要求，需要改进和发展。

2. 统计质量控制阶段

"事后检验"存在不足，促使人们不断探索新的检验方法。1926年，美国贝尔电话研究室工程师休哈特提出了"事先控制，预防废品"的观念，并且应用概率论和数理统计理论，发明了具有可操作性的"质量控制图"，用于解决事后把关的不足。随后，美国人道奇和罗米格提出了抽样检验法，并设计了可以运用的"抽样检验表"，解决了全数检验和破坏性检验所带来的麻烦。但是，由于当时经济危机的影响，这些方法没有得到足够的重视和应用。

第二次世界大战爆发后，由于战争对高可靠性军需品的大量需求，质量检验的弱点严重影响军需品的供应。为此，美国政府和国防部组织了一批统计专家和技术人员，研究军需品的质量和可靠性问题，促使数理统计在质量管理中的应用，先后制定了三个战时质量控制标准，标志着质量管理进入了统计质量控制阶段。

从质量检验阶段发展到统计质量控制阶段，质量管理的理论和实践都发生了一次飞跃，从"事后把关"变为预先控制，并很好地解决了全数检验和破坏性检验的问题，但也存在许多不足之处：①它仍然以满足产品标准为目的。②它仅侧重于工序管理，而没有对产品质量形成的整个过程进行管理。③统计技术难度较大，主要靠专家和技术人员，难以调动广大工人参与质量管理的积极性。④质量管理与组织管理没有密切结合起来，质量管理仅限于数学方法，常被忽略。由于上述问题，统计质量控制也无法满足现代工业发展的需要。自20世纪60年代以后，质量管理便进入了全面质量管理阶段。

3. 全面质量管理阶段

全面质量管理阶段是从20世纪60年代开始的。促使统计质量控制向全面质量管理过渡的原因有以下几个方面：

① 科学技术的进步，出现了许多高、精、尖的产品，这些产品在安全性、可靠性等方面的要求越来越高，统计质量控制的方法已不能满足这些高质量产品的要求。

② 随着人们生活水平的提高，人们对产品的品种和质量有了更高的要求，而且保护消费者利益的运动也向企业提出了"质量责任"问题，这就要求质量管理进一步发展。

③ 系统理论和行为科学理论等管理理论的出现和发展，对企业组织管理提出了变革要求，

并促进了质量管理的发展。

④ 激烈的市场竞争要求企业深入研究市场需求情况，制定合适的质量，不断研制新产品，同时还要做出质量、成本、交货期、用户服务等方面的经营决策。而这一切均需要科学管理做指导，现代管理科学也就得到迅速的发展。正是在这样的历史背景和社会经济条件下，美国的费根堡姆和朱兰提出了"全面质量管理"的概念。

1961年，费根堡姆出版了《全面质量管理》一书，其主要见解如下：

1）质量管理仅靠数理统计方法是不够的，还需要一整套的组织管理工作。

2）质量管理必须综合考虑质量、价格、交货期和服务，而不能只考虑狭义的产品质量。

3）产品质量有一个产生、形成和实现的过程，因此质量管理必须对质量形成的全过程进行综合管理，而不应只对制造过程进行管理。

4）质量涉及企业的各个部门和全体人员，因此企业的全体人员都应具有质量意识并承担质量责任。

从统计质量控制发展到全面质量管理，是质量管理工作的一个新的飞跃。全面质量管理活动的兴起标志着质量管理进入了一个新的阶段，它使质量管理更加完善，成为一种新的科学化管理技术。随着对全面质量管理认识的不断深化，人们认识到全面质量管理实际上是一种以质量为核心的经营管理，可以称之为质量经营。实际上，日本人早就把全面质量管理与企业的经营联系在一起。

随着全面质量管理的发展，20世纪80年代国际标准化组织（ISO）发布了第一个质量管理的国际标准——ISO 9000标准。20世纪90年代，国际上又掀起了六西格玛管理的高潮。前者将质量管理形成标准，后者追求卓越的质量管理。

 小结

　　本小节从质量的顾客满意、质量管理等概念入手，讲述了质量与顾客满意的相关知识，将质量管理发生阶段定义为三阶段，并详细讲述了质量管理的发展历史，为下面即将进行的全面质量管理的学习打下必要的理论基础。

1.2　全面质量管理认知

 知识点引入

全面质量管理

　　企业在激烈的市场竞争中取得成功的因素很多，但是至关重要的因素依旧为产品的质量因素，可以说质量是企业永恒的主题，是企业的第一生命。从20世纪60年代至今，全面质量管理作为一种新型有效的质量管理方法，世界各国的大部分企业通过结合各自特点对之加以运用，并取得显著的效果。

　　企业要在激烈竞争的市场中取胜，必须注重人员的全面质量管理、提升全员的质量意

识与领导层对全面质量的认知等，都是全面质量管理必不可少的要素。整个公司要养成质量管理的习惯，养成下道工序即顾客的观念，上下联动，坚持不懈，渐渐养成对质量深刻关注的习惯，遵循"做事不贪大，做人不计小"的原则，扎扎实实地从细处入手，真正使全面质量管理落到实处。

请同学们根据以上描述，以小组为单位，学习和讨论对全面质量管理的理解，并且完成以下任务：

1. 请简要讲述质量的定义。
2. 请描述全面质量管理的定义及特点。

1. 能描述质量的概念、特性。
2. 能描述质量的产生、形成和实现过程。
3. 能描述全面质量管理的概念。
4. 能描述全面质量管理的方法（PDCA）。

1.2.1 质量的概念和质量特性

1. 质量的概念

质量是质量管理的对象。正确、全面地理解质量的概念，对于开展质量管理工作是十分重要的。在生产发展的不同历史时期，人们对质量的理解，随着科学技术的发展和社会经济的变化而有所变化。

国际标准化组织制定的 ISO 8402—1994《质量术语》标准，对质量作了如下的定义："质量是反映实体满足明确或隐含需要能力的特征和特征的总和。"按照 ISO 9001 中所述质量是一组固有特性满足要求的程度，可以使用形容词好、差或优秀来形容。质量不仅指产品质量，也可指过程和体系的质量，涉及多个方面，如产品、服务、个人、过程、工作等。

定义中的"实体"可以是某项活动或过程，某个产品，某个组织、体系或人；也可以是它们的任何组合。其中的产品，可以是有形产品，也可以是无形产品。

定义中的"需要"一般指顾客的需要，但从经济法规以及环境保护、防止公害等法规的角度看，也包含社会需要。

为使"需要"能予以描述从而得以实现和检查，应将它们转化为质量要求。所谓质量要求，就是通过一组定量的或定性的要求，表述为某一实体的特性。实体的质量特性通常可以概括为性能、寿命、可靠性、安全性、经济性以及美学等方面的特性。

2. 质量特性

质量特性是指产品、过程或体系中与质量要求有关的固有特性。

质量概念的关键是"满足要求"。这些"要求"必须转化为有指标的特性，作为评价、检验和考核的依据。由于顾客的要求是多种多样的，因此反映质量的特性也应该是多种多样的。另外，不同类型的产品，质量特性的具体表现形式也不尽相同。

（1）硬件产品的质量特性

1）性能。性能通常指产品在功能上满足顾客要求的能力，包括使用性能和外观性能。

2）寿命。寿命是指产品能够正常使用的年限，包括使用寿命和储存寿命两种。使用寿命指产品在规定的使用条件下完成规定功能的工作总时间。一般地，不同的产品对使用寿命有不同的要求。储存寿命指在规定储存条件下，产品从开始储存到规定的失效时间。

3）可信性。可信性是用于表述可用性及其影响因素（可靠性、维修性和保障性）的集合术语。产品在规定的条件下，在规定的时间内，完成规定功能的能力称为可靠性。维修性是指产品在规定的条件、时间、程序和方法等方面进行的维修、保持或恢复到规定状态的能力。保障性是指按规定的要求和时间，提供维修所必需的资源的能力。显然，具备上述"三性"时，必然是一个可用而且好用的产品。

4）安全性。安全性指产品在制造、流通和使用过程中保证人身安全与环境免遭危害的程度。目前，世界各国对产品安全性都给予了最大的关注。

5）经济性。经济性指产品寿命周期的总费用，包括生产、销售过程的费用和使用过程的费用。经济性是保证组织在竞争中得以生存的关键特性之一。

（2）软件产品的质量特性

1）功能性。软件所实现的功能，即满足用户要求的程度，包括用户陈述的或隐含的需求程度，是软件产品的首选质量特性。

2）可靠性。软件产品最重要的质量特性，反映软件在稳定状态下维持正常工作的能力。

3）易用性。反映软件与用户之间的友善性，即用户在使用软件时的方便程度。

4）效率。在规定的条件下，软件实现某种功能耗费物理资源的有效程度。

5）维护性。软件在环境改变或发生错误时，进行修改的难易程度。易于维护的软件也是一个易理解、易测试和易修改的产品。

6）可移植性。软件能够方便地移植到不同运行环境的程度。

3. 流程性材料的质量特性

（1）物理性能：如密度、黏度、粒度、导电性等。

（2）化学性能：如耐蚀性、抗氧化性、稳定性等。

（3）力学性能：如强度、硬度、韧性等。

（4）外观：如几何形状、色泽等。

1.2.2 质量的产生、形成和实现的过程

1. 朱兰质量螺旋曲线

产品质量有一个产生、形成和实现的过程。美国质量管理专家朱兰于20世纪60年代用一条螺旋曲线来表示质量的形成过程，称为朱兰质量螺旋曲线，如图1-1所示。朱兰质量螺旋曲线阐述了5个重要的理念：①产品质量的形成由市场研究、产品开发、设计、生产技术准备、

制定制造计划、采购、仪器仪表以及设备配置、生产制造、工序控制、检验、测试、销售、服务 13 个环节组成。②产品质量形成的 13 个环节一环扣一环，周而复始，但不是简单的重复，而是不断上升、不断提高的过程。③产品质量形成是全过程的，对质量要进行全过程的管理。④产品质量形成的全过程受供方、销售商和顾客的影响，即涉及组织之外的因素，因此，质量管理是一个社会系统工程。⑤所有的活动都由人来完成，质量管理应该以人为主体。

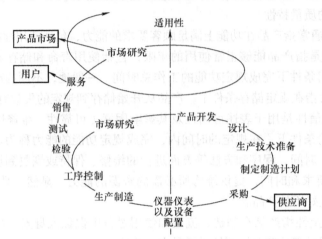

图 1-1　朱兰质量螺旋曲线

2. 质量环

质量形成过程的另一种表达方式是"质量环"，1994 版的 ISO 9000 标准就采用了这种表达方法。所谓质量环，是指从识别需要到评定这些需要是否得到满足的各个阶段中，影响质量的相互作用活动的概念模式，如图 1-2 所示。硬件产品的质量环包括 12 个环节，其中，使用后处理或再生利用阶段主要是指那些如果任意废弃后会对公民健康和安全有不利影响的产品，用后一定要妥善处理。应注意的是，这种质量环不是简单的重复循环，它与朱兰质量螺旋曲线有相同的意义。

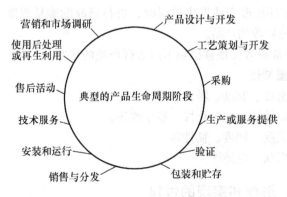

图 1-2　质量环

3. 朱兰质量管理三部曲

第二次世界大战以后，日本从美国引进了统计质量管理的思想和方法，一举改变了日本产品质量低劣的状况。20世纪70年代末期,日本产品开始大量进入美国市场,不断蚕食着美国企业的市场份额。对于美国企业来说,传统的质量控制方法面对这种状况已经显得力不从心,迫切希望有新的管理思想来指点迷津。朱兰博士便是担当这一使命的先驱者之一,他主张要想解决质量危机,就需要破除传统观念,从根本上改造传统的质量管理,按照新的行动路线来行事,这一路线便是朱兰所提出的三部曲,即质量管理是由质量策划、质量控制和质量改进这三个互相联系的阶段所构成的一个逻辑过程,并且每个阶段都有其关注的目标和实现目标的相应手段,如图1-3所示。

质量策划是指明确企业的产品和服务所要达到的质量目标,并为实现这些目标所进行的各种活动的规划和部署的过程。通过质量策划活动,企业应当明确谁是自己的顾客,顾客的需求是什么,产品必须具备哪些特性才能满足顾客的需求。在此基础上,还必须设定符合顾客和供应商双方要求的质量目标,开发实现质量目标所必需的过程和工艺,确保过程在给定的作业条件下具有达到目标的能力,为最终生产出符合顾客要求的产品和服务奠定坚实的基础。

一般含义而言,控制是指制定控制标准、衡量实绩、找出偏差并采取措施纠正偏差的过程。控制应用于质量领域便成为质量控制。质量控制也就是为实现质量目标而采取措施满足质量要求的过程。应用统计方法来解决质量问题是质量控制的主要特征之一。

质量改进是指突破原有计划,从而实现前所未有的质量水平的过程。实现质量改进有三个方面的途径,即通过排除导致过程偏离标准的偶发性质量故障,使过程恢复到初始的控制状态;通过排除长期性质量故障(慢性质量故障)使当前的质量提高到一个新的水平;在引入新产品、新工艺时从计划开始就力求消除可能会导致新的慢性质量故障和偶发性质量故障的各种可能性。

在质量管理的三部曲中,质量策划明确了质量管理所要达到的目标以及实现这些目标的途径,是质量管理的前提和基础;质量控制确保各项工作过程按照原设计方案进行,是实现质量目标的保障;质量改进则意味着质量水平的飞跃,标志着质量活动是以一种螺旋式上升的方法在不断提高。

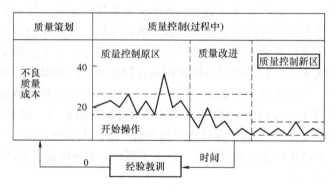

图1-3 朱兰三部曲三个阶段的相互作用

1.2.3 质量管理理论

1. 目前主要汽车厂使用的质量管理理论

(1)丰田模式

源头质量:丰田汽车公司认为质量不是检验出来的,而是制造出来的。因此,丰田人把质量保证的重点放在了生产现场和工序作业管理,强调从源头保证产品质量。丰田汽车公司的质量管理制度规定，生产现场的管理人员和作业人员对产品质量负基本责任。公司要求，零部件生产出来之后马上对其进行质量检查的是作业人员，而不是质检人员。

自动化：自动化是丰田汽车公司质量控制的重要手段。丰田的自动化是指将人的智慧赋予机器，使机器设备能够自动判断工作状态的好坏，自动检测出不合格品，并在不合格品产生时马上停止工作，从而阻止不合格品的继续生产。通过自动化，丰田汽车公司达到了将质量控制和质量保证完全融入生产过程的理想境界，排除了作业人员不停地对设备进行监视的需要，将操作者从机器的统治下解放出来，并让他们把精力集中在锻炼自身技巧和能力的工作上，激励现场人员以更饱满的精神投入难度更大的质量改善当中，从而形成良性循环。

方针目标管理：丰田汽车公司的质量管理是所有部门、全过程、全员的质量管理。为了有效地实现全公司的质量管理，最重要的是建立完善的管理体制。方针目标管理就是对全公司的质量管理具有支撑作用的一种管理体制。丰田汽车公司1963年开始引入了方针目标管理。每年年初，丰田汽车公司以"公司方针和目标"形式，发布公司所策划和制定的公司前进指南、前进目标和实现目标的各种方法和措施，并且将其详细地分解到各工厂的厂长方针目标、部长方针目标等。所有的方针目标都以计划书的形式要求相应部门予以贯彻。

供应链质量管理：丰田汽车公司虽然所需的零部件种类繁多，但是其零部件的自制率非常低，80%的零部件是协作企业生产的。在这种情况下，丰田汽车的整体质量水平就取决于所有协作企业的质量管理水平。为此，丰田汽车公司号召"丰田家族"的所有成员共同为保证丰田汽车的质量而齐心协力、团结奋斗。在丰田汽车公司的有效影响下，其协作企业能够供应优质零部件与材料，从而保证了供应链的整体质量。

总之，丰田汽车公司的质量管理特色是从源头保证产品质量，以自动化为质量控制的重要手段，以方针目标管理作为全公司开展质量管理活动的组织制度，以加强供应链的质量管理来保证产品的整体质量。

（2）大众模式

大众汽车公司有一套严密的、完整的、高效率的质量保证系统，从上到下有一套专门的质量管理机构。首先，在公司一级设有质量管理部，负责规划、贯彻和检查新产品质量。质量管理是从顾客的角度，提出产品质量要求，维护企业的长远利益。质量管理是全公司质量活动的中心，它直属公司的董事会，对各部门的质量职能进行协调，以确保产品质量。其次，在工厂一级设有质量管理科，它直接对公司的总经理、厂长负责。公司强调预防第一，竭力把不合格的产品消除在生产过程中。公司有句名言："质量必须是生产出来的，而不是检验出来的""质量是贵的，糟糕的质量就更贵"。为了保证生产高质量产品，大众公司按产品的生产过程，把质量划分为四个部分：批量生产前的质量保证、外协零部件的质量保证、自产零部件的质量保证、注意消费者手中的产品质量。

2. 质量管理

ISO 9000：2005标准对质量管理的定义是："在质量方面指挥和控制组织的协调的活动。"这里的活动通常包括制定质量方针和质量目标，以及质量策划、质量控制、质量保证和质量改进。

（1）质量方针

ISO 9000：2015标准对质量方针的定义是："由最高管理者正式发布的组织的宗旨和方向。"所谓组织，是指职责、权限和相互关系构成自身功能的一个人或一组人。定义中的组织是广义的概念，是指公营、私营或联营的具有自身功能的、独立经营管理的公司、社团、商行、企事业单位或公共机构，或其中一部分。质量方针与组织的总方针相一致，可以与组织的愿景和使命相一致，并为制定质量目标提供框架。

从定义可知，质量方针是一个组织总方针的重要组成部分，由最高管理者批准颁布，但质量方针的制定与实施是与组织的每一个成员密切相关的。制定质量方针必须以有关质量管理原则为基础，结合本组织的质量方向，特别是针对如何全面满足顾客和其他相关方的需求和期望以及努力开展持续改进作出承诺，并且质量方针还应为制定质量目标提供框架，以确保围绕质量方针提出的要求确定组织的质量目标，通过全体成员努力实施质量目标，才能保证质量方针的实施。

（2）质量控制

ISO 9000：2015 标准对质量控制的定义是："质量管理的一部分，致力于满足质量要求。"从定义中可知，质量控制的目的是确保产品、过程或体系的质量能满足组织自身、顾客及社会三方面所提出的质量要求。它通过采取一系列作业技术和活动对质量形成的各个过程实施控制，排除会使质量受到损害而不能满足质量要求的各项因素，以减少经济损失，取得经济效益。

质量控制是为了达到规定的质量要求，预防不合格产品发生的重要手段和措施，组织应对影响产品、过程和体系质量的有关人员、技术和管理三方面的因素予以识别，在实施质量控制时，首先应进行过程因素分析，找出起主导作用的因素加以控制，才能取得预期效果。

质量控制应贯穿在产品形成和体系运行的全过程。每一个过程都有输入、转换和输出等三个环节，通过对每一过程三个环节实施有效的控制，对产品质量有影响的各个过程才能处于受控状态，持续提供符合规定要求的产品才能得到保障。质量控制程序包括下面两个方面。

1）对影响产品质量的各环节、各因素制定计划和程序，建立质量控制计划和标准。

2）在实施过程中进行连续评价和验证，发现问题进行分析，对异常情况进行处理并采取纠正措施，防止再发生。

为了使质量控制发挥作用，必须注重以下 3 个环节。

1）对影响达到质量要求的各种作业技术和活动都要制定计划和程序。

2）保证计划和程序的实施，并在实施过程中进行连续的评价和验证。

3）对不符合计划和程序活动的情况进行分析，对异常活动进行处置并采取纠正措施。

（3）质量保证

ISO 9000：2015 标准对质量保证的定义是："质量管理的一部分，致力于提供质量要求会得到满足的信任。"

从定义中可知，质量保证的核心是向人们提供足够的信任，使顾客和其他相关方确信组织的产品、过程或体系达到规定的质量要求。根据目的不同，质量保证可分为内部质量保证和外部质量保证两类。内部质量保证的主要目的是向组织的最高管理者提供信任，使组织的最高管理者确信组织的产品、过程或体系能满足质量要求。为此，组织中应有一部分管理人员专门从事监督、验证和质量审核活动，以便及时发现质量控制中的薄弱环节，提出改进措施，促使质量控制能更有效地实施，从而使组织的最高管理者"放心"。但是，随着人们对质量问题认识的进一步深化，组织的最高管理者也有向组织的全体员工提供信任的必要，这是建立全体员工对于组织质量管理的信心的重要活动。因此，内部质量保证是组织最高管理者实施质量活动的一种重要的管理手段。外部质量保证是在合同或其他外部条件下，向顾客或第三方提供信任，使顾客或第三方确信本组织已建立了完善的质量管理体系，对合同产品有一整套完善的质量控制方案、办法，有信心相信组织提供的产品能达到合同所规定的质量要求。一般来说，外部质量保证必须要有证实文件。

（4）质量管理体系

ISO 9000：2015 标准对质量管理体系的定义是："在质量方面指挥和控制组织的体系。"体系是指相互关联或相互作用的一组要素，其中的要素是指构成体系的基本单元或可理解为组成体系的基本过程。

因此，管理体系是指建立方针和目标并实现这些目标的相互关联或相互作用的一组要素。组织建立管理体系首先应致力于建立相应的方针和目标，然后设计出为实现该方针和目标所需的一组相互关联和相互作用的要素（基本单元）。当然，这些相互关联和相互作用的要素应由一定的组织结构来承担。这就需要在组织内明确组织结构和职责，提供必要的资源，规定开展各项活动的方法和途径。

一个组织可以有若干个管理体系，如质量管理体系、环境管理体系和职业健康安全管理体系等。质量管理体系是组织若干个管理体系中的一个组成部分，它致力于建立质量方针和目标，并为实现质量方针和目标确定相关的组织机构、过程、活动和资源。质量管理体系由管理职责、资源管理、产品实现和测量、分析与改进四个过程（要素）组成。

（5）质量改进

ISO 9000：2015 标准对质量改进的定义是："质量管理的一部分，致力于增强满足质量要求的能力。"

质量是组织在竞争中取胜的重要手段，为了增强组织的竞争力，有必要进行持续的质量改进。为此，组织应确保质量管理体系能推动和促进持续的质量改进，使其质量管理工作的有效性和效率能使顾客满意，并为组织带来持久的效益。所谓有效性，是指完成策划的活动和达到策划结果的程度的度量；效率是指达到的结果与所使用的资源之间的关系。有效性和效率之间的关系对组织质量管理活动而言是密不可分的。离开效率，将付出高昂的代价换得有效性的结果；离开有效性，高效率的后果将是可怕的。另外，质量要求是多方面的，除了有效性和效率，还有可追溯性等。所谓可追溯性，是指追溯所考虑对象的历史、应用情况或所处场所的能力。当考虑的对象为产品时，可追溯性可涉及原材料和零部件的来源、加工过程的历史、产品交付后的分布和场所等。为此，组织的质量管理活动必须追求持续的质量改进。组织开展质量改进应注意以下三点。

1）质量改进是通过改进过程来实现的。组织产品质量的提高，必须通过改进形成质量的过程来实现。

2）质量改进致力于经常寻找改进机会，而不是等待问题暴露后再捕捉机会。对于质量改进的识别主要基于组织对降低质量损失的考虑和与竞争对手比较中存在的差距。

3）对质量损失的考虑依据三个方面的分析结果：顾客满意度、过程效率和社会损失。这三个方面的质量损失问题不仅给质量改进制造了机会，也为质量改进效果的评价提供了分析比较的依据。

1.2.4 全面质量管理

1. 全面质量管理概述

全面质量管理（Total Quality Management，TQM）是从质量管理的共性出发，对质量管理工作的实质内容进行科学的分析、综合、抽象和概括，从中探索质量管理的客观规律性，以指导人们在开展质量管理工作时按客观规律办事。它是现代企业管理的中心环节，是进行质量管理的有效方法。

全面质量管理的定义是：一个组织以质量为中心，以全员参与为基础，目的在于通过让顾客满意和本组织所有成员及社会受益而达到长期成功的管理途径。其实质就是企业全体员工、所有部门同心协力，综合运用现代管理技术、专业技术和数理统计方法，经济合理地开发、研制、生产和销售用户满意的产品的管理活动过程的总称。它包括以下四个方面：

1）内容的全面性，主要表现在不仅要管好产品质量，还要管好产品质量赖以形成的工程质量、工作质量。

2）管理范围的全面性，主要表现在包括产品研究、开发、设计、制造、辅助生产、供应、销售服务等全过程的质量管理。它指明了质量管理的宗旨是经济地开发、研制、生产和销售用户满意的产品。

3）参加管理的人员的全面性，主要表现在这项管理是要由企业全体人员参与的全员质量管理。它阐明了质量管理的基础是由企业全体员工牢固的质量意识、责任感、积极性构成的。

4）管理方法的全面性，主要表现在根据不同情况和影响因素，采取多种多样的管理技术和方法，包括科学的组织工作、数理统计方法的应用、先进的科学技术手段和技术措施等。它强调全面质量管理的方式，是综合运用管理技术、专业技术和科学方法，而不是单纯只靠检测技术或统计技术。

传统质量管理认为，质量管理是企业生产部门和质量检验部门的工作，重点应放在生产过程的管理，特别是工艺管理以及产品质量检验上，把质量管理委托给质量经理去管理。全面质量管理就是要在"全"字上做文章，要树立"三全一多样"管理的理念。

a）全面的质量管理。既然质量管理的目标是满足顾客要求，顾客不但要求物美，而且要求价廉、按期交货和服务及时周到等。"质量"的概念突破了原先只局限于产品质量的框框，提出了全方位质量的概念，所以全面质量管理的"质量"，是一个广义的质量概念。它不仅包括一般的质量特性，而且包括工作质量和服务质量；它不仅包括产品质量，而且还包括企业的服务质量。全面质量管理就是对产品质量、工程质量、工作质量和服务质量的管理。要保证产品质量、工程质量、服务质量，则必须保证工作质量，以达到预防和减少不合格品、不合格工程及提高服务水平的目的，即做到价格便宜、供货及时、服务优良等，以满足用户各方面的合理要求。

b）全过程的质量管理。全过程主要是指产品的设计过程、制造过程、辅助过程和使用过程。全过程的质量管理，就是指对上述各个过程的有关质量进行管理。

设计过程中的质量管理，包括从市场调查开始，经过研制、设计、试制，一直到正式投入生产时为止这一段时间内有关质量的所有管理工作。这一过程对于产品质量带有方针性的、决定性的和先天性的重要意义。

制造过程中的质量管理，包括从原材料进厂，一直到成品出厂以前整个生产过程中的质量把关和质量控制，工人要用最经济的方法达到设计所规定的质量要求。其中主要工作内容有：建立合理检查审核制度，严格工艺纪律，保证各工序有足够的工序能力，加强对不合格品的管理，对工序实施质量控制，做好质量信息的反馈，建立现场的质量保证体系等。

辅助过程的质量管理，包括保质、保量和按期提供生产所需要的原材料、设备、工具工装（如模具、夹具等）和技术文件，保证足够的动力供应，保证良好的运输和存储条件，保证良好的环境和各项有关的组织工作。

使用过程的质量管理，一方面要做好使用过程中的技术服务工作，另一方面要了解使用过程中的问题，收集用户的意见，做好信息反馈工作，以便及时改进设计和改进制造方法。

质量管理全过程中的各个环节，一环扣一环，一个循环完了，又开始一个新的循环。这样就形成了一个螺旋上升的过程。

c）全员参与的质量管理。产品质量是工作质量的反映，企业中的每一个部门、每一个生产车间以及每一位员工的工作质量都必然直接或间接地影响到产品的质量，而且现代企业的生产过程十分复杂，前后工序、车间之间相互影响和制约，仅靠少数人设关保质量是不能真正解决问题的。全面质量管理的另一个重要特点是，要求企业的全体人员都必须为提高产品质量尽职尽责，只有这样，生产优质产品才有可靠的保证。因此，全员性、群众性是科学质量管理的客观要求。

实行全员性的质量管理，即在生产过程中要求动员和组织广大员工积极参与改善产品质量的活动，组织各种形式的质量管理小组（QC小组），及时从技术上和组织措施上解决现场中所出现的各种质量问题，特别是关键的质量问题。

d）多种多样方法的质量管理。质量管理采用的方法是全面而多种多样的，它是由多种管理技术与科学方法所组成的。科学技术的发展对质量管理提出了更高的要求，进而推动质量管理向科学化、现代化发展。在质量管理过程中应自觉地利用先进的科学技术和管理方法，应用排列图、因果图、直方图、控制图、数理统计、正交试验等技术来分析各部门的工作质量，找出产品质量存在的问题及其关键的影响因素，从而有效地控制生产过程的质量，达到提高产品质量的目的。

2. 推行全面质量管理工作的方法

全面质量管理采用一套科学的、合乎逻辑的工作程序，也即 PDCA 循环法。PDCA 由英文 plan（计划）、do（执行）、check（检查）、action（处理）几个词的第一个字母组成。PDCA 的概念最早是由美国质量管理专家戴明宣传普及的，故又称为"戴明环"，是全面质量管理的基本工作方法。它把全面质量管理的工作过程分为计划、执行、检查、处理4个阶段，其中每个阶段又可具体分为若干步骤。

（1）PDCA 循环 4 个阶段

第一阶段是计划阶段。以满足顾客的需求并以取得经济效益为目标，通过调查、设计、试制，制定技术和经济指标、质量目标，以及达到这些目标的具体措施和方法，来制定质量目标、活动计划、管理项目和实施方案。

第二阶段是执行阶段。根据预定计划和措施要求，努力贯彻和实现计划目标和任务，所以执行阶段就是要按照所制定的计划和措施去实施。

第三阶段是检查阶段。对照执行结果和预定目标，检查计划执行情况是否达到预期的效果，哪些措施有效，哪些措施效果不好，成功的经验是什么，失败的教训又是什么，原因在哪里，所有这些问题都应在检查阶段调查清楚。所以检查阶段就是对照计划，检查计划执行的情况和效果，及时发现和总结计划实施过程中的经验和问题。

第四阶段为处理阶段。就是根据检查的结果采取的措施，巩固成绩，吸取教训，以利下一循环。

（2）PDCA 循环的 4 个特点

①大环套小环，互相促进，一环扣一环，小环保大环，推动大循环。如果将整个企业的工作比喻为一个大的 PDCA 循环，那么各个车间、小组或职能部门则都有各自的 PDCA 小循环。因此，管理循环的转动，不是个人的力量，而是组织的力量，是整个企业全员推动的结果。PDCA 循环不仅适用于整个企业，而且也适用于各个车间、科室和班组以及个人。根据企

业总的方针目标，各级各部门都要有自己的目标和自己的 PDCA 循环。这样就形成了大环套小环，小环里边又套有更小的环的情况。整个企业就是一个大 PDCA 循环，各部门又都有各自的 PDCA 循环，依次又有更小的 PDCA 循环，具体落实到每一个人。上一级的 PDCA 循环是下一级 PDCA 循环的依据，下一级 PDCA 循环又是上一级 PDCA 循环的贯彻落实和具体化。通过循环把企业各项工作有机地联系起来，彼此协同，互相促进。

②不断循环，阶梯式上升。4 个阶段要周而复始地循环。PDCA 循环不是停留在一个水平上的循环，而每一次循环都会解决一批问题，取得一部分成果，因而就会前进一步，就会有新的内容和目标，水平就上升一个台阶，质量水平就会有新的提高。就如上楼梯一样，每经过一次循环，就登上一级新台阶，这样一步一步地不断上升提高。例如，企业向省级、国家级、国际标准不断迈进，正是阶梯式上升的具体表现。

③推动 PDCA 循环关键在 A 阶段。所谓总结，就是总结经验，肯定成绩，纠正错误，提出新的问题进行新的 PDCA 循环。这是 PDCA 循环之所以能上升、前进的关键。如果只有 3 个阶段，没有将成功经验和失败教训纳入有关标准、制度和规定中，就不会巩固成绩、吸取教训，也就不能防止同类问题的再度发生。因此，推动 PDCA 循环，一定要始终抓好总结这个阶段。

④统计工具的应用。PDCA 循环的一个重要特点就是它应用了一套科学的统计处理方法作为发现、解决问题的有效工具。

3. QC 小组活动

QC 小组，是指在生产或工作岗位具体从事各种劳动的职工，围绕企业的质量方针目标和现场存在的问题，运用质量管理的理论和方法，以改进质量、降低消耗、提高经济效益和提高人的素质为目的，在自愿的原则下，由工作性质相同或接近的员工，以小组形式组织起来，通过定期的会议及其他活动进行质量改进的一种组织。QC 小组是企业员工参与全面质量管理的重要方法。

QC 小组具有以下 5 个特点：

①具有明显的自主性。一般以职工自愿参加为基础，实行自主管理，以自我学习、自我控制、自我提高为主，不受行政命令的制约和班组岗位的限制。

②具有明确的目的性。从大处来说，为国家建设而搞好质量，从小处来说，是为实现企业的方针目标，开展质量管理活动。

③具有严密的科学性。不是单凭良好的主观愿望去搞质量，而是依靠管理技术，依靠科学的工作方法和科学程序去攻克质量难关。

④具有广泛的群众性。QC 小组活动是开展群众性质量管理活动的好形式，通过集体活动，可以充分发挥小组的群体优势，集思广益，能更快更好地解决问题。

⑤具有高度的民主性。小组成员充分发扬民主，畅所欲言，平等相处，组长由成员民主选出，做到充分发挥个人的积极性和创造性。

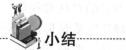 小结

> 本小节对质量的概念和特性进行了详细讲述，并对通过质量的产生、形成和实现的过程、质量管理的各种模式进行了总结对比，提出全面质量管理（TQM）的概念与实施方法，初步讲述 PDCA 相关知识。

1.3 质量管理基础认知

质量方针

企业在发展过程中都有自己的质量方针。华为的质量方针为："积极倾听客户需求，精心构建产品质量，真诚提供满意服务，时刻铭记为客户服务是我们存在的唯一理由。"上海大众汽车有限公司的质量方针为："客户导向、质量领先、创造价值、变革创新、勇担责任、持续发展、以人为本、坦诚交流、合作共赢。"一汽大众汽车有限公司的质量方针为："市场导向、管理创新、质量至上、技术领先。"这些都是企业为之奋斗的指路明灯，是企业奋进的方向。

请同学们根据以上描述，以小组为单位，学习和讨论对质量方针的理解，并且完成以下任务：
1. 讨论企业质量方针的形成方式。
2. 讨论企业除了质量方针外还有什么质量管理方式。

1. 了解质量责任制、质量控制计划、质量方针与目标的内容。
2. 了解计量管理、标准化管理、质量信息管理、质量教育与培训的内容。

1.3.1 质量责任制

无论从事什么管理，明确管理者的责任和权限，这是管理的一般原则。质量管理也不例外，建立质量责任制，就是要明确规定质量形成过程各个阶段、各个环节中每个部门、每个程序、每个岗位、每个人的质量责任，明确其任务、职责、权限及考核标准等，使质量工作事事有人管，人人有专责，办事有标准，工作有检查、有考核，职责分明，功过分明，从而把与产品质量有关的各项工作与全体员工的积极性结合起来，使企业形成一个严密的质量责任系统。

建立质量责任制，必须首先明确质量责任制的实质是责、权、利的统一。只有"责"，没有"权"和"利"的责任制是行不通的，有时甚至会适得其反。质量责任制的责、权必须相互依存，必须相当，同时要和员工的利益挂钩，以起到鼓励和约束的作用。企业领导要对企业的质量工作负责，必须赋予其相应的决策权、指挥权；班组长要对本班组出现的质量问题负责，必须赋予其管理班组工作的权利。同样，一个操作工人要担负起质量责任，也必须授之以按照规定使用设备和工具，拒绝上道工序流转下来的不合格品等权力。同时，要使其获得与其工作绩效相当的经济效益。

质量责任制的内容应包括企业各级领导、职能部门和工人的质量责任制，以及横向联系和质量信息反馈的责任。

1.3.2 质量控制计划

质量控制计划是为了达到公司质量目标而制定的质量计划，其应形成书面文件，它是质量体系文件的组成部分。要保证产品质量，必须加强对生产过程的质量进行控制。质量控制是为了达到质量要求所采取的作业技术和活动。其目的在于监视过程并排除质量环所有阶段中导致不满意的因素，以此来确保产品质量。无论是零部件产品还是最终产品，它们的质量都可以用质量特性围绕设计目标值波动的大小来描述。若波动越小，则质量水平越高。当每个质量特性值都达到设计目标值，即波动为零，此时该产品的质量达到最高水平。但实际上这是永远不可能的，因此我们必须进行生产过程质量控制，最大限度地减少波动。

1.3.3 质量方针和质量目标

质量方针是指由组织的最高管理者正式发布的该组织总的质量宗旨和质量方向。质量方针是企业经营总方针的组成部分，是企业管理者对质量的指导思想和承诺。企业最高管理者应确定质量方针并形成文件。

质量方针的基本要求应包括供方的组织目标和顾客的期望和需求，也是供方质量行为的准则。

质量目标是组织在质量方面所追求的目的，是对质量方针的展开，也是组织质量方针的具体体现。质量目标既要先进，又要可行，便于实施和检查。

1.3.4 计量管理

计量是实现单位统一、保障量值准确可靠的活动。具体地说，就是采用计量器具对物料以及生产过程中的各种特性和参数进行测量。因此，计量是企业生产的基础，计量工作是质量管理的基础工作之一，没有计量工作的准确性，就谈不上贯彻产品质量标准、保证产品质量，也谈不上质量管理的科学性和严肃性。

计量工作的主要要求是：计量器具和测试设备必须配备齐全；根据具体情况选择正确的计量测试方法；正确合理地使用计量器具，保证量值的准确和统一；严格执行计量器具的检定规程，计量器具应及时修理和报废；做好计量器具的保管、验收、储存、发放等组织管理工作。为了做好上述工作，企业应设置专门的计量管理机构和建立计量管理制度。

1.3.5 标准化管理

常言道，没有规矩不成方圆。开展质量管理不能没有"标准"，要保证产品质量，必须做好标准化工作。标准是对重复性事物和概念所做的统一规定。它以科学、技术、实践经验的综合成果为基础,经过有关方面协商一致,由主管部门批准,以特定形式发布,作为共同遵守的准则和依据。按标准的对象分,标准可以分为技术标准、管理标准和工作标准。

1. 技术标准

技术标准是为标准化领域中需要协调统一的技术事项所制定的标准,它是从事生产、建设及商品流通的一种共同遵守的技术依据。也就是说,技术标准是根据生产技术活动的经验和总结,作为技术上共同遵守的规则而制定的各项标准,如为科研、设计、工艺、检验等技术工作,为产品或工程的技术质量,为各种技术设备和工装、工具等制定的标准。技术标准是一个大类,可以进一步分为基础性技术标准,产品标准,工艺标准,检测试验标准,设备标准,原材料、半成品、外购件标准,安全、卫生、环境保护标准等。

2. 管理标准

管理标准是为标准化领域中需要协调统一的管理事项所制定的标准,是正确处理生产、交换、分配和消费中的相互关系,使管理机构更好地行使计划、组织、指挥、协调、控制等管理职能,有效地组织和发展生产而制定和贯彻的标准,它把标准化原理应用于基础管理,是组织和管理生产经营活动的依据和手段。

管理标准主要是针对管理目标、管理项目、管理程序、管理方法和管理组织这些方面所作的规定。按照管理的不同层次和标准的适用范围,管理标准又可分为管理基础标准、技术管理标准、经济管理标准、行政管理标准和生产经营管理标准五大类标准。

3. 工作标准

工作标准是为标准化领域中需要协调统一的工作事项所制定的标准。它是针对工作范围、构成、程序、要求、效果和检验方法等所作的规定,通常包括工作的范围和目的、工作的组织和构成、工作的程序和措施、工作的监督和质量要求、工作的效果与评价、相关工作的协作关系等。工作标准的对象主要是人。

所谓标准化,是指为在一定范围内获得最佳秩序,对实际的或潜在的问题制定共同的和重复使用的规则的活动。标准化的主要内容就是使标准化对象达到标准化状态的全部活动及其过程,它包括制定、发布和实施标准。标准化的目的就是在于追求一定范围内事物的最佳秩序和概念的最佳表述,以期获得最佳的社会效益和经济效益。

1.3.6 质量信息管理

质量信息是有关质量方面的有意义的数据,是指反映产品质量和企业生产经营活动各个环节工作质量的情报、资料、数据、原始记录等。在企业内部,质量信息包括研制、设计、制造、检验等产品生产全过程的所有质量信息;在企业外部,质量信息包括市场及用户有关产品使用过程的各种经济技术资料。

质量信息是组织开展质量管理活动的一种重要资源,为了确保质量管理的有效运行,应将质量信息作为一种基础资源进行管理。为此,组织应当做如下工作。

1)识别信息需求。

2)识别并获得内部和外部的信息来源。

3)将信息转化为组织有用的知识。

4)利用数据、信息和知识来确定并实现组织的战略和目标。

5）确保适度的安全性和保密性。

6）评估因使用信息所获得的收益，以便对信息和知识的管理进行改进。

1.3.7 质量教育与培训

国内外的管理实践表明，开展质量管理必须始于教育，终于教育。质量教育是提高产品质量和提高民族素质的结合点，因为一个国家产品质量的好坏，从一个侧面反映了民族的素质。质量教育是提高企业竞争实力的重要手段。当今世界市场竞争十分激烈，竞争的焦点是质量，而质量的竞争实质上是技术水平和管理水平的竞争、人才的竞争。如果企业成员的质量意识薄弱，管理知识贫乏，技能低下，即使有先进的设备、先进的技术，也难以生产出优质低耗的产品。总而言之，质量的竞争是人才的竞争和职工素质的竞争，人才和素质的改善只有通过培训教育，质量教育是增强企业竞争实力的重要手段，同时也是做好质量管理的基础。通过教育使职工牢固树立"质量第一"的思想，提高做好质量管理的自觉性，掌握并运用好质量管理的科学思想、原理、技术和方法，以提高职工的工作质量和企业管理水平。

通常，质量教育包括三个基本内容：质量意识教育、质量管理知识教育、专业技术和技能教育。

1. 质量意识教育

增强质量意识是质量管理的前提，而领导的质量意识更是直接关系到企业质量管理的成败。质量意识教育的重点是要求各级员工理解本岗位工作在质量管理体系中的作用和意义，认识到其工作结果对过程、产品甚至信誉都会产生影响；明确采取何种方法才能为实现与本岗位直接相关的质量目标作出贡献。

2. 质量管理知识教育

质量管理知识教育是质量教育的主要内容。本着因人制宜、分层施教的原则，根据企业的人员结构，质量管理知识教育通常分为对企业领导层的教育、对工程技术人员和管理人员的教育以及对班组工人的教育三个层次进行，针对各层次人员的职责和需要进行不同内容的教育。领导层的培训内容应以质量法律法规、经营理念、决策方法等为主；对工程技术人员和管理人员的培训应注重质量管理理论和方法；对班组工人的培训内容应以本岗位质量控制和质量保证所需的知识为主。

3. 专业技术和技能教育

专业技术和技能教育是为了保证和提高产品质量，对职工进行必备的专业技术和操作技能的教育，它是质量教育中的重要组成部分。对技术人员，主要应进行专业技术的更新和补充，学习新方法，掌握新技术；对一线工人，应加强基础技术训练，熟悉产品特性和工艺，不断提高操作水平；对领导人员，除应熟悉专业技术外，还应掌握管理技能。

小结

本小节对质量责任制、控制方法、质量方针与质量目标、计量管理、标准化管理、质量信息管理、质量教育与培训进行了详细的系统的讲述，为后面的学习提供了理论基础。

1.4 QC 常用工具应用

知识点引入

袋鼠与笼子

一天，动物园管理员发现袋鼠从笼子里跑出来了，于是开会讨论，一致认为是笼子高度不够，决定将笼子高度由原来的 10 米增加到 20 米。结果第二天，发现袋鼠还是跑到外面去了，于是再次决定将高度增加到 30 米。

没想到隔天居然看到袋鼠全部跑到外面，于是管理员大为紧张，决定一不做二不休，将笼子的高度增加到 100 米。一天，长颈鹿和几只袋鼠在闲聊，"你们看，这个人会不会再继续加高外面的笼子？"长颈鹿问，"很难说。"袋鼠说："如果他再继续忘记关门的话。"

请同学们根据以上小故事，以小组为单位，讨论本案例中管理员在管理动物园时出现的主要问题，并完成以下任务：

1. 请描述解决问题最主要的任务是什么。
2. 请讨论寻找问题根本原因的方法。

能熟练使用 QC 常用工具。

QC 常用工具应用是质量管理及改善运用的有效工具，主要为排列图、因果图、调查表、分层法、直方图、散布图和控制图，简称 QC 七大工具，又称 QC 七手法。QC 手法的用途非常广泛，可以用于企业管理的方方面面（包括计划管控、员工思想意识行为管理、质量管控、成本管控、交期管控、士气管理、环境管理、安全管理、效率管理、绩效考核、日常管理等等），但主要用于品质管理及改善。

1.4.1 排列图

排列图（pareto chart），又叫帕累托（pareto）图，全称是主次因素分析图。它是将质量改进项目从最重要到最次要进行排列而采取的一种简单的图标技术。排列图建立在帕累托原理的基础上，帕累托原理是 19 世纪意大利经济学家在分析社会财富的分布状况时发现的。国家财富的 80% 掌握在 20% 的人手中，这种 80% 与 20% 的关系，即帕累托原理。如果我们能够知道产生 80% 收获的究竟是哪些 20% 的关键，那么就能事半功倍了。这就是所谓的"关键的少数和次要的多数"关系。

后来，美国质量管理专家朱兰把帕累托原理应用到质量管理中，发现尽管影响产品质量的因素有许许多多，但关键的因素往往只是少数几项，它们造成的不合格品占总数的绝大多数。在质量管理中运用排列图，就是根据"关键的少数和次要的多数"的原理，对有关产品质量的数据进行分类排列，用图形表明影响产品质量的关键所在，从而知道哪个因素对质量的影响最大，改善质量的工作应从哪里入手最为有效，经济效果最好。

排列图由两个纵坐标、一个横坐标、几个直方图和一条曲线组成。左边的纵坐标表示频数，右边的纵坐标表示累计百分比，横坐标表示影响产品质量的各个因素，按影响程度的大小从左至右排列；直方形的高度表示某个因素影响的大小；曲线表示各因素影响大小的累计百分比，这条曲线称为帕累托曲线。通常将累计百分比分为3个等级，累计百分比在0~80%的因素为A类，显然它是主要因素；累计百分数在80%~90%的因素为B类，是次要因素；累计百分比在90%~100%的为C类，在这一区间的因素为一般因素，如图1-4所示。

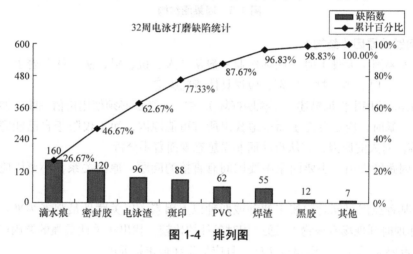

图 1-4　排列图

1.4.2　因果图

质量管理的目的在于减少不合格品，保证和提高产品质量，降低成本和提高效率，控制产品质量和工作质量的波动以提高经济效益。但是，在实际设计、生产等各项工作中常常出现质量问题。为了解决这些问题，就需要查找原因，寻找对策，采取措施，以解决问题。影响产品质量的原因，有时是多种多样、错综复杂的，概括起来，有两种互为依存的关系，即平行关系和因果关系。如能找到质量问题的主要原因，便可针对这种原因采取措施，使质量问题迅速得到解决。假如这些问题能用排列图定量地加以分析，这当然很好，但有时存在困难，例如很难把引起质量问题的各种原因的单独影响区分开来，因为它们的作用往往是交织在一起的。因果图是用来分析影响产品质量各种原因的一种有效的定性分析方法。

因果图是以结果为特性，以原因作为因素，在它们之间用箭头联系起来，表示因果关系的图形，又叫特性要因图，或形象地称为树枝图或鱼骨图，是由日本质量管理学者石川馨在1943年提出的，所以也称为石川图。

因果图是利用头脑风暴法的原理，集思广益，通过现场调查、5WHY等工具寻找影响质量、时间、成本等问题的潜在因素，是从产生问题的结果出发，首先找出产生问题的大原因，然后再通过大原因找出中原因，再进一步找出小原因，以此类推，步步深入，一直找到能够采取措施为止。因果图的基本结构，如图1-5所示。

绘制因果图主要为两大步骤：分析问题的原因（结构）、绘制鱼骨图。

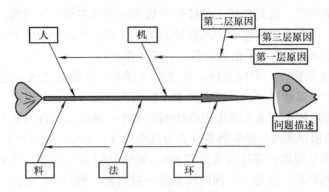

图1-5 因果图结构

1. 分析问题的原因（结构）

1）确定大要因（大骨）时，现场作业一般从"人、机、料、法、环"着手，管理类问题一般从"人、事、时、地、物"层别，应视具体情况决定。

2）大要因必须用中性词描述（不说明好坏），中、小要因必须使用价值判断（如……不良）。

3）头脑风暴时，应尽可能多而全地找出所有可能原因，而不仅限于自己能完全掌控或正在执行的内容。对人的原因，宜从行动而非思想态度面着手分析。

4）中要因跟特性值、小要因跟中要因间有直接的问题–原因关系，小要因应分析至可以直接下对策。

5）如果某种原因可同时归属于两种或两种以上因素，以关联性最强者为准。必要时考虑三现主义（即现时到现场看现物），通过相对条件的比较，找出相关性最强的要因归类。

6）选取重要原因时，不要超过7项，且应标识在最末端原因。

注意事项：严禁批评他人的构想和意见；意见越多越好；欢迎自由奔放的构想；可以顺着他人的创意或意见发展自己的创意。

2. 绘制鱼骨图

1）填写鱼头（按为什么不好的方式描述），画出主骨。

2）画出大骨，填写大要因。

3）画出中骨、小骨，填写中小要因。

4）用特殊符号标识重要因素。

要点：绘图时，应保证大骨与主骨成60°夹角，中骨与主骨平行。

3. 因果图的使用

1）根据不同问题征求大家的意见，总结出正确的原因。

2）拿出任何一个问题，研究为什么会产生这样的问题。

3）针对问题的答案再问为什么？这样至少深入五个层次（连续问五个问题）。

4）当深入到第五个层次后，认为无法继续进行时，列出这些问题的原因，而后列出解决方法。从而根据调查排除非真正原因的要素，找出问题的根本原因。

4. 案例

某车间在生产某产品时，出现了排料不畅问题，大家通过头脑风暴分析问题，绘制因果图，如图 1-6 所示。

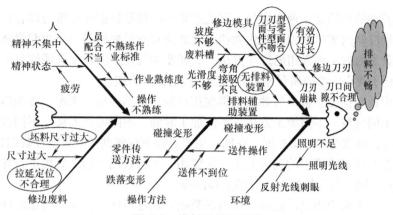

图 1-6 排料不畅因果图

1.4.3 调查表

调查表又称检查表、统计分析表，是一种收集整体数据和粗略分析质量原因的工具，是为了调查客观事物、产品和工作质量，或为了分层收集数据而设定的图表。调查表把产品可能出现的情况及其分类预先列成统计调查表，在检查产品时只需在相应分配中进行统计，并可从中进行粗略的整理和简单的原因分析，为下一步的统计分析与判断质量状况创造良好条件。

为了能够获得良好的效果、可比性和准确性，调查表的设计应简单明了，突出重点；应填写方便，符号好记；填写好的调查表要定时、准确更换并保存，数据要便于加工整理，分析整理后及时反馈，调查表示例如表 1-1 所示。

表 1-1 调查表示例

年 月温湿度记录表

文件编号：		版本：																																生效日期：2013年5月1日	
序号	时间	检查内容	记录栏																																
			1	2	3	4	5	6	7	8	9	10	11	12	13	14	15	16	17	18	19	20	21	22	23	24	25	26	27	28	29	30	31		
1	9:00	温度																																		
2		湿度																																		
3	12:00	温度																																		
4		湿度																																		
5	15:00	温度																																		
6		湿度																																		
	记录人员签名																																		
	班长																																		
7	18:00	温度																																		
8		湿度																																		
9	21:00	温度																																		
10		湿度																																		
11	0:00	温度																																		
12		湿度																																		
	记录人员签名																																		
	班长																																		
备注																																			

规定的温度范围为（20±4）℃，湿度为30%~55%。如有异常情况，需在备注栏记录。
保存期限：2年

		班长		组长	
编制		评审		审批	

1.4.4 分层法

引起质量波动的原因是多种多样的,因此搜集到的质量数据往往带有综合性。为了能真实地反映产品质量波动的实质原因和变化规律,就必须对质量数据进行适当归类和整理。分层法是分析产品质量原因的一种常用的统计方法,它能使杂乱无章的数据和错综复杂的因素系统化和条理化,有利于找出主要的质量原因和采取相应的技术措施。

质量管理中的数据分层就是将数据根据使用目的,按其性质、来源、影响因素等进行分类的方法,是把不同材料、不同加工方法、不同加工时间、不同操作人员、不同设备等各种数据加以分类的方法,也就是把性质相同、在同一生产条件下收集到的质量特性数据归为一类。

分层法经常与质量管理中的其他方法一起使用,如将数据分层之后再进行加工整理成分层排列图、分层直方图、分层控制图和分层散布图等。

分层法的一个重要原则是,使同一层内的数据波动尽可能小,而层与层之间的差别尽可能大,否则就起不到归类汇总的作用。分层的目的不同,分层的标准也不一样。一般说来,分层可采用以下标准。

1)操作人员。可按年龄、工级和性别等进行分层。
2)机器。可按不同的工艺设备类型、新旧程度、不同的生产线等进行分层。
3)材料。可按产地、批号、制造厂、规范、成分等进行分层。
4)方法。可按不同的工艺要求、操作参数、操作方法和生产速度等进行分层。
5)时间。可按不同的班次、日期等进行分层。

分层法常与其他统计方法结合在一起应用,如分层统计法、分层直方图法、分层排列图法、分层控制图法、分层散布图法、分层因果图法。如某公司在生产变速器时发现有漏油现象,为解决问题,对工艺进行了现场调查,按分层法步骤:

1)对操作员进行分层比较,如表 1-2 所列。

表 1-2 对操作员分层比较

操作员	漏油	不漏油	漏油率
A	6	13	32%
B	3	9	25%
C	10	9	53%
合计	19	31	38%

2)对变速器齿轮箱垫供应商进行分层比较,如表 1-3 所列。

表 1-3 对变速器齿轮箱垫供应商分层比较

齿轮箱垫供应商	漏油	不漏油	漏油率
甲	11	14	44%
乙	8	17	32%
合计	19	31	38%

3)综合分层比较,如表 1-4 所列。

根据综合分层法可得出结论:采用乙厂的齿轮箱垫,需要使用 A 操作员的装配方法;采用甲厂的齿轮箱垫,需要使用 B 操作员的装配方法,从而可以降低漏油率。

表 1-4 综合分层比较

操作员	齿轮箱垫供应商		现象
	甲	乙	
A	6	0	漏油
	2	11	不漏油
B	0	3	漏油
	5	4	不漏油
C	5	5	漏油
	7	2	不漏油
合计	11	8	漏油
	14	17	不漏油

注：表中"操作员"列下A行对应数据为6、13；B行为3、9；C行为10、9；合计为19、31。

1.4.5 直方图

直方图又称质量分布图，是通过对测定或收集来的数据加以整理，来判断和预测生产过程质量和不合格品率的一种常用工具。

直方图法适用于大量计量值数据进行整理加工，找出其统计规律，分析数据分布的形态，以便对其总体的分布特征进行分析。直方图的基本图形为直角坐标系下若干依照顺序排列的矩形，各矩形底边相等称为数据区间，矩形的高为数据落入各相应区间的频数。

在生产实践中，尽管收集到的各种数据含义不同、种类有别，但都具有这样一个基本特征：毫无例外地都具有分散性（即数据之间参差不齐）。例如，同一批机加工零件的几何尺寸不可能完全相等；同一批材料的力学性能各有差异；同一根金属软管各段的疲劳寿命各不相同等。数据的分散性是产品质量本身的差异所致，是由生产过程中条件变化和各种误差造成的，即使条件相同、原料均匀、操作谨慎，生产出来的产品质量数据也不会完全一致。这仅是数据特征的一个方面。另一方面，如果收集数据的方法得当，收集的数据又足够多，经过仔细观察或适当整理，我们可以看出这些数据并不是杂乱无章的，而是呈现出一定的规律性。要找出数据的这种规律性，最好的办法就是通过对数据的整理作出直方图，通过直方图可以了解产品质量的分布状况、平均水平和分散程度。这有助于我们判断生产过程是否稳定正常，分析产生产品质量问题的原因，预测产品的不合格率，提出提高质量的改进措施。

直方图的制作步骤：

1）找出最大值 L、最小值 S。本例 L 为 15.0，S 为 12.9，如表 1-5 所列。

2）设定分级数 n，一般取 10 或 $\sqrt{N}$ 或 $1+3.32\lg N$，组数不宜过多或过少。算出级间距 $(L-S)/n$，本例共 100 个数据为 $(15.0-12.9)/10=0.21$。

3）决定级柱宽，以测量的最小单位对第二步算出的级间距取整，得出级柱宽。本例最小测量单位为 0.1mm，所以将 0.21 取整得到 0.2 或 0.3，本例取 0.2mm。

4）定出各级的界限值。

界限值一般精确到最小测量单位的 1/2，本例最小测量单位为 0.1mm，界限值一般即为 0.05mm，第一级的下限值 = 最小值 − 最小测量单位 /2 = 12.9 − 0.1/2 = 12.85mm。

级柱宽为 0.2mm，所以第一级为 12.85—13.05，第二级、第三级…依此类推。

5）做出频度分布表。

将级的极限值和中心值填入表中，逐个确认数据属于哪个级，记录频度，如表 1-6 所列。

6）做出柱型图

a. 横轴画出级的界限值，并标上数值。

b. 纵轴标上度数（个数）。

c. 画出柱形。

d. 写上部品名、测量部位、测定时间、做成日、做成者、数据个数等必要事项。

最终制成的直方图，如图 1-7 所示。

表 1-5 原始数据表   单位（mm）

月/日	数据				
	x1	x2	x3	x4	x5
9/6	13.8	14.2	13.9	13.7	14.8
9/7	14.2	14.1	13.5	14.3	14.0
9/10	13.4	14.3	14.2	14.1	13.9
9/11	14.2	13.7	13.8	14.1	13.7
9/12	139	14.5	14.0	13.3	13.8
9/13	14.1	12.9	13.9	14.1	13.7
9/14	13.6	14.0	14.0	14.4	14.3
9/17	14.6	13.7	14.7	13.6	14.3
9/18	14.4	14.0	13.7	14.1	13.9
9/19	13.1	14.4	14.4	14.9	14.0
9/20	13.6	13.8	13.8	13.6	13.8
9/21	14.1	14.0	14.0	14.2	14.7
9/24	14.0	13.7	13.8	14.8	13.7
9/25	13.5	14.1	14.0	13.6	14.3
9/26	15.0	13.9	13.5	13.9	14.2
9/27	13.7	14.0	14.1	13.7	13.5
9/28	14.0	13.2	14.5	13.9	14.2
10/1	13.9	14.8	13.6	14.0	14.8
10/2	13.5	13.9	14.0	14.7	14.5
10/3	14.4	14.5	13.8	13.3	14.0

表 1-6 频度分布表

级号	各级的界限值	中心值	频数记录	频数 f
1	12.85—13.05	12.95		2
2	13.05—13.25	13.15		2
3	13.25—13.45	13.35		3
4	13.45—13.65	13.55		11
5	13.65—13.85	13.75		18
6	13.85—14.05	13.95		24
7	14.05—14.25	14.15		16
8	14.25—14.45	14.35		10
9	14.45—14.65	14.55		3
10	14.65—14.85	14.75		1
11	14.85—15.05	14.95		2
合计	—	—		92

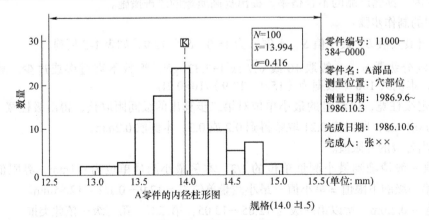

图 1-7 制成的直方图

1.4.6 散布图

一切客观事物总是相互联系的，每一事物都与它周围的其他事物相互联系，互相影响。产品质量特性与影响质量特性的诸因素之间，一种特性与另一种特性之间也是相互联系、相互制约的。反映到数量上，就是变量之间存在着一定的关系。这种关系一般说来可分为确定性关系和非确定性关系。

所谓确定性关系，是指变量之间可以用数学公式确切地表示出来，也就是由一个自变量可以确切地计算出唯一的一个因变量，这种关系就是确定性关系。比如，电学中欧姆定律就是确定性关系：$U=IR$（U 代表电压，R 代表电阻，I 代表电流），如果电路中电阻值 R 一定，要求该电路电压必须保证在一定范围，此时可以不直接测量电压 U，只要测量电流 I 并加以控制，就可以达到目的。

但是，在另外一些情况下，变量之间的关系并没有那样简单。例如，人的体重与身高之间有一定的关系。不同身高的两个人有不同的体重，但是相同身高的两个人，体重也不一定相同，身高与体重还受年龄、性别、体质等因素的制约。它们之间不存在确定性的函数关系。质量特性与因素之间的关系几乎都有类似的情形。

在实际中，由于影响一个量的因素通常是很多的，其中有些是人们一时还没有认识或掌握的，再加上随机误差的存在，这些因素的综合作用，就造成了变量之间关系的不确定性。通常，产品特性与工艺条件之间、试验结果与试验条件之间，也都存在非确定性关系。我们把变量之间这种既相关，但又不能由一个或几个变量去完全或唯一确定另一个变量的这种关系，称为相关关系。

两种对应数据之间有无相关性、相关关系是一种什么状态，只从数据表中观察很难得出正确的结论。所以需要借助图形来直观地反映数据之间的关系，散布图就是用来实现这种功能。

散布图，又称相关图，是描绘两种质量特性值之间相关关系的分布状态的图形，即将一对数据看成直角坐标系中的一个点，多对数据得到多个点组成的图形即为散布图。

散布图的类型主要看点的分布状态，判断自变量 X 与因变量 Y 有无相关性。两个变量之间的散布图的图形形状多种多样，归纳起来有 6 种类型，如图 1-8 所示。

（1）强正相关

当 X 增加，Y 也增加，也就是表示原因与结果有相对的正相关，例如面积与直径。

（2）强负相关

当 X 增加，Y 反而减少，而且形态呈现一直线发展的现象，这叫作强负相关，例如油的温度与黏度。

（3）弱正相关

点的分布较广但是有向上的倾向，这个时候 X 增加，一般 Y 也会增加，但是 Y 除了受 X 的因素影响外，可能还有其他因素影响着 Y，有必要进行其他要因再调查。这种形态叫作似有正相关也称为弱正相关，例如身高与体重。

（4）弱负相关

点的分布较广但是有向下的倾向，这个时候 X 增加，一般 Y 也会减少，但是 Y 除了受 X 的因素影响外，可能还受其他因素影响，有必要进行其他要因再调查。这种形态叫作似有负相关也称为弱正相关，例如身高与举重力等。

（5）不相关

如果散布点的分布呈现杂乱，没有任何倾向时，称为不相关，也就是说 X 与 Y 之间没有任何的关系，例如大气温度与大气压力。这时应先将数据按人（部门、班组、供应商等）、设备、时间、物、环境等层别化之后再分析。

（6）非线性相关

假设 X 增加，Y 也随之增加，但是 X 增加到某一值之后，Y 反而开始减少，因此产生散布图点的分布有曲线形态的倾向，称为曲线相关（也称为非线性相关），例如记忆与年龄。

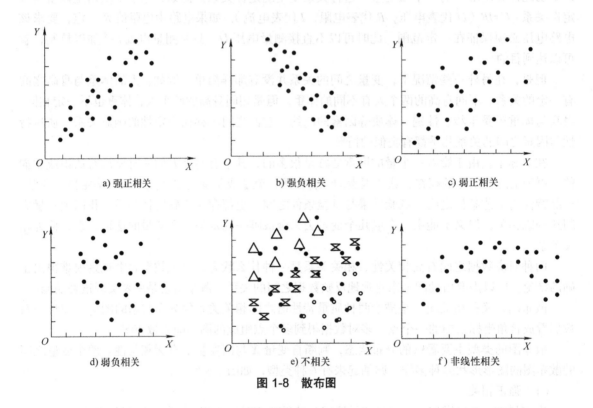

图 1-8　散布图

1.4.7　控制图

控制图（Control Chart）是 1924 年由美国品管大师休哈特（W.A.She-whart）博士所发明，是对过程或过程中各特性值进行测定、记录、评估和监察过程是否处于控制状态的一种用统计方法设计的图，也叫管制图。

控制图是根据假设检验的原理构造的一种图，用于监测生产或服务过程是否处于控制状态。它是统计质量管理的一种重要手段和工具。将实际的质量特性，按时间先后的次序，与根据过去经验所建立的过程能力的控制界限比较，以判别质量是否稳定。

控制图的基本结构是在直角坐标系中画三条平行于横轴的直线，中间一条实线为中心线，上、下两条虚线分别为上、下控制界限。横轴表示按一定时间间隔抽取样本的次序，纵轴表示根据样本计算的、表达某种质量特征的统计量的数值，由相继取得的样本算出的结果，在图上标为一连串的点子，它们可以用线段连接起来，如图 1-9 所示。

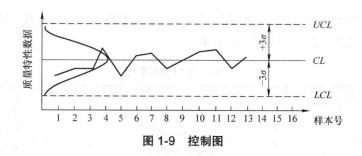

图 1-9　控制图

控制图的作图原理被称为"3σ原理"或"千分之三法则"。在正常生产过程中，出现不良品的概率只有千分之三，一般忽略不计（认为不可能发生），如果一旦发生，就意味着出现了异常波动。

$\bar{P}$ 中心线，记为 CL，用实线表示，计算公式为：$\bar{P}=\sum X_i / \sum n_i$　X_i 为不良数，n_i 为每次样本数；

$\bar{P}+3\sigma$：上界限，记为 UCL，用虚线表示，计算公式为：$\bar{P}+3\sigma=\bar{P}+3\sqrt{\dfrac{\bar{P}(1-\bar{P})}{n}}$

$\bar{P}-3\sigma$：下界限，记为 LCL，用虚线表示，计算公式为：$\bar{P}-3\sigma=\bar{P}-3\sqrt{\dfrac{\bar{P}(1-\bar{P})}{n}}$

在工作过程中，工作质量会受各种因素的影响而产生变动。而引起变动的原因可分为两种，一种为偶然（随机）因素，另一种为异常（非随机）因素。偶然因素是大量客观存在的，是过程所固有的，但对过程质量特性的影响很小，是无法消除的。异常因素不是过程所固有的，但对过程质量特性的影响较大，查明原因后，是可以消除的。控制图就是为了更好更快地找到变动的因素。

偶然因素和异常因素对照见表 1-7。

表 1-7　偶然因素和异常因素对照

分类	变异的情况	影响程度	追查性
偶然（随机）因素	系统的一部分，很多情况下都有，无法避免	每一个都很微小，不明显	不值得，成本高，不经济
异常（非随机）因素	本质上是局部的，很少或没有，可避免的	有明显的影响而且影响巨大	值得且可以找到，否则造成大损失

当工作过程仅受偶然因素的影响，从而质量特征的平均值和变差都基本保持稳定时，称之为处于控制状态。此时，质量特征是服从确定概率分布的随机变量，它的分布（或其中的未知参数）可依据较长时期在稳定状态下取得的观测数据用统计方法进行估计。分布确定以后，质量特征的数学模型随之确定。为检验其后的过程是否也处于控制状态，就需要检验上述质量特征是否符合这种数学模型。

为此，每隔一定时间抽取一个大小固定的样本，计算其质量特征。若其数值符合这种数学模型，就认为过程正常；否则，就认为受到某种异常因素的影响，或者说过程失去控制。发现已经存在的或潜在的影响过程质量的异常因素，加以消除，使过程无异因，从而维持过程的稳定状态，使过程可预测。

控制图分为两大类：

1）计数值管制图（表1-8） 计数值就是可以计数的数据，如不良品数、缺点数等；
2）计量值管制图（表1-9） 直径，容量。

表1-8 计数值管制图

数据	名称	管制图
计数值	不良率管制图	P管制图
	不良个数管制图	PN管制图
	缺点数管制图	C管制图
	单位缺点数管制图	U管制图

表1-9 计量值管制图

数据	名称	管制图
计量值	平均数与全距管制图	X—R管制图
	平均数与标准偏差管制图	X—S管制图
	个别值管制图	X管制图

单元小结

通过学习QC七大工具，因果追原因、检查集数据、排列抓重点、直方显分布、散布看相关、控制找异常、分层作解析，根据工具的特点合理选择不同的工具，解决各种质量问题。

单元 2
质量管理体系

 单元概述：

当前，随着科学技术的进步，在全球化市场经济的模式下，顾客对产品质量的要求不断提高，造成市场竞争异常剧烈。世界各国的各类组织为了降低成本，提高产品质量，赢得市场，都在按全面质量管理的方法，规范或改造组织的原有的质量管理模式。建立既能够实现质量目标，达到顾客满意，又使产品的整个生产过程得到有效控制的质量管理体系，已是管理上的普遍需要。

质量管理体系（Quality Management System，QMS）是指在质量方面指挥和控制组织的管理体系。质量管理体系是组织内部建立的、为实现质量目标所必需的、系统的质量管理模式，是组织的一项战略决策。

它将资源与过程结合，以过程管理方法进行的系统管理，根据企业特点选用若干体系要素加以组合，一般包括与管理活动、资源提供、产品实现以及测量、分析与改进活动相关的过程组成，可以理解为涵盖了从确定顾客需求、设计研制、生产、检验、销售、交付之前全过程的策划、实施、监控、纠正与改进活动的要求，一般以文件化的方式，成为组织内部质量管理工作的要求。

一个组织建立质量管理体系，一方面要满足组织内部进行质量管理的要求，另一方面也要满足顾客和市场的需求。如何评价所建立的质量管理体系是否完善？这种评价需要得到供需双方或第三方的认可，还要依据共同认可的评价方法和标准。为此，国际标准化组织（ISO）在吸取各国成功的管理经验，尤其是借鉴了发达国家行之有效的管理标准的基础上，于1987年首次颁布 ISO 9000 质量管理和质量保证系列标准，后逐步发展为 ISO 9000 族标准，并在全世界掀起了推行 ISO 9000 族标准，实施质量体系认证的热潮，进而，促进了国际贸易的发展和经济的增长。

从 20 世纪 80 年代末期开始，我国一些企业在推行全面质量管理的基础上，按照 ISO 9000 族标准建立、实施质量体系，取得了明显成效。2015 年版 ISO 9000 族标准的发布，更为我国各类组织建立、优化质量管理体系，提高质量管理工作的有效性和效率提供了新的契机。本单元将以 2015 版 ISO 9000 族标准为依据，简要介绍质量管理体系的有关知识。

单元学习目标

1. 能力目标

（1）能够描述质量管理体系基本术语。

（2）能够熟悉 ISO 9000 质量管理体系标准条款。

（3）能够设计某新建组织质量管理体系构筑方案。

（4）能撰写质量管理体系内审不符合报告。

2. 知识目标

（1）熟悉 ISO 9000 质量管理体系族标准。

（2）掌握建立质量管理体系方法与步骤。

（3）掌握运行质量管理体系方法与步骤。

（4）熟悉质量管理体系审核与认证流程。

3. 素养目标

（1）树立顾客至上、质量第一的思想。

（2）按《ISO 9000 质量管理体系和质量保证》系列标准科学管理，做好企业质量管理工作。

（3）培养热爱祖国、爱岗敬业、脚踏实地、好好学习的精神。

阅读：某公司顺利通过 IATF16949 转版再认证审核

某日，来自 TüV 的两位审核专家对公司的 IATF16949 质量管理体系开展了为期四天的外部审核，本次审核为新版标准换版后的首次再认证审核。

IATF16949 技术标准，全称为汽车行业技术质量管理标准，是国际汽车行业的技术规范。该技术标准注重落实和过程控制，综合了全球顶尖汽车企业最好的经验。索达公司多年来致力于变速器以及零部件的研发、销售，目前具备年产 3 万台重型载货汽车变速器的生产能力。2018 年由于国际标准和国家标准的换版，公司各管理体系全面面临文件修订和换版工作。公司领导高度重视 IATF16949：2016 质量管理体系换版工作，根据产品种类，重新调整了 IATF16949 质量管理体系的覆盖范围。采用过程方法，结合 PDCA 循环和基于风险的思维对过程和体系进行整体管理，形成文件加以实施和保持。

在公司领导的大力支持和全体员工的共同配合下，体系小组依据 IATF16949 认证要求，经过体系策划、体系文件建立、标准培训、内审员培训、五大工具培训、体系文件完善、质量体系试运行、内审、管理评审、认证申请、初审一阶段、二阶段等一系列 IATF16949 贯标活动，建立了符合 IATF16949 标准、客户及相关方要求的质量管理体系。经过层层严格把关，认证机构认为索达公司的各项管理符合 IATF16949 的要求。该证书的取得，标志着公司的产品获得了进入汽车市场领域的绿色通行证，为公司积极开拓汽车零部件产品奠定了坚实的基础，为参与汽车行业市场竞争提供了有力保障。

审核期间，外审老师依据过程方法，通过人员提问、文件查阅、现场审查等方式进行了全过程审核。审核专家老师重点关注新版 IATF16949 标准增加的要求，对公司所有部门车间实际的运行状况，以及公司换版后体系运行提出了较多合理的改进建议。索达公司总经理熊涛对后续的体系建设工作也提出了要求：明确责任人，认真完成新版 IATF16949 标准体系建设，在限期内提交改进资料，进一步提高体系运行的有效性，生产现场质量检验如图 2-1 所示。

IATF16949 的审核通过不是终点，而是扬帆远航的起点。索达公司始终坚持"顾客满意、持续改进、精益求精、追求卓越"的原则，以优质的产品、卓越的精神，为客户提供高效服务。未来，公司将继续全面贯彻 ISO 9001 国际质量标准体系、IATF16949 质量管理体系，不断完善管理，带给客户最坚实的产品质量保障！

内容来源：https：//www.sohu.com/a/272392818_658110（2018-10-30 15：15）

启示与思考：

1）IATF16949：2016 是什么？

2）企业为什么要通过 IATF16949：2016 转版认证？

3）国际标准：ISO 9000 质量管理和质量保证体系族标准与质量有关系吗？是什么样的关系？分别思考企业工作、学生在学习中各自应如何做到"树立顾客至上、质量第一"的思想。

图 2-1　生产现场质量检验

2.1 质量管理体系认知

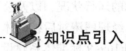

通过阅读"索达公司顺利通过IATF16949转版再认证审核"故事,上网搜集有关ISO 9000标准资料,请完成如下任务:
1. 什么是质量管理体系?有关质量管理体系的标准有哪些?
2. 贯彻ISO 9000标准有什么好处?目前,我国贯彻ISO 9000标准现况是怎么样的?

1. 能描述质量管理体系概念及基本术语。
2. 能描述质量管理体系要素。

2.1.1 概述

任何组织都需要管理。当管理与质量有关时,则为质量管理。质量管理是在质量方面指挥和控制组织的协调活动,通常包括制定质量方针、目标以及质量策划、质量控制、质量保证和质量改进等活动。实现质量管理的方针目标,有效地开展各项质量管理活动,必须建立相应的管理体系,这个体系就叫质量管理体系。它可以有效进行质量改进。ISO 9000是国际上通用的质量管理体系。

针对质量管理体系的要求,国际标准化组织(ISO)的质量管理和质量保证技术委员会制定了ISO 9000族系列标准,以适用于不同类型、产品、规模与性质的组织。该类标准由若干相互关联或补充的单个标准组成,其中为大家所熟知的是ISO 9001《质量管理体系要求》,它提出的要求是对产品要求的补充,经过数次的改版。在此标准基础上,不同的行业又制定了相应的技术规范,如IATF16949:2016《汽车生产件及相关服务组织应用ISO 9001:2015的特别要求》,ISO 13485:2016《医疗器械 质量管理体系 用于法规的要求》等。

ISO 9000族标准有1987版、1994版、2000版、2008版、2015版。标准在不断地改进与修订中,目前有效版本是ISO 9001:2015版标准,它是由ISO/TC176/SC2质量管理和质量保证技术委员会质量体系分委会制定的质量管理系列标准之一。

ISO 9001标准2015版七项质量管理原则是在2008版八项质量管理原则的基础上修改的,是最高领导者用于领导组织进行业绩改进的指导原则,是构成ISO 9000族系列标准的基础,包括:

1. ISO 9001：2008 版质量管理原则

1）以顾客为关注焦点。

2）领导作用。

3）全员参与。

4）过程方法。

5）管理的系统方法。

6）持续改进。

7）基于事实的决策方法。

8）与供方互利的关系。

2. ISO 9001：2015 版质量管理原则

1）以顾客为关注焦点。

2）领导作用。

3）全员参与。

4）过程方法。

5）改进。

6）循证决策。

7）关系管理。

3. 质量管理体系特性

（1）符合性

要有效开展质量管理，必须设计、建立、实施和保持质量管理体系。组织的最高管理者对依据 ISO 9001 设计、建立、实施和保持质量管理体系的决策负责，对建立合理的组织结构和提供适宜的资源负责；管理者和质量职能部门对形成文件的程序的制定和实施、过程的建立和运行负直接责任。

（2）唯一性

质量管理体系的设计和建立，应结合组织的质量目标、产品类别、过程特点和实践经验。因此，不同组织的质量管理体系有不同的特点。

（3）系统性

质量管理体系是相互关联和作用的组合体，包括：①组织结构　合理的组织机构和明确的职责、权限及其协调的关系。②程序　规定到位的形成文件的程序和作业指导书，是过程运行和进行活动的依据。③过程　质量管理体系的有效实施，是通过其所需过程的有效运行来实现的。④资源　必需、充分且适宜的资源，包括人员、资金、设施、设备、料件、能源、技术和方法。

（4）全面有效性

质量管理体系的运行应是全面有效的，既能满足组织内部质量管理的要求，又能满足组织与顾客的合同要求，还能满足第二方认定、第三方认证和注册的要求。

（5）预防性

质量管理体系应能采用适当的预防措施，有一定的防止重要质量问题发生的能力。

（6）动态性

最高管理者定期批准进行内部质量管理体系审核，定期进行管理评审，以改进质量管理体系；还要支持质量职能部门（含车间）采用纠正措施和预防措施改进过程，从而完善体系。

（7）持续受控

质量管理体系所需的过程及其活动应持续受控。

质量管理体系应最佳化，组织应综合考虑利益、成本和风险，通过质量管理体系持续有效运行，使其最佳化。

4. 质量管理体系特点

1）它代表组织思考如何真正发挥质量的作用和如何最优地做出质量决策的一种观点。

2）它是深入细致的质量文件的基础。

3）质量体系是使公司内更为广泛的质量活动能够得以切实管理的基础。

4）质量体系是有计划、有步骤地把整个公司主要质量活动按重要性顺序进行改善的基础。

2.1.2 基本术语

ISO 9000：2015 版《质量管理体系 基础和术语》标准相对 2008 版标准，增加了部分术语，这些术语和定义包括：组织、相关方、要求、管理体系、最高管理者、有效性、方针、目标、风险、能力、文件化信息、过程、绩效、外包、监视、测量、审核、符合、不符合、纠正、纠正措施、持续改善。

这里只简要介绍几个基本术语。

1. 过程

过程指"利用输入实现预期结果的相互关联或相互作用的一组活动"。

注1：过程的"预期结果"称为输出，还是称为产品或服务，需随相关语境而定。

注2：一个过程的输入通常是其他过程的输出，而一个过程的输出又通常是其他过程的输入。

注3：两个或两个以上相互关联和相互作用的连续过程也可作为一个过程。

注4：组织通常对过程进行策划，并使其在受控条件下运行，以增加价值。

注5：不易或不能经济地确认形成的输出是合格的过程，通常称之为"特殊过程"。

注6：这是 ISO/IEC 导则，第 1 部分 ISO 补充规定的附件 SL 中给出的 ISO 管理体系标准中的通用术语及核心定义之一，最初的定义已经被修订，以避免过程和输出之间循环解释，并增加了注 1 至注 5。

例如，产品设计过程是将市场开发过程的输出结果——市场信息和顾客需求，作为输入要求，经过策划、分析和开发等活动，转化为设计的输出结果——图样、规范和样品等，而设计过程的结果——图样、规范和样品等，又成为下面采购过程和加工过程的输入要求。

2. 方针

方针指由组织最高管理者正式发布的组织宗旨和方向。

注：这是 ISO/IEC 导则，第 1 部分 ISO 补充规定的附件 SL 中给出的 ISO 管理体系标准中的通用术语及核心定义之一。

3. 质量方针

质量方针指关于质量的方针。

注1：通常质量方针与组织的总方针相一致，可以与组织的愿景和使命相一致，并为制定

质量目标提供框架。

注2：本标准中提出的质量管理原则，可以作为制定质量方针的基础，质量方针是"一个组织的最高管理者正式发布的该组织总的质量宗旨和方向。"

质量方针应与组织的总方针（如果组织是一个经济实体，则应同组织的经营方针）相一致。质量方针的制定应参照质量管理原则的要求，结合组织的实际情况确定出组织在质量管理工作方面中远期的发展方向。质量方针还须反映组织在管理和产品上的要求，为质量目标的展开提供条件。

质量方针是一种精神，是企业文化的一个组成部分。应与组织全体员工的根本利益相一致，体现出全体员工的愿望和追求的目标，以便为全体员工所理解，并加以贯彻执行。

4. 目标

目标指要实现的结果。

注1：目标可以是战略性的、战术性的或操作层面的。

注2：目标可能涉及不同的领域（如：财务、健康与安全以及环境的目标），并可应用于不同的层次（如：战略、组织整体、项目、产品和过程）。

注3：可以采用其他的方式表述目标，例如：采用预期的结果、活动的目的或运行准则作为质量目标，或使用其他有类似含义的词（如：目的、终点或标的）。

注4：在质量管理体系环境中，组织制定的质量目标与质量方针保持一致，以实现特定的结果。

注5：这是ISO/IEC导则，第1部分ISO补充规定的附件SL中给出的ISO管理体系标准中的通用术语及核心定义之一。原定义已通过修改注2被修订。

5. 质量目标

质量目标指与质量有关的目标。

注1：质量目标通常依据组织的质量方针制定。

注2：通常，在组织内的相关职能、层级和过程分别制定质量目标。

质量目标是"组织在质量方面所追求的目的"。组织应依据质量方针的要求制定质量目标，与其保持一致。组织可以在调查、分析自身管理现状和产品现状的基础上，与行业内的先进组织相比较，制定出经过努力在近期可以实现的质量目标。

组织应将质量目标分别在横向上按相关职能（部门或岗位），在纵向上按不同的管理层次加以分解展开。质量目标的这种分解和展开，应同组织管理上的需要及其复杂程度和产品上的要求与可实现的条件相适应。质量目标应当量化，尤其是产品目标要结合产品质量特性加以指标化，达到便于操作、比较、检查和不断改进的目的。

6. 管理

管理指挥和控制组织的协调的活动。

注：管理可包括制定质量方针和目标，以及实现这些目标的过程。

7. 质量管理

质量管理指关于质量的管理。

注：质量管理可包括制定质量方针和质量目标，以及通过质量策划、质量保证、质量控制和质量改进实现这些质量目标的过程。

质量管理是"在质量方面指挥和控制组织的协调活动"。通常包括制定质量方针、质量目标以及质量策划、质量控制、质量保证和质量改进。质量管理应是各级管理者的职责,但应由组织的最高管理者领导和推动,同时要求组织的全体人员参与和承担义务,只有每个职工都参加有关的质量活动并承担义务,才能实现所期望的质量。

当然,在开展这些活动时还应考虑到相应的经济性因素,因为质量管理的目的就是为了最大限度地利用人力、物力资源,尽可能地满足顾客的需求,以提高经济效益。

8. 质量策划

质量策划指质量管理的一部分,致力于制定质量目标并规定必要的运行过程和相关资源以实现质量目标。

注:编制质量计划可以是质量策划的一部分。

质量策划是"质量管理的一部分,致力于制定质量目标并规定必要的运行过程和相关资源以实现质量目标"。根据管理的范围和对象不同,组织内存在多方面的质量策划,例如质量管理体系策划、质量改进策划、产品实现策划及设计开发策划等。

通常情况下,组织将质量管理体系策划的结果形成质量管理体系文件,对于特定的产品、项目策划的结果所形成文件称之为质量计划。

9. 质量控制

质量控制指质量管理的一部分,致力于满足质量要求。

质量控制通过采取一系列作业技术和活动对各个过程实施控制,包括对质量方针和目标控制、文件和记录控制、设计和开发控制、采购控制、生产和服务运作控制、监测设备控制、不合格品控制等。

质量控制是为了使产品、体系过程达到规定的质量要求,是预防不合格发生的重要手段和措施。因此,组织要对影响产品、体系或过程质量的因素加以识别和分析,找出主导因素,实施因素控制,才能取得预期效果。

10. 质量保证

质量保证指质量管理的一部分,致力于提供质量要求会得到满足的信任。

质量保证是组织为了提供足够的信任,表明体系、过程或产品能够满足质量要求,而在质量管理体系中实施并根据需要进行证实信任度的全部有计划和有系统的活动。

质量保证定义的关键词是"信任",对能达到预期的质量提供足够的信任。这种信任是在订货前建立起来的,如果顾客对供方没有这种信任,就不会与之订货。质量保证不是买到不合格产品以后的包修、包换、包退。信任的依据是质量管理体系的建立和运行。因为这样的质量管理体系将所有影响质量的因素,包括技术、管理和人员方面的,都采取了有效的方法进行控制,因而质量管理体系具有持续稳定地满足规定质量要求的能力。

2.1.3 质量管理体系要素

1. 过程方法

为使组织的质量管理体系能够有效运行,必须识别和管理许多相互关联和相互作用的过程。通常,一个过程的输出将直接成为下一个过程的输入。"系统地识别和管理组织所应用的过程,特别是这些过程之间的相互作用",称为"过程方法"。

1)组织通过应用过程方法,可以促进质量管理体系的过程实现动态循环改进,从而不断提高效益。

2）通过识别组织内的关键过程，以及关键过程的后续开发和持续改进，过程方法还可促进以顾客为关注焦点和提高顾客的满意程度。

3）有利于了解组织的所有过程和这些过程相互间的关系，过程方法还可以更加有效地分配和利用组织现有的资源。

4）应用过程方法，组织可以将复杂的管理工作不断简化，管理者的主要任务是提出过程的输入要求，对过程的输出结果进行检查，提供必要的资源。而具体过程中各项活动的展开，应充分发挥参与这一过程的每一个人的作用，进而简化管理过程。

2. 过程方法和 PDCA 循环

PDCA（计划—实施—检查—处置）是一个动态循环，可在组织的各过程内展开，它既和产品实施过程，又和质量管理体系过程的策划、实施、控制和持续改进密切相关。

可通过在组织内各层次上应用 PDCA 概念保持和持续改进过程能力。这可应用于高层战略过程，诸如质量管理体系策划或管理评审，同样也可应用于作为产品实现过程一部分的简单运作活动。

> **PDCA 循环应用于产品实现过程**
> 计划：根据顾客的要求和组织的方针，为提供结果建立所必要的目标和过程。
> 实施：实施过程。
> 检查：根据方针、目标和产品要求，对过程和产品进行监视和测量，并报告结果。
> 处置：采取措施以持续改进过程业绩。

3. 质量管理体系的过程模式

以过程为基础的质量管理体系模式如图 2-2 所示。

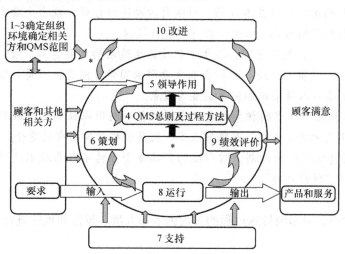

图 2-2　以过程为基础的质量管理体系模式

应用过程方法将质量管理体系分为六大过程：5 领导作用、6 策划、7 支持、8 运行、9 绩效评价、10 改进，替代了 2008 版的 4 个过程，使得 ISO 9000 族标准具有更强的适应性，给制造业以外的组织应用标准提供了方便。

4. 过程策划、控制和运行

（1）过程策划

为使过程的结果满足要求，对过程所需要的活动、步骤、控制方法、设备、材料、人员及职责分工、信息、资料等进行综合考虑安排的活动，可称之为过程策划。

组织要在市场调查的基础上结合顾客的要求，确定实现具体过程或产品的质量目标，质量目标要包括产品目标要求，这些要求应该量化，便于测量、分析和比较。过程策划还包括确定过程应开展的活动，与相应资源（设备和材料）要求；配备能胜任工作的员工，明确职责和权限；准备执行的规范、验收标准和文件；对过程结果的测量、分析和改进的安排。

一个复杂过程往往由几个分过程构成，即便是一个简单过程，通常也是由若干活动或步骤构成，这些分过程或活动相互联系、相互作用、按一定顺序组合在一起，它们之间存在着信息和物质流动，以及控制与运行过程人员职责和权限的分配。组织可以用流程图的方法对过程按照实施顺序和逻辑关系加以描述，使之更加直观，既便于员工理解，又利于现场操作与控制。

过程策划的结果通常要形成计划类文件，用以指导和控制过程的有效运行。对于简单的小过程，操作者在确保过程得到有效控制，做到胸中有数，过程结果符合要求的前提下，也不一定要形成文件。

例如：零部件加工简单过程，操作者可按照规范要求，做好加工前的准备工作，确定加工步骤包括设备的维护与调整、工装卡具的确认和调整、材料的准备和检验及工艺文件的检查等，即是进行了策划。

过程策划应注意以下几个问题：

1）要抓住影响过程的主要因素。过程有大有小，有的简单也有的复杂。受主、客观因素的影响，各过程的运行均存在着波动，对这种波动进行分析，找出主要影响因素，策划时可针对主要因素制订控制措施，以使过程得到有效控制。

例如：对于老企业，设备陈旧、技术老化是产生波动的主要原因，策划时要注意设备的维护和确认、技术的进步和改造。而新企业主要影响因素可能是，人员经验不足及规章制度不健全，策划时则要以人员培训和完善制度为重点。

2）要注重以往类似过程的相关信息。充分收集和利用以往类似过程的相关信息，做到早期预警，最大限度地减少失误，是降低成本、提高过程效率的有效途径。

3）要加强对特殊过程的控制，对形成的产品是否合格不容易或不能经济地进行验证的过程，通常称之为"特殊过程"。

在过程策划阶段，对影响特殊过程的关键因素如人员、设备和程序进行确认，确保过程结果满足要求。

（2）过程控制

由于操作者技能之间的差异，设备状况的不同，每个人对作业程序在理解和执行上存在着区别，加之作业程序的不断更改，以及上述因素随时间的变化，造成人们观察到的产品质量特性（如：发动机的功率、服务的及时性、计算机软件的可靠性等）产生波动性的变化。这类波动可以分为两种，一种称之为随机波动，由随机波动引发的质量特性的偏移（误差）一般集中在中心值的两侧，而且量值较小、因素较多且复杂、不易消除；另一种称之为异常波动，这种波动引发的质量特性的偏移（误差）一般呈突变趋势，往往是由单一原因造成的，过程控制主要就是研究这种异常波动，针对异常波动采取纠正措施，消除或抑制引发异常波动的原因，确保过程质量特性值符合要求。

实施过程控制是以作业条件标准化和管理工作标准化为前提条件，也就是说接受控制的过程要具有一定的能力，随机波动引发的质量特性的偏移（误差）集中在中心值的两侧，而且稳定在误差范围之内。对于异常波动引发的质量特性的偏移（误差），可以采用实验设计方法、回归分析方法、排列图方法、尤其是采用控制图方法查找引发异常波动的原因，采取措施消除这些原因，使过程的结果达到符合要求的目的。

（3）过程运行

为保证过程平稳运行，实现预定的目标，应注意以下几个问题：

1）选用合格人员，减少人为失误。过程运作的关键是确保参与过程活动的所有员工具有相应能力，能够胜任工作，做到第一次做好，并且每一次做好，最大限度减少由人为失误引发的异常波动，从而减少成本损失。

2）严格执行管理规范，保证过程稳定性。管理规范化是过程稳定运行的前提条件，也是减少异常波动的重要手段。一般来讲，管理规范是以往过程运作中成功经验和失败教训的总结，违背管理规范要求，可能造成操作失误或重犯以往错误，进而破坏过程的稳定性。

3）及时发现异常波动，采取措施减少损失过程。运作中，要对影响过程结果的各项因素实施监控，包括人、机、料、法、环等方面，必要时，对相关因素要进行过程能力确认。当发现过程出现异常波动时，要调查分析产生波动的原因，采取相应措施，消除原因使过程重新回到稳定状态。

4）做好记录，为完善和改进过程提供依据。随时做好各项记录，以便采用统计技术方法对过程运行状况进行分析，确定完善和改进过程的方法与步骤确保过程能力的稳定或提高。

2.1.4　ISO 9001：2015 标准理解

1. ISO 9001：2015 标准理解

（1）ISO 9001：2015 是基于过程的

自 2000 年修订以来，该过程方法已成为 ISO 9001 的一部分。尽管过去某些公司可能未适当地解决和利用过程方法的概念，但 ISO 9001 的最新修订版更加重视过程。ISO 9001：2015 要求的全部重点是鼓励采用全面的过程方法进行质量管理，这也是六西格玛管理的思想之一。

这个想法是将公司作为相互关联的过程的系统进行管理（请注意"质量管理系统"的最后两个词）。通常，一个过程的输出是一个或多个其他过程的输入。ISO 9001：2015 流程方法全部涉及集成，不再将流程视为独立活动。

（2）ISO 9001：2015 更加注重输入和输出

输入和输出的概念与过程方法密切相关。在 ISO 9001：2015 的上下文中，"输入"和"输出"是指活动的起点和结果。

简而言之，流程将采用输入（例如原材料），然后将其转换为输出（例如成品）。当然，这是一个非常简单的示例，将原材料转化为成品的过程将包含许多较小的、相互关联的过程。相同的概念适用于服务，其中物理输入和非物理输入都可以输入活动（过程）和服务中（例如，学校课程)。

要记住的主要事情是,我们将重点放在该过程如何获取输入并将其用于产生输出的过程上。这可能涉及从图形设计到处理投诉的任何事情。它几乎可以应用于企业中发生的所有事情。

这些术语和六西格玛管理中的 SIPOC 理念达成了一致性。

(3)基于风险的思维是 ISO 9001:2015 的核心

"基于风险的思维"是 2015 年修订版的新内容之一。虽然该术语(风险)是全新的,但"基于风险的思维"的概念实际上只是预防措施的扩展(该术语在 ISO 9001:2015 标准的文本中不再使用)。有趣的是,"风险"与"机遇"的对立也是基于风险的思考的一部分。

ISO 9001:2015 中,有关预防措施的章节已删除,但有关基于风险的思维的新章节已包含在内。拥有良好预防措施体系的公司将发现几乎不需要进行任何更改,而未曾重视预防措施的公司将发现 ISO 9001:2015 为他们提供了一些有用的工具来解决这一相当重要的问题。在 9001 简化版上提出了一个简单的(每个人都可以快速轻松地做到)却强大的(从真正有用的结果上来说)应对风险和机遇的系统;它是 ISO 9001:2015 升级包的一部分。学习过项目管理专业人士资格认证(Project Management Professional,PMP)的人,应该会很清楚,这是 PMP 中风险管理的思维之一。

(4)在 ISO 9001:2015 中重要的组织环境

了解组织的环境是指审查和理解内部和外部环境以及影响公司的因素。"组织上下文"的替代术语可以是"公司运营所在的环境"。ISO 9001:2015 将此环境分为内部环境、外部环境和相关方。

新标准要求分析组织的环境:公司的优势和劣势是什么,机遇和威胁是什么?对于每个组织而言,要考虑的问题是深远的,并且有所不同。其中可能包括诸如新法律、技术创新和文化转变之类的问题,这些问题可能会对业务产生影响。

利益相关方包括客户和潜在客户、供应商、所有者、员工、第三方组织(例如工会和活动家)以及政府机构。在分析组织的上下文时,公司会确定相关方及其需求和期望,重要性和对组织的影响。

(5)ISO 9001:2015 的领导力和承诺

ISO 9001 是质量管理体系同时也是一种管理工具。由于高层管理人员一直在 ISO 9001 质量管理体系中发挥领导作用,因此对于那些将 ISO 9001 用作真正的高层管理工具的公司而言,ISO 9001 从 2008 版变更为 2015 版对于领导力和承诺的变化应该很小。而对于最高管理层已将 ISO 9001 的执行授权给其他公司的公司会发现,ISO 9001:2015 需要高层管理人员的大量参与。高层管理人员要"走在前面"使质量管理体系与企业的总体战略方向保持一致。

(6)与其他 ISO 标准的更好集成

ISO 9001:2015 是自上而下设计的,以便与其他 ISO 管理标准更加兼容。这不仅仅是坚持新的高层结构。它是关于将 ISO 9001 用作可实施其他 ISO 系统的基础平台。拥有 ISO 9001 质量管理体系认证(QMS)的公司会发现,无须重复工作即可更轻松地实施针对其行业的 ISO 14001 或其他 ISO 标准。

2. 按 2015 版 ISO 9000 族标准建立质量管理体系的注意事项:

(1)管理变更

ISO 9001:2015 标准在几个不同地方都提到了变更管理,这些标准中提到的变更包括产品或服务要求的变更、文件变更或设计变更。然而，可能标准所提到的最重要变更是与质量管理体系相关的变更：各种过程及运行过程。ISO 9001：2015 标准要求，在以前所有 ISO 9001 版本标准中所隐含的内容，都更改为所有质量管理体系各种过程及运行过程必须在受控状态下进行。

如果一个组织不采取风险思维面对变更，本身对于其他过程及其产品或服务产生的影响无疑会面临风险。

举例：某企业短短一年之内从可获得高利润状态转入濒临破产的状态。

事情的发生是因为当这家企业实施质量管理体系并寻求 ISO 9001 初始认证时，就开始对其原有业务过程进行疯狂的更改，却没有考虑这些过程更改对于其他过程所产生的潜在影响。这种做法导致的结果是具有破坏性和毁灭性的，从而使这个企业处于倒闭边缘。

（2）处于运行控制之下

对于运行过程更改的控制应该更加明确。ISO 9001：2015 标准有对于变更进行评审和控制的要求，从而确保产品或服务能够持续满足要求。标准要求这些变更记录也应当包括更改评审、根据评审所采取的措施以及更改批准人员的确定等结果。

许多人曾经问，为什么 ISO 9001：2015 标准关于运行过程更改的控制这个要求如此明确？这是因为这类过程通过产品和服务能够对顾客产生直接影响，更不用说这类过程对于其他内部运行过程产生的潜在负面影响了，而这种潜在负面影响转而会以同样方式直接影响顾客。

（3）组织的知识

尽管组织的知识对于 ISO 9001：2015 标准来讲是一个新的要求，但是对于许多组织来讲却不是一个新的做法。大多数组织都已经在进行一些信息传递活动，不管这些活动已经是确定的过程还是简单的信息传递。

这些信息传递活动可能包括跨职能说明会议、与质量管理体系相关的部门会议、在职培训、课程学习计划或操作人员指南等。所有这些内容都与 ISO 9001：2015 标准关于"组织的知识"这一新要求相关联。这一概念是对于那些使组织的过程得到持续而有效运行至关重要的信息进行的有效保护。

（4）监视和测量

在 ISO 9001：2015 标准中，将"监视和测量设备"扩展为"监视和测量资源"，已经远远超出了我们在 ISO 9001：2000 标准中所看到的仅仅作为用词上的变化。对于 ISO 9001：2000 标准发生的变化，许多组织都想知道在"设备（equipment）"和"装置（devices）"之间是否有显著的不同，而实际上这两者之间不存在任何显著的不同。

而直到发布了 ISO 9001：2008 标准，恢复了原来的"设备（equipment）"这一用词，方才结束了由于这两个用词变化所产生的混淆。然而，ISO 9001：2015 标准的这一变化，实际上扩展了校准的应用范围，包括目视比较、合格/不合格测量、软件以及软件驱动工具等事项。

过去，一些组织能够对于这些工具的某种完整性保护进行回避，因为这些工具从技术上来讲并不是"设备"，尽管这些工具对于一个产品或服务的符合性能够产生直接影响。

（5）理解全员积极参与

在 ISO 9001：2015 标准变化中可能隐蔽得最深的是"全员积极参与"概念在标准中的渗透。尽管在这一标准中没有一个单独的条款来对其进行规定，但是却至少 10 次提到了这一概念。

作为一个含蓄的概念，全员积极参与意味着对于过程的认同感，而远远超出了简单的人员参与。通过积极参与的人员，一个组织将可能实施一个有效的质量管理体系；相反，一个有效实施的质量管理体系反而会促进和加强全员的积极参与。"全员积极参与"的应用是一个永无止境的循环，这在很大程度上如同"持续改进"。

综上所述，忽视 ISO 9001：2015 标准以上这些不太引人注目的新要求，可能会导致产生严重不合格。应当记住，在实施质量管理体系过程中，应当拥有清醒的头脑，不仅要眼观六路，还要耳听八方。

2.2 质量管理体系构筑与运行

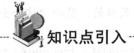

假设你是某汽车制造企业的员工，主管要求你撰写一个新建汽车企业的贯标方案：按 ISO 9001：2015 质量管理和质量保证体系要求建立本企业的质量管理体系，并能够持续有效运行，最终目标是获得体系认证证书。

请思考：如何建立本企业的质量管理和质量保证体系并能够获得认证机构所颁发的认证证书。

1. 能够描述质量管理体系的特点。
2. 能够描述建立质量管理体系的方法与步骤。
3. 能够描述获得质量管理体系认证证书的方法与途径。

2.2.1 质量管理体系的特点

质量管理体系具有以下特点：

1. 质量管理体系是由过程构成的

质量管理体系是由若干相互关联、相互作用的过程构成。每个过程既是相对独立的，又是和其他过程相连的，也就是说，由若干的过程组成一个"过程网络"。通常，"过程网络"是相当复杂的，不是一个简单的各个过程先后顺序的排列。"过程网络"内部各个过程之间存在着接口关系和职能的分配与衔接，过程既存在于职能之中，又可跨越职能。质量管理体系就是依据各过程的作用、职能和接口顺序的不同组合成一个有机的整体。

2. 质量管理体系是客观存在的

一个组织只要能正常进行生产并提供产品，客观上就存在一个质量管理体系，但这个质量管理体系不一定都能保持和有效运行。虽然，一个组织内可能有不同的产品，这些产品也可以有不同的要求，但是，每个企业只应有一个质量管理体系，这个质量管理体系应覆盖该企业所有的质量体系、产品和过程。

3. 质量管理体系以文件为基础

组织按 ISO 9001 标准要求建立质量管理体系，并将其文件化，对内为了让员工理解与执行，对外向顾客和相关方展示与沟通。质量管理体系文件应在总体上满足 ISO 9000 族标准的要求，在具体内容上应反映本组织的产品、技术、设备、人员等特点，要有利于本组织所有职工的理解和贯彻。用有效的质量管理体系文件来规范、具体化和沟通各项质量活动，使每个员工都明确自己的任务和质量职责，促使每个员工把保证和提高质量看成是自己的责任。编制和使用质量管理体系文件是具有高附加值和动态的活动。

4. 质量管理体系是不断改进的

随着客观条件的改变和组织发展的需要，质量管理体系也可更改相应的体系、过程和产品以适应变化了的市场需要。质量管理体系既可以预防质量问题的发生，又能彻底解决已出现的问题，还可以及时发现和解决新出现的质量问题。质量管理体系需要良好的反馈系统和良好的反应机制。

2.2.2 质量管理体系的构筑步骤

一般来讲，一个组织要构筑一个质量管理体系需经过以下几个步骤：

1. 调查分析管理现状

事实上，凡是能完成自身职能的组织，客观上都存在一个质量管理体系。组织可以将现行的质量管理工作与 ISO 9000 标准中各项要求进行对比分析，回答几个问题：组织生产什么产品？影响这些产品质量都有哪些过程？这些过程之间的相互顺序、相互作用和相互联系是否确定？实施这些过程相应的职责权限是否明确？这些过程是否得到充分的展开？这些过程是否得到了有效的实施？组织还应特别注意对特殊过程、关键过程和外包过程的识别。

调查分析组织的管理现状，是建立质量管理体系的基础工作，通过调查研究可以确定组织原有的管理体系哪些已经满足标准要求，哪些还存在着差距，哪些还是管理上的空白，为进行质量管理体系策划提供依据。

调查分析组织的管理现状，还可包括总结组织成功的管理经验，宜将成功的管理经验转化为程序或制度，让其产生效益，也使所建立的质量管理体系具有组织特色。

2. 确定质量方针和质量目标

（1）制定质量方针

组织在制定质量方针时应考虑与组织的宗旨相适应（向上兼容）；包括对满足要求和持续改进质量管理体系有效性的承诺；提供制定和评审质量目标的框架（向下兼容）。

其中，第二方面是质量方针的核心要求，明确了质量方针与七项管理原则的内在联系，以顾客为关注焦点和持续改进这两条主线的要求。

（2）质量目标的制定与展开

质量目标是质量方针的具体化，规定为实现质量方针在各主要方面应达到的要求和水平。

质量目标的内容应与组织的性质、业务特点、具体情况相适应，应随外部环境和自身条件变化而发展变化的。一般包括质量管理体系方面的和与产品特性有关的要求，即按照 ISO 9001：2000 标准要求，确定组织质量管理体系建立、实施、保持和改进的各项要求，其中最关键的是使顾客满意的目标；与产品特性有关的要求包括：新产品、新技术和（或）新工艺设计和开发、产品质量符合性、实现过程和产品特性在稳定性等方面的目标。

质量目标展开的内容可包括：目标分解、对策展开、目标协商、明确目标责任和授权、编制展开图等五个方面。

3. 质量管理体系的文件化

（1）质量管理体系文件的数量和模式

一个组织编写文件数量的多少，取决于组织的自身条件。包括产品/过程的复杂程度、规模大小和人员能力。质量管理体系文件通常可分为三个层次，即质量手册、程序文件和作业文件。

质量管理体系文件应遵循过程方法模式，文件的表达形式可以多样化，建议采用流程图方法，将过程之间的相互顺序和作用，以及信息流和物质流加以直观描述，便于员工理解与执行。

（2）质量管理体系文件编写方法

一般先编写质量手册的前半部分，完成组织机构的确定和人员、部门职责权限的分配，然后整理编写程序文件及作业文件，最后汇总程序文件的相关内容，完成质量手册后半部分的编写。

质量管理体系文件编写完成后，组织应对文件进行评审，评审中发现的问题应及时修改，文件经主管领导批准后发布运行。

2.2.3 质量管理体系的运行

质量管理体系的运行是指组织的全体员工，依据质量管理体系文件的要求，为实现质量方针和质量目标，在各项工作中按照质量管理体系文件要求操作，保持质量管理体系持续有效的过程。为确保体系有效运行，应当注意以下几个方面：

1. 质量管理体系运行前的培训

组织应采取多种形式，分层次地对员工进行质量管理教育和质量管理体系文件的学习与培训。通过培训应使每个员工了解和自己有关的程序文件，知道自己应该做什么、什么时间做、如何做，了解自己在整个质量体系运行中的作用和地位，了解整个质量管理体系是如何运作的。

2. 组织协调

质量管理体系的运行涉及组织许多部门和各个层次的不同活动。领导者要确定各项活动的目标与要求，明确职责、权限和各自的分工，使各项活动能够有序展开，对出现的矛盾和问题要及时沟通与协调，必要时采取措施，才能保证质量管理体系的有效运行。

3. 搞好过程控制，严格按规范操作

组织的员工应严格执行工艺规程和作业指导书，操作前要做好各项准备工作，熟悉工艺要求和作业方法，检查原材料和加工设备是否符合要求；加工过程中对各项参数和条件实施监控，确保各项参数控制在规定范围之内，做到第一次做好；加工后进行自检，保证加工的产品满足规范要求。

4. 监视与测量过程，不断完善体系

在质量管理体系运行过程中，组织应采用过程监视与测量的方法，对质量管理体系运行情况实施日常监控，确保质量管理体系运行中暴露出的问题，如与标准要求不符合或与本组织实际不符合等问题及时、全面地收集上来，进行系统分析，找出根本原因，提出并实施纠正措施，包括对质量管理体系文件的修改，使质量管理体系逐步完善、健全。

5. 质量管理体系审核

组织进行质量管理体系内部审核与接受质量管理体系外部审核，是保持质量管理体系有效运行的重要手段。

质量管理体系审核的目的是对照规定要求，检查质量管理体系实施过程中是否按照规范要求操作，确定质量目标的实现情况，评价质量管理体系的改进机会。质量管理体系内部审核是由组织不同的管理层、操作层中与该过程无关的人员进行的。审核的对象是组织与质量管理体系运行有关的所有过程。审核中发现的问题要及时反馈给当事人，采取措施保持质量管理体系的有效性。

2.2.4 员工在质量管理体系中应当发挥的作用

质量管理体系的建立和运行要依靠组织全体员工的参与和努力，质量管理体系与组织每一个员工密切相关。在质量管理体系的建立、运行和保持过程中，员工应当在以下方面发挥作用。

1. 树立让顾客满意的理念

建立质量管理体系的目的之一，是通过管理使组织具有提供顾客满意产品的能力，这种能力的实现和保持要靠组织全体员工在思想上树立以顾客为关注焦点、让顾客满意的理念。一切工作为顾客着想，一切从顾客需求出发，才能不断满足顾客的要求与期望。

2. 积极参与管理

员工在贯彻执行质量管理体系文件的规定时，可结合岗位工作对质量管理体系的完善提出合理化建议。针对管理和操作中存在的问题，开展QC小组及各种质量改进活动，实现质量管理体系的不断改进。

3. 搞好过程质量控制

搞好过程质量控制，严格执行工艺规程和作业指导书，掌握影响过程质量的操作、设备仪器、原料和毛坯、工艺方法和生产环境等方面的因素，通过管好影响因素来保证和提高质量，实现预防为主。在工作实践中加强对不合格的控制。

4. 做好质量记录

生产现场的各种质量记录是质量信息的重要来源，也是质量管理体系的重要组成部分。质量记录应准确、及时、清晰，并妥善保护，以防破损或遗失。为了在质量管理体系中充分发挥作用，企业职工要努力学习，钻研技术业务，不断提高思想文化水平和技术业务能力，提高自身的素质，以适应产品质量提高和质量管理体系完善的需求。

做一做、练一练

以小组为单位，组长负责，全组成员分工明确、团结协作、认真学习、上网查询质量管理体系建立的案例作为参考，帮情境中的企业设计一个贯标方案。

每个人交一个企业建立质量管理体系的方案。

【案例2-1】

某企业从管理者代表角度来谈如何建立、运行和保持有效质量管理体系

组织的质量管理体系要达到的要求是明确的——符合国家标准或国家引用标准规定的要求。其达到要求的标志是通过第三方认证。

如何达到要求呢?从管理者代表的角度思考:

1) 明确管理者代表的任务;

2) 对组织的内部环境进行分析,明确前提条件;

3) 对贯标认证过程进行策划,即制定贯标认证计划;

4) 在企业内部逐步实施认证计划,建立有效的适宜的质量管理体系,以获得第三方认证为目的。这是全文的核心。

其中,对体系实施阶段的策划和组织又是重点。文中的一些观念和做法,如"试运行阶段""建立和实施体系是思想观念和管理方法的变革""实行一把手工程""专项考核制度的制订和实施""高频次的检查、评价和整改""重视对内审员的实战训练"等,都是贯标企业的切身体会并被本组织实践证明是有效的方法。

1. 管理者代表的任务

管理者代表是组织最高层的管理成员,受最高管理者委托,负责以下工作:按ISO 9000系列标准的要求建立本组织的质量管理体系,组织编写质量管理体系文件并在组织内部试运行;贯彻落实ISO 9000系列标准,并保持质量管理体系是有效的。根据ISO 9000标准的要求,管理者代表要负责如下工作:

1) 确保质量管理体系所需的过程得到建立、实施和保持。

2) 向最高管理者报告质量管理体系的适宜性和有效性。

3) 定期组织内部质量审核,监督质量体系的运行。

4) 就质量体系有关事宜与外部各方进行联络。

上述四项工作中,第一项是核心工作,其他几项工作是围绕着它进行的。

2. 组织内部的环境分析

调查分析并诊断本组织目前的质量管理体系。

1) 对标准的理解与宣贯要先行。首先要在本企业的各个职能部门和生产车间挑选合适的人(具备必需的专业知识和工作经验,具备认真负责的素质),包括最高管理者、管理者代表参与ISO 9000系列标准的学习,培训本企业的内审员。

2) 调查分析并诊断本企业的质量管理体系的现状。管理者代表组织人员根据标准的要求调查、分析、诊断本企业的质量管理体系是否符合标准的要求,存在哪些问题。组织的基础管理处于什么水平。要明确组织处于体系的什么阶段,即是处于计划阶段、标准宣贯阶段、文件编写阶段,还是实施阶段,所处阶段的主要问题有哪些,与体系的要求差距有多大。

对于本企业来说,以下因素是不容忽视的:

1) 最高管理者的态度最关键,是组织内建立、实施、保持有效的质量管理体系的决定因素。

2) 最高管理者委托好称职的管理者代表,最好是最高管理层中的一员,这样有利于组

织内部中纵向和横向的沟通。他是否具有专业的管理能力及坚定的信心和决心，也是贯标成功与否的关键因素之一。

3）培训合格的内审员是不可或缺的步骤，而且要先行。内审员的素质不容忽视，他们是贯标的中坚力量。根据 ISO 9000 标准的要求，内审员必须经过培训并取得证书，配备适宜的人数。他们的素质将直接影响质量管理体系文件的质量（符合性和适用性），同时也将影响他们对体系运行质量的判断。合格的内审员要明确各项质量职能活动"何时何地""要干什么""怎么干""干到什么程度"和"为什么要干"的问题。

作为管理者代表，对上述问题必须做到心中有数。推行 ISO 9000 系列标准不仅是管理技术和方法的变革过程，而且是管理思想、管理观念的转变与创新的过程，它贯穿于建立和实施体系的全过程。对其艰巨性和复杂性，管理者代表应有清醒的认识并给予高度的重视，需要以饱满的工作热情、坚定的信心、坚决的态度、坚强的毅力投入到这项具有挑战性的工作中去，完成最高管理者的重托，达成贯标认证的目的，为顾客提供质量保证的承诺。

3. 制订适合本企业、符合 ISO 9000 标准要求的贯标认证计划

制订认证计划必须依据最高管理者确定的目标，并以此作为计划的出发点和落脚点，结合以上的分析结果，对相关的各项活动在时间上作出适当的安排。一般有以下活动：

1）选择认证机构、进行认证申请和签订认证合同。
2）聘请专家咨询。
3）培训内审员，宣贯 ISO 9000 族标准。
4）编制质量管理体系文件，从上而下或从下而上地编写质量手册、程序文件和支持性文件。
5）送审和修改质量管理体系文件。
6）试运行质量管理体系，最高管理者颁布试运行令。
7）组织至少两次内部审核。
8）组织一次管理评审。
9）联系认证机构，正式对企业的质量管理体系进行第三方审核，包括文件审核、现场审核和实物质量审核。

聘请专家咨询可少走弯路，建议采用。认证机构的选择，主要从机构的资格、专业优势和顾客要求几方面考虑，是选择国内的认证机构还是国外的认证机构根据本组织的情况而定。申请和签订合同的时机宜早不宜晚。其他的几项活动将在下面表述。整个计划可安排在 8~12 个月内完成。

4. 认证计划的落实

质量管理体系的建立和实施过程，是一个由理论到实践的过程，从人治到法治的过程，从"以产品为中心"到"以顾客为中心"、从"事后控制"到"事前预防"的转变过程，总之，是一个管理思想和工作方法的巨大变革过程。因此，它应该是渐进的，由量变到质变、由低级向高级发展的过程。这个过程可以由以下几个阶段来体现：思想转化阶段——标准的宣传培训阶段；标准的转化阶段——文件化体系的建立阶段；文件化体系的实施和保持阶段；体系的现场审核阶段。

（1）ISO 9000 系列标准的宣传和培训

1）宣传和培训的主要内容包括 ISO 9000 族标准内涵，如标准的适用范围，标准的相互

关系、术语和概念，质量管理体系的要求，本组织贯彻标准的目的、意义、步骤和方法以及本企业的质量方针、质量目标等，重点是质量管理体系的要求。培训的对象应当是组织内部的全体员工，但应分层次和不同的方式进行。可采用各种不同的形式开展宣传和培训工作，如各种会议，包括班前会、车间大会，各种横幅、标语、广播、板报、宣传栏等。

2）内审员的培训。前面已经提到过内部质量审核员是建立和实施质量管理体系的中坚力量。因此，必须对他们进行专业的培训。具体的方式可以送到认证机构举办的专业培训班进行面授，也可以向认证机构申请举办函授班进行函授。重点是质量体系要求、文件的编写和体系审核。

3）对于最高管理者（高层管理者）的培训，最好到认证机构举办的"领导学习班"学习。但现实中大多数的最高管理者是通过自学或请专家来厂讲课来完成的，学习的重点是质量体系要求和管理职责。

4）对于专业干部和中层以上干部的培训，可以聘请国家级审核员或者管理专家对标准进行宣讲。重点是贯彻标准的目的、意义、步骤、方法和要求以及各项管理活动或者质量体系要素的含义和要求等。

5）对于其他员工的培训，可由内审员进行授课，内容同上。

为了加强宣传和培训效果，还可以编写印发有关质量体系标准的"宣讲提纲"和质量管理体系认证"知识问答"，以帮助各部门，各类人员学习和理解标准。同时还可以组织各个层次的质量体系知识竞赛，把学习标准的群众性活动推向高潮。

这个阶段要达到的目标是：最高管理层尤其是最高管理者对认证的全过程有清晰的认识，同时，向全体员工表明最高管理层对质量体系通过认证的决心，为建立和实施体系营造一个良好的环境。内审员真正成为"明白人"，掌握建立、审核体系的方法和技巧。其他各类人员掌握标准的基本精神，明确自己的工作与体系的关系，认识到组织建立体系的重要性和必要性，增强贯彻标准的自觉性。

（2）质量管理体系文件的编写

质量管理体系文件包括《质量手册》《程序文件》和《质量记录》，支持性文件包括各类技术文件和管理制度。这是一个质量立法的过程。《质量手册》应重点描述组织的质量管理体系覆盖的范围和产品区域，表述质量方针和质量目标，表述组织的主要质量活动过程及其相互关系，规定各部门的质量职能，指出支撑《质量手册》的《程序文件》和其他文件以及对它们的引用。《程序文件》应具体规定某一质量活动的目的，即表明为什么要实施这一活动；这一过程的输入是什么，输出是什么，中间又有哪些具体活动，它们的顺序如何；明确职责，即具体活动都由谁来做；清楚过程的接口，即本过程与其他过程的相互关系；指明质量记录的名称和编号。《质量记录》是一种表格式的文件，其格式和内容应当能够表明过程或其结果的状态，同时也能反映这些过程或结果的责任人。其他第三层次文件主要是有关的管理制度（如设备、工装、计量、标准化、库房管理等制度）和工艺文件或作业指导书等，它们的作用就是规定各专业管理的具体要求及各岗位的具体操作方法。

文件化体系要达到的目标是能满足符合性、适用性、协调性和系统性的要求。文件化体系的建立是一个复杂的系统工程，要达到以上目标，也必须进行系统的策划并精心实施，包括以下几方面的内容：

1）质量方针和目标的制订。标准要求这项活动应由最高管理者来完成。在实际工作中可以采取以下几种方式来进行。①采取由下而上的方法，即先由各部门组织全体员工，结合标准的要求和工厂及其产品的实际情况，提出质量方针和目标草案，然后再交由质量管理部门整理分析后，交由最高管理层讨论决定。②采取由上而下、再由下而上的方法，即先由质量管理部门提出草案，经最高管理层讨论通过后再下发至各个基层组织征求意见和建议，质量管理部门根据上报的意见和建议，形成几个方案供最高管理层讨论决定。

2）过程的识别和确定。按 2000 版 ISO 9000 标准新建立一个体系，可以从管理职责、资源管理、产品实现和测量评价改进四大过程去识别和确定更小的过程。而从 1994 版 ISO 9000 标准（国标 1996 版）转到按 2000 版建立体系时，则过程的识别和确定的工作量不大，过程在原有体系中绝大部分已经被确定，可以继续保留。新建立一个体系时可以按以下方法确定过程：

① 明确产品的类型。即明确本组织所提供的产品是硬件、软件、流程性材料，还是服务。

② 识别和确定。获得这些产品或服务所需要的过程（活动），即明确需要通过哪些过程或活动（包括物理过程、化学过程和管理过程）来实现产品，把这些过程逐一列出，并将它们按因果关系或并列关系，用方框图或流程图的形式表示出来。这个图反映的是组织为实现产品所需的一个大过程，它是由许多的小过程（方框中表示的）组成的。

识别和确定每一个小过程或子过程的输出、输入和活动。这一活动需要哪些输入，这一活动所输出的是什么，这些活动由哪些部门来完成，其职责是什么，各自的活动又是如何衔接的，对这些都要逐一识别和确定，尤其要注重对特殊过程的识别。

3）质量体系范围的确定。这里所说的范围包含两个层次，一是质量管理体系所覆盖的产品，二是实现这些产品所需要的质量活动或过程。对于第一层次，顾客有体系要求的产品都要覆盖，在顾客没有要求时由组织决定。当然，一个组织最好只建立一个体系，且覆盖所有的产品，认证时可以只选择其中的一部分。至于第二个层次，则应当按照标准的要求，在不影响组织提供满足顾客和法律法规要求的产品的能力和责任的前提下进行删裁。对以上删裁，有必要与顾客和认证中心进行沟通，并对删减的情况在《质量手册》中加以说明。

4）制订质量管理体系文件的编写计划。文件的编制是一项创造性的活动，也是一个复杂的过程，对这一过程应加以策划。首先，成立编写班子，明确各个小组的职责。其次，制订编写计划，明确完成时间。最后，重点抓好以下工作：确定文件数量，设计三个层次的文件总框架。为使文件的层次清晰，应列出每个层次的文件目录（《质量手册》列出章节目录），还要画出各个层次和同层次各个文件间的关系图（结合确定过程时形成的"流程图"）。文件的多少，应根据产品的形成特点和人员的素质而定，但是程序文件的多少必须首先满足标准规定的要求（GB/T 19001—1994 规定为 17 个〔GJB/Z 9001—9004—96 是 21 个〕，而 GB/T 19001—2000 则只要求 6 个〔国军标 2000 版则是 7 个〕）。但为了加强对过程的控制，可以不受这个数量限制。从 1994 版（国军标 1996 版）转换到 2000 版时可保留所有的行之有效的程序。管理者代表应当着重抓好文件的符合性、协调性、可行性和系统性的审查工作，这项工作可以授权编委会来完成。

5）文件的编制。无论哪一层次的文件，最好都采用"过程方法"来结构。即按照每一过程的活动顺序，从输入到输出的过程中各项活动的展开、衔接及其责任部门、每个活动的过程和输出结果的表达方式（质量记录格式和内容）等，都要交代清楚。

6）文件的试行。文件的编制是一个认识的过程，遵循认识——实践——认识的规律。文件的初稿出来以后，最好先试行一段时间，以暴露其编写过程中存在的问题，然后及时对这些问题进行修改、完善。只有经过实践证明是可行的文件才算是好文件，当然前提是符合标准。

7）文件的送审。文件的符合性、协调性最终要经过认证机构的审查认定。认证机构主要审查《质量手册》。对认证机构提出的问题，应立即安排修改，并将修改稿送认证机构确认。

8）文件的修改。文件经过试行和认证中心审查后都需要修改，而且组织环境（内外部）若发生变化，文件也应当作相应的修改。文件的修改过程是一个增值过程。

为了节省时间，提高文件编制的效率，可参考通过认证的同类企业或组织的质量体系文件。但应当紧密地结合本组织的具体情况（组织结构、规模、流程和有效的经验等），进行取舍、补充和完善，也可将文件编制外包给咨询公司。

以《质量手册》为龙头的三个层次的文件经批准发布，标志着组织的质量管理体系的建立，象征着认证征途上的一座里程碑，为实施体系奠定了基础。

（3）质量管理体系的实施

在文件化体系建立阶段，我们做的是"该说的要说到"这一部分工作。而实施阶段则要完成"说到的要做到，做到的要记到"这一部分工作。

认证实践表明，这是一个关键的阶段，它关系到认证的成败。不少企业因其难而不得不延长这一阶段的时间，进而推迟初审，有的甚至放弃了。究其原因，不外乎以下几个方面：①最高管理者的决心不大；②体系文件不全或可行性差；③老的习惯做法和思想观念形成的阻力太大；④对实施体系的策划不力。这个阶段的策划应当解决好上述问题。策划的内容包括如何综合运用行政的、经济的和教育的手段来推动体系有条不紊、高效地实施。

我们可以将体系实施的过程大致分为三个阶段，即体系的试运行阶段、正常运行阶段和迎接体系初审阶段。要着重抓好试运行阶段的工作，因为这是一个新旧交替的阶段，大量矛盾的产生、暴露和转化都要在这个阶段来表现和完成。或者说，"前提分析"中的所有"明确"或"不明确"的问题在这一阶段都会明朗化，管理者代表应勇于面对，坚决、正确且艺术地解决它。

试运行阶段的主要任务是组织《质量手册》《程序文件》和第三层次文件的培训，试行体系文件并将体系转入正常运行阶段。

做好体系文件的培训是思想观念转变和管理方法转变的首要环节。这个阶段的培训与标准的培训有较大的区别。培训的内容比较具体，重点是程序运行的步骤和方法以及各部门的职责。

实施行政一把手工程是实施体系的组织保障。要实施体系，首先应当落实质量职责，而最重要的就是要落实各部门行政一把手的责任。为此，可以采取由各部门的行政一把手与最高管理者签订"责任状"的方式落实责任。但是"责任状"的签订只解决"干不干"的问题，而解决"干什么"和"怎样干"的问题还要靠培训。实践证明，中层干部的思想观念的转变尤其是对文件的理解和认同是体系实施的关键。可通过让他们"听""看""练"来克服思想障碍，提高执行程序的主动性。如对程序逐个进行模拟运行，即将某一程序的执行部门一把手召集起来，对文件规定的活动及顺序进行演练，也可以到活动现场进行实地演练，还可以带他们到通过认证的工厂学习考察等。

制定专项考核办法是推行体系实施的有效措施。应建立一个工作标准，作为考核的依据。这个标准必须依据《质量手册》和《程序文件》来制定。首先，将"质量活动"作为考核对象，同时确定其合格的标准，即明确描述每项"质量活动要求"。其次，明确对每项质量活动及其结果的检查方法和检查内容。再次，明确这些质量活动的责任部门。把这些内容以"质量体系检查表"的形式印发到各部门。其实这就是"表格化"了的《质量手册》和《程序文件》，同时又比这二者要细。它简单明了，大家较容易接受。再次，把整改进度列为考核内容，进度的标准则由审核员根据实际情况确定。最后，针对质量活动的符合程度和整改进度制定相应的奖惩（经济和行政的）考核标准——"实施质量体系考核办法"。

对体系进行高频次地检查、评价、整改和考核，是推动体系按计划实施的有力手段和有效的方法。检查由认证办组织，由内审员实施。检查和评价的依据是"质量体系检查表"。检查，就是对体系进行全面的检查。评价，对不合格项作出客观的陈述和评价。整改，要求责任部门对不合格项进行纠正或改进，对整改的结果要进行跟踪验证。考核，就是依据"实施质量体系考核办法"对各部门进行考核。检查的频次，要根据组织的具体情况而定。在试运行阶段每天（有计划地）都可以安排检查，这样可以在组织内部形成一种持续的、紧张的气氛，有利于振奋全体员工的精神，推动体系实施。这样每经过一轮检查、评价、整改、验证和考核的循环，就使体系实施的符合性提高一步。而在试运行阶段，不断地重复这样的循环，就能使体系实施质量呈螺旋式上升的态势，直至按计划转入正常运行的轨道。

借助第二方审核促进体系的实施。由于第二方的地位特殊，其审核意见对组织的各个层次都有积极的推动作用。

试运行过程中主要有以下具体做法：

1）检查的方法。先按"块块"进行，即以部门为对象，对其所承担的过程或质量活动的实施情况进行逐项梳理，或以过程或活动为对象对各相关部门逐个梳理。

2）把认证办的检查和各部门的自查结合起来。这样可以培养各部门自我检查（举一反三）的能力和习惯，提高各部门发现和解决问题的主动性和积极性，为组织形成持续改进的能力奠定良好的基础。

3）培养和提高全体员工的法制观念。工人按作业指导书进行操作并做好记录；干部按照程序进行管理；内审员依据标准和体系文件进行检查和评价。质量职能部门尤其是最高管理者须按程序处理质量问题。

4）重视对内审员审核能力的培养，为内审打好基础。试运行阶段，其实就是对各部门和各项活动进行强化（强制性）管理的阶段，也应对内审员进行强化培养和锻炼。在检查中要求做到"当天的作业，当天要完成"，即当天的检查计划当天完成，当天查出的问题当天开出不合格报告，并帮助责任部门制订纠正措施。要求每个内审员认真做好审核记录，依据标准进行判定。总之，要锻炼、培养和提高内审员的审核技能，为内审奠定基础。

5）建立通畅的信息沟通渠道，使大量的信息能及时得到传递和处理。在检查过程中除了用不合格报告和纠正措施报告的形式进行沟通和处理，还应建立体系运行协调会制度，以提高解决问题的效率。对比较突出的问题，管理者代表应及时向各有关高层主管领导直至最高管理者沟通，使问题得以迅速解决。而对体系取得的每一个进步都要向最高管理者报告，以不断增强其对体系建设的信心。

（4）搞好首次内部审核的策划和实施

经过一段时间的试运行，有必要对体系进行一次正式的、全面的审核，以便对质量管理体系运行的符合性和有效性做出评价，为管理评审提供输入。内审是标准规定的一个程序，是对体系进行检测和评价的活动，同时又是一项涉及组织所有部门、绝大多数过程的、互动性很强的、大规模的质量管理活动。这项活动的质量好坏，对体系的实施具有重要的影响。管理者代表应抓好内部质量审核的策划和组织工作。在组织内部质量审核时，应着重抓好以下几项工作：

1）掌握好内审的时机。一般情况下，体系试运行一段时间（3~4个月）后，就应安排一次内审。太早了可能会由于实施不到位，存在的问题太多，审核结论会影响士气和信心；太晚了也不利，一方面不能给体系实施提出正式评价，导致管理评审无法进行，另一方面，内审程序的可行性及内审员正式审核的能力不能及早得到验证。

2）审核的时间要相对集中，这有利于在整个组织内部形成一种紧张而有序的气氛，为审核营造一个较好的环境。

3）对内审员的审核工作要进行全过程管理。审核前，抓好审核员编制的"检查表"的审查，保证要素和质量活动不漏项。审核中，抓"不合格报告"的编写质量，及时解决疑难问题。在审核后期，抓"纠正措施报告"的审定工作。这是内审容易忽视的问题。主要审查针对不合格项所做的原因调查和分析是否准确，提出的措施是否有针对性，是否切实可行。最后，检查验证情况。

内审应由工厂自己实施，首次若有困难，可以聘请专家协助进行。

管理者代表应根据内部质量审核报告和纠正措施实施报告，对体系建立、运行情况向最高管理者作出书面报告，以作为管理评审的输入。至此，标准规定的程序基本走完了。但管理评审还有待进行。当完成管理评审后，建立和实施体系活动完成了第一次大的循环。对管理评审的输出则要抓好措施的制订和实施。

如果试运行阶段抓得比较紧、比较实，尽管内审时还存在一些问题，甚至是一些区域性的不符合项也不可怕。因为体系及其实施的框架已经搭起来了，已初具改进的功能，在初审前，可将其列为整改的重点，并做好填平补齐的工作。随后适时再安排1~2次的内审。

（5）迎接预审和初审

预审核是组织聘请与之有合同关系的认证机构对体系的一次非正式的审核。其目的是使认证机构确定组织质量管理体系是否基本就位，能否迎接认证审核；同时使组织取得对认证审核的方法和审核气氛的感性认识。预审核不是认证的必经程序，但为了克服对内审结论权威性的疑虑，使体系初审顺利进行，有必要安排一次预审。事实上，预审核所做的权威性的"不符合"判断，对在初审前推动工厂做最后的冲刺具有重要的作用。

预审核工作的接待和审核的配合都应该进行周密的安排。对预审中发现的问题，要立即进行整改，使体系以良好的状态面对初审。

初审是认证机构对质量管理体系的一次正式审核，只要前面所述的各项工作都做到位了，那么通过初审则是水到渠成的事。重点要做好不合格项的纠正和纠正措施的制定及其实施工作。

通过第三方认证是建立和实施体系的阶段性成果，也是管理者代表成功地履行其职责的一个标志。要想获得持久的成功，还有待于不懈地努力，在于保持、改进和创新。

参考资料阅读：

ISO 9001：2015 质量体系标准解读——取消管理者代表

本文对于 ISO 9001：2015 版标准中取消管理者代表的解读，依据 GB/T19001—2016 版质量管理体系标准要求，结合企业多年质量管理体系运行实践和新版标准试运行的经验，对应梳理不再设置管理者代表后标准的要求和体系的运行，并着重研讨如何发挥领导作用，以便发挥质量管理体系的作用，提高组织绩效。

一、2016 版和 2008 版标准的对比

1.《GB/T 19001—2008 质量管理体系 要求》中有关管理者代表的要求

内容如下：最高管理者应在本组织管理层中指定一名成员，无论该成员在其他方面的职责如何，应使其具有以下方面的职责和权限：

1）确保质量管理体系所需的过程得到建立、实施和保持。

2）向最高管理者报告质量管理体系的业绩和任何改进的需求。

3）确保在整个组织内提高对顾客要求的意识。

注：管理者代表的职责可包括与质量管理体系有关事宜的外部联络。

2. 2016 版标准中取消了对管理者代表的要求，即不再要求设置管理者代表

2016 版标准中不再要求设立管理者代表，那么 2008 版中管理者代表的职责和权限，管理者代表的活动，在组织里谁来承担？涉及管理者代表的过程又如何实施？这一变化的目的是什么？本文从新版标准总的要求（关注所有变化）和领导作用来探讨。

2016 版标准第 5 节中清晰描述了领导作用，明确指出了对最高管理者的要求。从 5.1.1 总则、5.1.2 以顾客为关注焦点、5.2.1 制定质量方针、5.2.2 沟通质量方针、5.3 组织的岗位、职责和权限等都是阐述最高管理者应该发挥的领导作用和承诺。

2016 版标准对最高管理者提出了以下具体新的要求，目的是明确质量管理体系的有效性由最高管理者负责，强调了最高管理者的责任。

1）对质量管理体系的有效性负责（5.1.1a）。

2）确保质量管理体系的要求融入组织的业务过程（5.1.1c）。

3）促进使用过程方法和基于风险的思维（5.1.1d）。

4）确保质量管理体系实现其预期的结果（5.1.1g）。

5）支持其他相关管理者在其职责范围内发挥领导作用（5.1.1j）。

6）确定、理解并持续地满足顾客要求以及适用的法律法规的要求（5.1.2a）。

7）在分配职责和权限时，其他管理者应报告质量管理体系的绩效以及改进机会，特别是向最高管理者报告（5.3c）。

由此可见，管理者代表的职责和权限由最高管理者取代（5.1.1c，5.1.2a）或者被重新分配（5.3c），以确保质量管理体系更加有效。

事实证明，很多情况下"管理者代表"被理解成"管理者"的"代表"，代表管理者行使管理职责和权限，从而使最高管理者在质量管理体系中的职责没有发挥。久而久之，最高管理者对质量管理体系实际运用了解不深入甚至忽视质量管理体系的作用，导致体系管理和实际运行两张皮，体系的作用没有发挥出来。

二、变更的目的

2016 版标准中"领导作用"强调最高管理者应该发挥的作用，而对于"最高管理者"的

理解，标准中给出的解释容易让人误解。在 GB/T 19000—2016 3.1.1 条款定义中，最高管理者（top management）是指在最高层指挥和控制组织的一个人或一组人。这与传统的理解不一致，既然是"最高"，意味着只有一个选择，在一般组织里通常指负责运营的总经理、总裁，或者能够控制组织的董事长，其他班子成员虽然也称高层领导，但是不能称之为最高管理者。所以，标准要求最高管理者对质量管理体系的有效性负责，应该理解成一把手负责。这就是新版标准舍弃"管理者代表"而直接明确最高管理者职责的主要目的。

三、组织实践

1. 充分发挥最高管理者的作用

最高管理者带领高层领导要进行充分的内外部环境分析，确定组织的使命、愿景、价值观，负责建立组织统一的目的和方向，确定组织的质量战略。与此相关的最高管理者的决策，就是质量方针和质量目标制定过程的输入。还有一点值得注意，实际工作中，最高管理者在资源的提供和协调推动效果等方面，作用要大于管理者代表。

2. 岗位、职责、权限

2016 版标准中，最高管理者应确保相关岗位的职责、权限得到分配、沟通和理解，把管理者代表原有的职责和权限重新分配，可能分配给某一位管理者，也可能分配给不同的管理者，各个管理者按照角色和职责分工主动行使权限，承担各自的责任，确保质量管理体系的有效性，见 2016 版标准 5.3 如下内容。

1）确保管理体系符合本标准的要求。

2）确保各个过程获得预期输出（可以采用不同分管领导负责，保证有效输出）。

3）报告质量管理体系的绩效以及改进机会，特别向最高管理者报告（分管领导根据不同过程分别报告，并逐一解决）。

4）确保在整个组织推动以顾客为关注焦点（各自从不同方面关注，如研发输出质量、采购质量、制造质量等）。

5）确保策划和实施质量管理体系变更时保证其完整性（事业部制或流程变更时尤其需要关注）。

在此需要特别注意，最高管理者在分权、授权时除了考虑岗位、职能覆盖原标准管理者代表的职能权限外，结合组织的管理文化、产品或服务的全生命周期、质量管理体系的各级过程、各级岗位人员能力、职责、权限匹配等因素，全面分配包括管理层和执行层。

3. 成文信息的变化

组织不再需要发布管理者代表的任命书，相关职责取消；应变更组织的授权分权手册，规定成文信息的评审和批准权限。原管理者代表多是管理层中的一员，可能分管组织的某一部分职能，2016 版标准下其他管理层成员根据授权，批准某些过程的成文信息。

4. 体系综合管理

实际工作中，尤其组织多体系运行的情况下，组织应设置体系归口管理职能，不论是设立单独的部门如体系管理部或者是某个部门下的分支模块，须明确其统一管理体系的职责，尤其当取消管理者代表这一职能时，其负责信息收集、过程跟踪、协调、体系绩效测量、内审、协助收集管理评审输入信息、统一管理文件化信息等事务等。同时负责与外部及其他相关方（如二方审核、三方审核等）联络（原标准管理者代表的职能）。

5. 其他体系有关"管理者代表"情况

考虑到不少组织实施多体系运行，比如环境管理体系、职业健康管理体系、知识产权管理体系、两化融合管理体系等，而这些标准的制定部门不同，发布和实施日期不同，其中环境管理体系也不再提出设置管理者代表的要求，而其他不少体系仍然保留管理者代表这一职责。这种情况下建议组织仍然保留管理者代表这一职能，但行使的是质量管理体系2016版标准下的要求或者由最高管理者分配的新的职责和权限，质量管理体系的有效性仍然由最高管理者负责。

2.3 质量管理体系审核

 知识点引入

假设你是某汽车制造企业的员工，在公司组织外请专家进行的质量管理体系内审员培训学习中，你通过各项考核获得内审员资格证书。公司按照质量管理体系贯标认证计划的安排，要进行第二次内审了，你被安排担任此次内审活动中第一审核小组的内审员。请你按照要求事先做好内审计划表，并能描述内审活动的步骤，根据现场审核情况做出判断，正确撰写内审不符合报告。

思考：
1. 企业质量管理体系审核由谁进行？内审与外审有何区别？
2. 能否制订企业内部审核计划，需要对哪些工作展开审核？如何开展内审工作？

 学习目标

1. 能够描述企业实施质量管理体系审核的目的。
2. 能读懂内部审核计划和相关表格内容。
3. 会对案例进行研究分析与讨论，提出自己独立的见解。
4. 能正确撰写内审不符合报告。

 相关知识

质量管理体系审核是为验证质量活动和有关结果是否符合组织计划的安排，确认组织质量管理体系是否被正确、有效实施以及质量管理体系内的各项要求是否有助于达成组织的质量方针和质量目标，并适时发掘问题，采取纠正与预防措施，为组织被审核部门/人员提供质量管理体系改进的机会，以确保组织质量管理体系得到持续不断的改进和完善。

2.3.1 目的

IATF16949：2016 标准主要是用来鉴别代表以下活动的发现或观察的要素：
1）质量管理体系文件未在所有工作现场都配备妥当以供参阅。
2）无法识别产品或产品组件。
3）组织内出现更改，但没有对其进行有效沟通。
4）没有对供应商进行再评估/考核。
5）没有确定顾客需求（特别是顾客的特殊要求）。
6）组织内各部门的职责和权限没有进行沟通。
7）没有评估培训的有效性。
8）没有确定用于顾客不满意的合适的方法。
9）零件、工具/工程图样出现采用的工程更改编号不一致。
10）没有持续改进的证据。

质量管理体系外部审核的目的：
1）判定组织质量管理体系是否符合规定的要求。
2）判定组织所执行的质量管理体系是否有达到质量目标的规定效益。
3）提供组织质量管理体系改进的信息与机会。
4）判定组织质量管理体系是否符合国家/国际标准、政府/区域法律法规的要求。
5）获得第三方认证机构注册登录及其证书。

2.3.2 目标

1）保证组织的质量管理体系与 ISO/TS 16949 质量管理体系要求相符合。
2）保证组织遵循组织质量管理体系的文件。
3）决定组织质量管理体系运作的结果是否有效达成质量方针和质量目标。
4）监督纠正与预防措施的实施与有效性。
5）提出组织质量管理体系改进的信息和机会。
6）决定组织质量管理体系是否是一个系列过程，而不仅仅是独立的要素的集合。

2.3.3 依据

1）组织选用的质量管理体系标准。
2）组织质量管理体系的质量手册、程序文件、质量计划、作业指导书及表单/记录。
3）合同/订单。
4）顾客的特殊要求。
5）与组织产品有关的国际/国家标准、政府/区域的法律法规。

2.3.4 方式

审核方式主要分为以下两个部分：

（1）文件审核 评审组织质量管理体系的质量手册、程序文件、作业指导书、表单/记录和其他要求的支持性文件是否涵盖 ISO/TS16949 质量管理体系（技术规范）标准。

（2）现场审核 审核组织质量管理体系执行的程度及有效性。

1）每次现场审核，包括初次审核（第一次正式审核）和每年的监督审核，必须包括以下方面和内容的审核：

① 从上一次审核后的新顾客。
② 顾客抱怨和组织反映的情况。
③ 组织内部审核和管理评审的结果和措施。
④ 朝目标持续改进的进展情况。
⑤ 从上一次审核后，纠正措施的有效性和验证。

2）包含第 4 章的质量管理体系、第 5 章的管理职责、第 7 章 7.1 至 7.3 的产品实现过程，都必须在每个为期连续 12 个月的现场审核时，至少进行审核一次。

2.3.5 主要内容

（1）审核的启动 审核的启动包括以下内容：

1）指定审核组长。
2）确定审核目的、范围和准则。
3）确定审核的可行性，在确定审核的可行性时考虑诸如下列因素的可获得性：

① 策划审核所需的充分和适当的信息。
② 受审核方的充分合作。
③ 充分的时间和资源。

审核不可行时，应在与受审核方协商后向审核委托方提出替代建议。

4）选择审核组。
5）与受审核方建立初步联系。与受审核方就审核的事宜建立初步联系可以是正式或非正式的，但应由负责管理审核方案的人员或审核组长进行。初步联系的目的包括以下几个方面：

① 与受审核方的代表建立沟通渠道。
② 确认实施审核的权限。
③ 提供有关建议的时间安排和审核组组成的信息。
④ 要求接触相关文件，包括记录。
⑤ 确定适用的现场安全规则。
⑥ 对审核作出安排。
⑦ 就观察员的参与和审核组向导的需求达成一致意见。

（2）文件评审的实施 在现场审核活动前应评审受审核方的文件，以确定文件所述的体系与审核准则的符合性。在有些情况下，如果不影响审核实施的有效性，文件评审可以推迟，直到现场活动开始时。在其他情况下，为取得对可获得信息的适当了解，可以进行现场初访。

如果发现文件不适宜、不充分，审核组长应通知审核委托方和负责管理审核方案的人员以及受审核方。应决定审核是否继续进行或暂停，直到有关文件的问题得到解决。

（3）现场审核的准备 现场审核的准备包括以下工作：

1）编制审核计划。审核组长应编制一份审核计划。审核计划应包括：

① 审核目的。
② 审核准则和引用文件。
③ 审核范围，包括确定受审核的组织单元和职能单元及过程。

④ 现场审核活动的日期和地点。
⑤ 现场审核活动预期的时间和期限，包括与受审核方管理层的会议及审核组会议。
⑥ 审核组成员和陪同人员的作用和职责。
⑦ 为审核的关键区域配置适当的资源。

现场审核活动开始前，审核计划应经审核委托方评审和接受，并提交给受审核方。审核方的任何异议应在审核组长、受审核方和审核委托方之间予以解决。任何经修改的审核计划应在继续审核前征得有关各方的同意。

2）审核组工作分配。审核组长应与审核组协商，将具体的过程、职能、场所、区域或活动的审核职责分配给审核每位成员。审核组工作的分配应考虑审核员的独立性和能力的需要、资源的有效利用以及审核员、实习审核员和技术专家的不同作用和职责。为确保实现审核目的，可随着审核的进展调整所分配的工作。

3）准备工作文件。审核成员应评审与其所承担的审核工作有关的信息，并准备必要的工作文件，用于审核过程的参考和记录。包括：

① 检查表和审核抽样计划。
② 记录信息（如支持性证据、审核发现和会议记录）的表格。

检查表和表格的使用不应限制审核活动的内容，审核活动的内容可随着审核中收集信息的结果而发生变化。

工作文件，包括其使用后形成的记录，应至少保存到审核结束。审核组成员在任何时候都应妥善保管涉及保密或知识产权信息的工作文件。

（4）现场审核的实施　现场审核的实施包括以下内容：

1）举行首次会议。与受审核方管理层或者（适当时）与受审核的职能或过程的负责人召开首次会议。首次会议应由审核组长主持，首次会议的目的包括：

① 确认审核计划。
② 简要介绍审核活动如何实施。
③ 确认沟通渠道。
④ 向受审方提供询问的机会。

许多情况下，如在小型组织的内部审核中，首次会议可简单地包括对即将实施的审核的沟通和对审核性质的解释。

对于其他审核情况，会议应是正式的并进行记录，包括出席人员的记录。

2）对现场实施审核。以首次会议开始现场审核。审核员运用各种审核方法和技巧，收集审核证据，得出审核发现，进行分析判断，开具不合格项报告，并以末次会议结束现场审核。审核组长应实施审核的全过程控制。

3）提交审核报告。现场审核结束后，应提交审核报告。工作内容包括审核报告的编制、批准、分发、归档、考核奖惩，纠正、预防和改进措施的提出，确认和分层分步实施的要求。

4）跟踪审核。应加强对审核后的区域、过程的实施及纠正情况进行跟踪审核，并在紧接着的下一次审核时，对措施的实施情况及效果进行复查评价，写入报告，实现审核闭环管理，以推动连续的质量改进。在任何组织中，从审核得到的真正益处最终均来自"自身"的审核。

5）审核评估。总结审核过程中遇到的问题，并将审核结果备案。

【案例 2-2】

某企业的审核计划

2020年12月14日至15日,某企业分公司组织进行了本年度第二次内部质量管理体系审核,该分公司副总经理对此次审核提出了明确要求,他指出:要认真仔细地对照标准严格审核,通过多找问题,多发现问题,才能有利于分公司质量管理体系的不断改进和提高。他强调,2021年是分公司的技术质量年,分公司将把技术、质量工作作为2021年的工作重点之一来抓,通过狠抓技术、质量工作,把产品质量提上去,把质量损失降下来,从而提高企业的市场竞争力。

审核组全体成员按照该副总经理的要求,通过两天紧张的工作,对总经理办公室、销售部、生产安环部、人力资源部、装备工程部、供应运输部、技术质量中心、挤压厂、压延厂、制粉工区等单位的质量管理体系运行情况进行了仔细的审核,在各受审核单位的密切配合下,顺利完成了审核任务。

从此次审核的整体情况来看,分公司的质量体系运行良好、有效,但也存在一些不足,需要进一步加以改进和提高。

本次内部审核的审核计划表(表2-1)、审核组安排表(表2-2)、审核时间安排表(表2-3),以及内审员制定的体系检查计划表(表2-4)、质量管理体系内审检查及记录表(表2-5、表2-6)如下所列:

表 2-1　××电气企业 ISO 9001 体系内部审核计划表

部门:质量部	编号:GL06-014	计划表 NO:01

一、审核目的:完善并不断改进公司的质量管理体系。

二、审核范围:涉及质量管理体系的所有部门。

三、审核准则:以 ISO 9001 质量管理体系标准、公司的质量管理手册、质量管理体系程序文件、其他相关管理标准及记录等文件为基础和依据。

四、审核要求:

1. 具体时间安排见附表。

2. 各审核小组在12月2日下班前将审核表交质量管理部。

3. ×××制造厂审核 ISO 9001 质量体系,并自行召开首末次会议。

4. 公司的体系文件放在:×××

表 2-2　审核组安排表

北京和廊坊					
第一小组		第二小组		第三小组	
组长					
组员					
审核对象	综合部、质量部、生产厂		采购部、加工厂、研发中心		公司职能和销售部门

表 2-3 审核时间安排表

时间	内容	地点	参加人员
12月2日 8：50—9：10	首次会议	会议室	所有主管及审核员
12月2日9：10—12月3日16：30	各小组审核	—	—
12月3日16：30—17：00	各小组分组讨论，开具不合格报告	自定	—
12月3日17：00—17：30	末次会议	会议室	所有主管及审核员

编制：王××　　　　　　　　　　　批准：
2020-11-20　　　　　　　　　　　2020-11-20

表 2-4　×××电气体系检查计划表

部门：质量管理部　　　　　　编号：GL06-014　　　　　　　　　计划表

组号	被检查部门		审核组长	审核员	检查时间	备注
	体系名称：质量管理体系					
1	胶制造厂	质量部	王××	杨××	9：10—10：30	12月2日
		生产厂（大、小胶印）			10：40—11：30	
		综合部			13：00—16：30	
2	胶制造厂	采购部	直××	董××	9：10—10：30	12月3日
		加工厂			10：40—11：30	
		研发中心			13：00—16：30	
3	数码印刷	人力资源部	郝××	魏××	9：10—10：30	12月3日
		销售部			10：40—11：30	
4	分小组讨论，开出不合格报告				15：30—16：00	12月3日
5	公司末次会议				17：00—17：30	12月3日

编制：　　　　　　　　　　　　批准：

表 2-5　质量管理体系内审检查及记录表 1

编号：BG-8.2-　　　页码：

受审部门		设备部	接待人		审核日期	
相关文件				内审员姓名		
标准章节号	审核内容			现场审核内容		评价
5.2.2	是否了解组织的质量方针及其内涵					
6.2	是否了解组织的质量目标？ 质量目标的实现情况如何，统计有否依据，是否可信					
5.3	是否了解本部门及自身的职责？内部沟通方法及效果					
7.1.3	是否识别并提供满足质量控制的要求的基础设施					
8.5.1	对生产过程的设备如何进行控制					
8.5.1 7.1.3	关键和重点设备有哪些，如何进行设备认可？ 设备有哪些保养和修理计划，执行如何？ 设施、设备的维护活动是否体现设施、设备对产品质量的影响程度					
7.1.3	到生产现场抽查若干设备，保养和运作情况如何？ 设备所处的工作环境是否满足需要，是否得到有效管理					
8.5	对设备发现的问题是否及时采取措施					
7.1.5	监视和测量设备的管理时如何规定其测量能力是否满足需求					
10.2	纠正和预防措施实施情况及有效性如何评价					

注：合格在评价栏打"√"，不合格在评价栏打"×"，观察项标注"△"。

表 2-6　质量管理体系内审检查及记录表 2

编号：BG-8.2-　　　页码：

受审部门		最高管理者	接待人		审核日期	
相关文件				内审员姓名		
标准章节号	审核内容			现场审核内容		评价
1	范围 是否明确了产品及其质量管理体系覆盖的范围并在质量管理手册中阐明					
4.4	质量管理体系及其过程 1）质量管理体系的结构和层次是否清楚？ 2）过程是否识别并表述？ 3）是否存在和明确对产品质量有影响的外包过程，如何控制？ 4）过程的顺序及相互关系是否明确？ 5）有哪些控制准则和方法？ 6）如何保证体系运作所需的资源？ 7）信息是否充分？ 8）如何监视、测量、分析这些过程？ 9）如何对过程实施采取必要的措施，并进行持续改进					

（续）

受审部门		最高管理者		接待人		审核日期	
相关文件					内审员姓名		
标准章节号		审核内容			现场审核内容		评价
5.1.1	最高管理者的承诺 通过审核活动来承诺并提供证据证明质量管理体系的有效性						
5.1.2	以顾客为关注焦点 1）如何认识满足顾客的要求和法律法规的重要性？ 2）有哪些措施使全体员工理解满足顾客和法律法规的重要性？ 3）最高管理层是否以增强顾客满意为目标，确保顾客的要求得到满足？ 4）采取什么活动评价质量管理体系的有效性？ 5）可通过其他各有关条款的相应证据证实						
5.2	质量方针 1）是否制定了质量方针并发布？ 2）是否与组织的宗旨相适应？ 3）是否包括对满足要求和持续改进的承诺？ 4）是否为组织提供制定和评审质量目标的框架？ 5）是否采取某些途径传达到相关部门？（可以抽查若干职工是否了解来证实） 6）质量方针的适应性是否规定定期或不定期的评审和修订						
6.1	质量管理体系策划是否考虑了应对风险和机遇的措施 1）质量管理体系策划的形式、结果是什么？ 2）策划的结果是否能实现质量目标以及满足4.4 质量管理体系及其过程的要求？ 3）策划的结果是否有持续改进的要求？ 4）策划和实施是否保持了质量管理体系的完整性						
5.3	组织的角色、职责和权限 1）是否明确各过程职能和岗位，其相互关系？ 2）部门之间的沟通和联络的途径是否清楚、接口是否明确？ 3）质量体系的建立和保持。 ① 向最高管理层报告质量体系的运行情况，包括质量改进。 ② 在整个组织提升对顾客要求的认识。 ③ 质量体系有关的外部联络。 4）是否对沟通的方式和渠道作出规定？通过效果检查横向、纵向的信息传递						

（续）

受审部门		最高管理者		接待人		审核日期	
相关文件						内审员姓名	
标准章节号	审核内容				现场审核内容		评价
9.3	管理评审 1）最高管理层是否按策划对质量管理体系进行管理评审？ 2）管理评审的间隔时间多少，是否适宜，是否由最高领导支持管理评审？ 3）评审内容是否包括了体系的适用性、充分性、有效性？ 4）管理评审的输入内容是否包括以下项目？ ① 审核结果。 ② 顾客反馈。 ③ 过程情况和产品的符合性。 ④ 纠正和预防措施的状况。 ⑤ 上一次管理评审的跟进情况。 ⑥ 可能影响质量管理体系的变化。 5）管理评审的输入内容是否包括以下项目？ ① 质量管理体系及其过程的改进。 ② 产品的改进。 ③ 资源需求。 ④ 其他。 6）评审结果是否记录？ 7）评审结果是否得到落实，包括改进和采取相关的措施						
7.1	资源 1）如何确定质量管理体系运行和产品符合性所需的资源？ 2）所提供的资源能否满足 QMS 运行和持续改进有效性的要求？ 3）所提供的资源是否确保产品或服务质量达到顾客满意						
10.3	持续改进 1）如何认识"持续改进"？ 2）采取什么措施使全体员工理解持续改进的含义和作用？ 3）通过什么途径为持续改进创造全员参与的氛围？ 4）持续改进的项目和成效？ 5）是否对纠正和预防措施效果进行验证，并进行表彰和肯定						

注：合格在评价栏打"√"，不合格在评价栏打"×"，观察项标注"△"。

2.4　ISO 9000 与 IATF 16949：2016

2.4.1　ISO 9000 概述

1. ISO

ISO 是一个组织的英语简称，其全称是 International Standards Organization，翻译成中文就是"国际标准化组织"，又称"经济联合国"。

ISO 为非政府的国际组织，是世界上最大的、最具权威的国际标准制订、修订组织。它成立于 1947 年 2 月 23 日。ISO 的最高权力机构是每年一次的"全体大会"，其日常办事机构是中央秘书处，设在瑞士的日内瓦。

ISO 宣称它的宗旨是"发展国际标准，促进标准在全球的一致性，促进国际贸易与科学技术的合作。"

2. ISO 9000

ISO 标准由技术委员会（Technical Committees，TC）制订。ISO 共有 300 多个技术委员会，400 多个分技术委员会（Sub-Committee，SC）。

ISO 9000 不是指一个标准，而是一族标准的统称。根据 ISO 9000：1994 的定义：ISO 9000 族是由 ISO/TC176 制定的所有国际标准。TC176 即 ISO 中第 176 个技术委员会，全称是"质量保证技术委员会"，1987 年又更名为"质量管理和质量保证技术委员会"。TC176 专门负责制订质量管理和质量保证技术的标准。

ISO 9000 标准历经 1987 年、1994 年、2000 年、2008 年、2015 年改版。目前使用的有效版本是 ISO 9000：2015 版。

3. 什么叫认证？

"认证"一词的英文原意是一种出具证明文件的行动。ISO/IEC 指南 2：1986 中对"认证"的定义是："由可以充分信任的第三方证实某一经鉴定的产品或服务符合特定标准或规范性文件的活动。"

举例来说，对第一方（供方或卖方）提供的产品或服务，第二方（需方或买方）无法判定其质量是否合格，而由第三方来判定。第三方既要对第一方负责，又要对第二方负责，不偏不倚，出具的证明要能获得双方的信任，这样的活动就称为"认证"。

这就是说，第三方的认证活动必须公开、公正、公平，才能有效。这就要求第三方必须有绝对的权力和威信，必须独立于第一方和第二方之外，必须与第一方和第二方没有经济上的利益关系，或者有同等的利害关系，或者有维护双方权益的义务和责任，才能获得双方的充分信任。

4. ISO 9000 的由来

ISO 9000 是由西方的质量保证活动发展起来的。第二次世界大战期间，因战争扩大，武器需求量急剧膨胀，美国军火商因当时的武器制造工厂规模、技术、人员的限制未能满足"一切为了战争"的要求。美国国防部为此面临千方百计扩大武器生产量，同时又要保证质量的现实问题。分析当时企业大多数管理是一线管理，即工头凭借经验管理，指挥生产，技术全在脑袋里面，而一个一线管理的人数很有限，产量当然有限，与战争需求量相距很远。于是，国防部组织大型企业的技术人员编写技术标准文件，开设培训班，对来自其他原相关机械工厂（如五金、工具、铸造工厂）的员工进行大量训练，使其能在很短的时间内学会识别工艺图及工艺规则，掌握武器制造所需关键技术，从而将"专用技术"迅速"复制"到其他机械工厂，从而奇迹般地有效解决了战争难题。战后，美国国防部将该宝贵的"工艺文件化"经验进行总结、丰富，编制更周详的标准在全国工厂推广应用，并同样取得了满意效果。后来，美国军工企业的这个经验很快被其他工业发达国家军工部门采用，并逐步推广到民用工业，在西方各国蓬勃发展起来。

随着上述质量保证活动的迅速发展，各国的认证机构在进行产品质量认证的时候，逐渐增加了对企业的质量保证体系进行审核的内容，进一步推动了质量保证活动的发展。到了 20 世纪 70 年代后期，英国的一家认证机构英国标准协会（BSI）首先开展了单独的质量保证体系的认证业务，使质量保证活动由第二方审核发展到第三方认证，受到了各方面的欢迎，更加推动了质量保证活动的迅速发展。

通过三年的实践，BSI 认为，这种质量保证体系的认证适应面广，灵活性大，有向国际社会推广的价值。于是，在 1979 年向 ISO 提交了一项建议。ISO 根据 BSI 的建议，当年即决定在 ISO 的认证委员会的"质量保证工作组"的基础上成立"质量保证委员会"。1980 年，ISO 正式批准成立了"质量保证技术委员会"（即 TC176）着手这一工作，从而导致了"ISO 9000 族"标准的诞生，健全了单独的质量体系认证的制度，一方面扩大了原有质量认证机构的业务范围，另一方面又导致了一大批新的专门的质量体系认证机构的诞生。

自从 1987 年 ISO 9000 系列标准问世以来，为了加强质量管理，适应质量竞争的需要，企业家们纷纷采用 ISO 9000 系列标准在企业内部建立质量管理体系，申请质量体系认证，很快形成了一个世界性的潮流。目前，全世界已有 100 多个国家和地区正在积极推行 ISO 9000 国际标准。

5. 推行 ISO 9000 的好处

一般说来，推行 ISO 9000 的好处分内外部两方面：内部可强化管理，提高人员素质和企业文化；外部提升企业形象和市场份额。具体内容如下：

（1）强化质量管理，提高企业效益；增强客户信心，扩大市场份额

负责 ISO 9000 质量体系认证的机构都是经过国家认可的权威机构，对企业质量体系的审核是非常严格的。这样，对于企业内部来说，可按照经过严格审核的国际标准化的质量体系进行质量管理，真正达到法治化、科学化的要求，极大地提高工作效率和产品合格率，迅速提高企业的经济效益和社会效益。对于企业外部来说，当客户得知供方按照国际标准实行管理，拿到了 ISO 9000 质量体系认证证书，并且有认证机构的严格审核和定期监督，就可以确信该企业是能够稳定地提供合格产品或服务，从而放心地与企业订立供销合同，扩大了企业的市场占有率。

（2）获得了国际贸易绿卡——"通行证"，消除了国际贸易壁垒

许多国家为了保护自身的利益，设置了种种贸易壁垒，包括关税壁垒和非关税壁垒。其中，非关税壁垒主要是技术壁垒，在技术壁垒中，又主要是产品质量认证和 ISO 9000 质量体系认证的壁垒。特别是在世界贸易组织内，各成员国之间相互打通了关税壁垒，只能设置技术壁垒，所以，获得 ISO 认证是消除贸易壁垒的主要途径。我国"入世"以后，失去了区分国内贸易和国际贸易的严格界限，所有贸易都有可能遭遇上述技术壁垒，应该引起企业界的高度重视，及早防范。

（3）节省了第二方审核的精力和费用

在现代贸易实践中，第二方审核早就成为惯例，人们又逐渐发现其存在很大的弊端：一方

面,一个组织通常要为许多客户供货,第二方审核无疑会给组织带来沉重的负担;另一方面,客户也须承担相当的费用,同时还要考虑派出或雇佣人员的经验和水平问题,否则,承担了费用也达不到预期的目的。唯有 ISO 9000 认证可以排除这样的弊端。因为,第一方申请了第三方的 ISO 9000 认证并获得了认证证书以后,众多第二方就不必要再对第一方进行审核。这样,不管是第一方还是第二方都可以节省很多精力和费用。还有,如果企业在获得了 ISO 9000 认证之后,再申请 UL、CE 等产品质量认证,还可以免除认证机构对企业的质量管理体系进行重复认证的开支。

(4)在产品质量竞争中永远立于不败之地

国际贸易竞争的手段主要是价格竞争和质量竞争。由于低价销售的方法不仅使利润锐减,如果构成倾销,还会受到贸易制裁,所以,价格竞争的手段越来越不可取。20 世纪 70 年代以来,质量竞争已成为国际贸易竞争的主要手段,不少国家把提高进口商品的质量要求作为奖出限入的贸易保护主义的重要措施。实行 ISO 9000 国际标准化的质量管理,可以稳定地提高产品质量,使企业在产品质量竞争中永远立于不败之地。

(5)有利于国际经济合作和技术交流

按照国际经济合作和技术交流的惯例,合作双方必须在产品(包括服务)质量方面有共同的语言、统一的认识和共守的规范,方能进行合作与交流。ISO 9000 质量管理体系认证正好提供了这样的信任,有利于双方迅速达成协议。

(6)强化企业内部管理

稳定经营运作,减少因员工辞工造成的技术或质量波动。

(7)提高企业形象

做好企业品牌宣传工作。

2.4.2 IATF16949：2016

1. IATF16949：2016 的背景

为了协调国际汽车质量系统规范,世界上主要的汽车制造商及协会于 1996 年成立了一个专门机构,称为国际汽车工作组(International Automotive Task Force,IATF)。IATF 的成员包括了国际标准化组织质量管理与质量保证技术委员会(ISO/TC176)、意大利汽车工业协会(ANFIA)、法国汽车制造商委员会(CCFA)和汽车装备工业联盟(FIEV)、德国汽车工业协会(VDA)、汽车制造商如宝马(BMW)、戴姆勒—克莱斯勒(Daimler Chrysler)、菲亚特(Fiat)、福特(Ford)、通用(General Motors)、雷诺(Renault)和大众(Volkswagen)等。

IATF 对 3 个欧洲规范 VDA6.1(德国)、VSQ(意大利)、EAQF(法国)和 QS9000(北美)进行了协调,在 ISO 9001：2000 标准结合的基础上,在 ISO/TC176 的认可下,制定出了 ISO/TS16949：2002 这个规范。在此基础上于 2009 年更新为 ISO/TS16949：2009 版本。

在 2002 年 4 月 24 号,福特、通用和克莱斯勒三大汽车制造商在美国密歇根州底特律市召开了新闻发布会,宣布对供应厂商要采取统一的一个质量体系规范,这个规范就是 TS16949。供应厂商如果没有得到 TS16949 的认证,则意味着失去了作为一个供应商的资格。

随后,法国雪铁龙(Citroen)、标致(Peugeot)、雷诺(Renault)和日本日产(Nissan)等许多汽车制造商也强制要求其供应商通过 TS16949 的认证。

2016 年 10 月,IATF 发布了 IATF16949：2016,取代了 ISO/TS 16949 规范,成为了现行的

有效版本。

2. IATF16949：2016 概况

国际汽车工作组（IATF）于 2016 年 10 月 1 日发布 IATF 16949：2016 汽车质量管理体系标准，这是由 IATF 制定和发布的第一部国际汽车行业标准，而非国际标准化组织（ISO）发布的标准。

IATF 16949：2016 新标准着重考虑了汽车顾客的导向性、以往汽车顾客的特定要求，并完全尊重 ISO 9001：2015 标准要求和高层次结构框架（HLS），以及 ISO 9000：2015 基础和术语，一起定义了对汽车生产件及相关服务件组织的基本质量管理体系要求。因此，IATF 16949：2016 标准不能被视为一部独立的质量管理体系标准，而必须把该标准当作 ISO 9001：2015 标准的补充来理解，并与 ISO 9001：2015 标准相结合共同使用。

IATF 16949：2016 新标准的目标：是在汽车供应链中开发提供持续改进、强调缺陷预防，以及减少变差和浪费的质量管理体系。

（1）组织从 ISO/TS 16949：2009 转换到 IATF 16949：2016 新标准的策略指南

当前已通过了 ISO/TS 16949：2009 标准认证的组织，在实施转换到 IATF 16949：2016 新标准的过程中存在很多困惑，因为 ISO/TS 16949：2009 技术规范是包含了 ISO 9001：2008 标准要求和附加的汽车业特定要求的两部分内容。而 IATF 16949：2016 新标准内容是在完全遵循 ISO 9001：2015 标准要求和高层次结构框架下，包括汽车业的特定要求和协同了许多以往汽车顾客的特定要求（CSR）。

此项新标准的发布在于发展质量管理体系，将致力于持续改进、强调缺陷预防、涵盖汽车行业的特定要求和辅助工具，以及在整个供应链中减少变差和浪费。

（2）组织转换到 IATF 16949：2016 新标准的实施步骤

1）从 IATF 官方网站（www.iatfglobaloversight.org）下载《IATF 16949：2016 新标准转换策略》文件，尤其要了解新标准转换的时机要求：

① 在 2017 年 10 月 1 日之后不能实施 ISO/TS 16949：2009 标准的认证审核（包括正式审核、监督审核、再认证审核或转证审核）。

② 转换审核只能在组织当前审核周期内策划的审核时实施，并必须在 2018 年 9 月 14 日前完成。

③ IATF 16949：2016 的认证审核可以在 2017 年 1 月 1 日开始，但前提条件是审核员要具备新标准的认证审核资格。

2）购买 ISO 9001：2015 标准、IATF 16949：2016 标准与 IATF 认证规则（第五版已于 2016 年 11 月 1 日发布）。

3）组织学习和理解 ISO 9001：2015 和 IATF 16949：2016 标准的要求。

4）掌握基于风险的思维、风险识别和过程分析的方法和工具（如：FMEA〔潜在失效模式及后果分析〕、乌龟图、过程分析表等）。

5）实施一个当前 ISO/TS 16949：2009 体系的实际状况对照 ISO 9001：2015 和 IATF 16949：2016 标准的详细差距分析。

6）基于差距分析结果，开发一个实施 IATF 16949：2016 新标准的工作计划。

7）对参与实施 IATF 16949：2016 新标准的员工，提供相应的关于 ISO 9001：2015 与 IATF 16949：2016 标准的培训。

8）更新当前 ISO/TS 16949：2009 体系，以满足 ISO 9001：2015 和 IATF 16949：2016 标准的要求。

3. 风险管理的方法和工具

组织在识别体系／过程的风险和机遇中，应该要应用跨功能小组来分析，本标准中没有要求使用正式的风险管理框架来识别风险和机遇，组织可以选择适合自己的方式来识别风险和机遇。可选用的风险管理方法和标准很多，例如：汽车业乌龟图风险分析法、过程分析表、FMEA、可行性评审、头脑风暴法、调查问卷法、行业标杆分析法、情景分析法、风险评审工作坊、审核和检查表、故障树分析法、应急计划、ISO 31000（风险管理实施指南）等。

（1）汽车业乌龟图风险分析法

以汽车业乌龟图风险分析法为例，如图 2-3 所示。

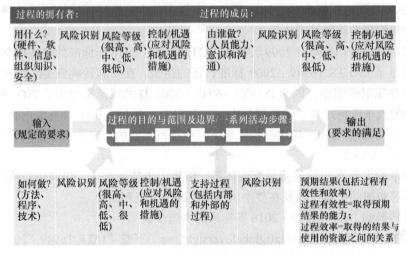

图 2-3　汽车业乌龟图风险分析法

（2）IATF 16949：2016 新标准的关键变化点

组织在实施当前 ISO/TS 16949：2009 对照 IATF 16949：2016 与 ISO 9001：2015 标准的差距分析的过程中，应该在已确定的体系范围和过程下，跨功能小组基于风险的思维和适当的风险管理方法的应用来实施差距分析，包括 IATF 16949：2016 新标准的关键变化点（还包括 ISO 9001：2015 标准要求）的识别。

通常，在组织的质量管理体系范围内确定的过程，包括：建立战略方向包括方针和目标、管理评审、内部审核、二方审核、供方管理、产品设计和开发（包括带有嵌入式软件的产品开发）、制造过程设计和开发、合同与订单管理、生产过程、设施设备和工装保养、产品和过程的监视测量、测量设备和试验室、仓储管理、交付、顾客反馈和保修、人力资源管理等。

以《生产过程》的差距分析为例：

1）列出跨功能小组讨论的生产过程乌龟图（略）。

2）列出生产过程的关键变化点，如表 2-7 所示：

最后，IATF 16949：2016 新标准包括 ISO 9001：2015 的标准，要求组织理解其运行情境，并以确定风险作为策划的基础，基于风险的思维和 PDCA 循环相结合的方法，应用于策划和实施质量管理体系的过程，并借以确定形成文件的信息的范围和程度，来确保实现组织的预期结果。

表 2-7 生产过程的关键变化点

序号	ISO/TS16949:2009 要求	IATF 16949:2016 & ISO 9001:2015 关键变化点（条款）	新增或强化要求
1	无	停工后的验证（8.5.1.4）	新增
2	无	过程控制的临时更改（8.5.6.1.1）	新增
3	无	产品和服务的放行，确保生产过程控制满足控制计划（8.6.1）	新增
4	8.3.2 返工产品的控制	返工产品的控制（8.7.1.4）	强化
5	6.3.2 应急计划	更加关注应急计划的有效性（6.1.2.3）	强化
6	6.3.1 工厂、设施及设备策划	产能策划评估包括对现有操作的提议更改（7.1.3.1）	强化
7	7.2.2.2 组织制造可行性	满足生产产能要求和生产节拍要求（8.2.3.1.3）	强化
8	8.5.2.2 防错	防错装置的确认，试验频率应记录在控制计划中，包括挑战件的使用（10.2.4）	强化
9	7.5.1.2 作业指导书	标准化作业，包括作业员安全规则和其理解的语言来表述作业文件（8.5.12）	强化
10	…	…	…

4. IATF 的工作网络

为切实可行、有效地贯彻 IATF16949 规范，IATF 在全球建立了 5 个地区性的国际汽车监督署。这 5 个监督署采用相同的程序方法来监督 TS16949 规范的管理、操作和实施。每个监督署的职责包括：

1）代表 IATF，通过相同的程序贯彻和管理 IATF16949 的注册全过程。包括见证审核活动、注册审核员的资格培训和考试、监督认证公司和注册审核员的工作质量。

2）与其他监督署协调，以确保 IATF16949 注册计划的全球一致性。

3）贯彻和实施 IATF 的政策和决定。

4）负责 IATF 与全球汽车制造商之间有关标准的协调事宜。

5）建立和维持 IATF 的信息数据库以便于注册管理。

这 5 个监督署分别为 ANFIA、IATF-France、SMMT、VDA-QMC 和 IAOB。负责亚太地区的国际汽车监督署 IAOB 位于美国密歇根州南费尔德市。亚太地区与其签约的认证机构才可以颁发受 IATF 承认的 IATF16949 证书。

5. 对受审核方的要求

IATF16949:2016 认证注册，只适用于汽车整车厂和其直接的零备件制造商。这些厂家必须是直接与生产汽车有关的，具有加工制造能力，并通过这种能力的实现使产品能够增值。要求获得 TS16949:2002 认证注册的公司，必须具备至少 12 个月的生产和质量管理记录，包括内部评审和管理层评审的完整记录。对于一个新设立的加工场所，如没有 12 个月的记录，也可进行评审。经评审符合质量系统规范要求的，认证公司可签发一封符合规范要求的信件。当具备了 12 个月的记录后，再进行认证审核注册。

经认证获颁证书的机构，如不能持续保持质量体系的正常运转和产品质量的一致性，将有被吊销证书的风险。执行国家认可委对认证机构的认可规则，与 ISO 9000 及 QS 9000 的认证申请程序一样。在接受申请时，申请的组织要提交下列文件：

1）质量手册。

2）最近 12 个月内审核管理评审策划及其结果。

3）认可的内审员清单。

4）顾客特殊要求清单。

5）顾客抱怨状况。

6）最近至少 12 个月的运行情况。

7）对审核方的要求。

认证公司（审核方）必须事先得到国际汽车监督署的审核、批准和授权。认证公司的审核活动将始终处在国际汽车监督署的严格监督之下。国际汽车监督署有权见证认证公司的审核活动并对认证公司施行记分制。扣分的规则是十分严厉的（包括用户对其认证的供应商的投诉）。违规分达到一定程度，就会被取消认证资格。

6. IATF 16949 认证适用范围

这份技术规范结合 ISO 9001：2015，叙述了汽车相关产品设计/开发、生产、安装和服务的质量体系要求。

IATF 16949 适用于提供以下项目的生产和服务部件的供方及分承包方的"现场"：

1）部件或材料。

2）热处理件、喷漆、电镀或其他最终加工服务。

3）其他顾客规定的产品。

注："外部场所"例如设计中心和公司总部也是"现场"审核的一部分。同样，在新标准中他们不能单独获取认证。

7. IATF 16949 认证目标

（1）在供应链中持续不断地改进

1）质量改进。

2）生产力改进。

3）成本的降低。

（2）强调缺点的预防

1）SPC 的应用。

2）防错措施。

（3）减少变差和浪费

1）确保存货周转及最低库存量。

2）质量成本。

3）非质量的额外成本（待线时间，过多搬运等）。

8. IATF 16949 认证审核特点

1）3 年复审。

2）IATF 16949 注册审核会包含客户的特殊要求。

3）不接受 QS9000 认可的审核员和认证机构。

4）书写的审核报告会更广泛。

9. IATF 16949 认证益处

1）促进产品和过程质量的改进。

2）综合全球汽车产业最好的经验。

3）增加全球供应商信心。

4）确保在供应链中的供方/分承包方服务的质量体系的全球一致性。
5）减少变化和浪费，并全面改进生产效率。
6）减少第二方审核的次数。
7）消除重复的第三方审核的要求。
8）为全世界的质量体系需求提供一个通用平台。
9）为方便转换到 ISO 9001：2015 标准。
10）有利于现有质量体系的升级。

 单元小结

　　质量管理体系是在质量方面指挥和控制组织的管理体系。组织为了建立质量方针和质量目标，并实现这些质量目标，经过质量策划将管理职责、资源管理、产品实现、测量、分析和改进等几个相互关联或相互作用的一组过程有机地组成一个整体，构成质量管理体系。组织的质量管理工作通过质量管理体系的运作来实现，而质量管理体系的有效运行又是质量管理的主要任务。

　　过程是"一组将输入转化为输出的相互关联或相互作用的活动"。

　　质量方针是"一个组织的最高管理者正式发布的该组织总的质量宗旨和方向"。

　　质量目标是"组织在质量方面所追求的目的"。

　　质量管理是"在质量方面指挥和控制组织的协调的活动"。通常包括制定质量方针、质量目标以及质量策划、质量控制、质量保证和质量改进。

　　质量策划是"质量管理的一部分，致力于制定质量目标并规定必要的运行过程和相关资源以实现质量目标"。根据管理的范围和对象不同，组织内存在多方面的质量策划，例如质量管理体系策划、质量改进策划、产品实现策划及设计开发策划等。

　　质量控制是"质量管理的一部分，致力于满足质量要求"。质量控制是通过采取一系列作业技术和活动对各个过程实施控制的，包括对质量方针和目标控制、文件和记录控制、设计和开发控制、采购控制、生产和服务运作控制、监测设备控制、不合格品控制等。

　　质量保证是"质量管理的一部分，致力于提供质量要求会得到满足的信任"。

　　PDCA 循环应用于过程，为计划、实施、检查、处置。

　　质量管理体系的特点为质量管理体系是由过程构成的、质量管理体系是客观存在的、质量管理体系以文件为基础和质量管理体系是不断改进的。

　　员工在质量管理体系中应当发挥的作用为树立让顾客满意的理念、积极参与管理、做好过程控制和做好质量记录。

　　"ISO 9000" 不是指一个标准，而是一族标准的统称。根据 ISO 9000：2015 的定义："ISO 9000 族" 是由 ISO/TC 176 制定的所有国际标准。

　　"认证" 的定义是"由可以充分信任的第三方证实某一经鉴定的产品或服务符合特定标准或规范性文件的活动"。

　　IATF 16949 认证目标是对汽车制造供应链中持续不断地改进、强调缺点的预防和减少变差和浪费。

单元 3
零部件质量管理

单元概述

随着工业水平的提高和国民经济的高速发展，汽车作为日常消费品，已越来越多走进人们的生活，为人们的出行带来了很大的便利。汽车的构造、性能也被越来越多的人所熟知，本单元将着重学习构成汽车的零部件及其质量管理的基本方法。

单元学习目标：

1. 能力目标
（1）能够熟练列举汽车主要零部件。
（2）能够掌握开发阶段和量产阶段的零部件质量管理方法。
（3）能够掌握不合格零部件的质量改善方法。

2. 知识目标
（1）了解汽车零部件的概念。
（2）熟悉在开发阶段和量产阶段零部件质量管理要点。
（3）熟悉发现零部件质量异常的方法。
（4）了解零部件检查基准书。
（5）掌握零部件质量问题改善的思路与方法。

3. 素养目标
零部件质量管理是为整车制造服务的，零部件的质量问题将导致额外的质量成本的增加。通过本单元学习培养学生的客户意识和质量成本意识，注重零部件的质量控制和源流改善。

单元 3 零部件质量管理

3.1 零部件质量管理概述

知识点引入

什么是汽车"零部件"？零部件质量管理与整车质量保证又是什么关系呢？大家知道我们人体是由躯干、五脏六腑、神经、五官、肌肉、皮肤、毛发等部分构成的。汽车也是如此，它是由成千上万个构件组成的，这成千上万个构件就叫作"零部件"。零件是指构成整车的不能拆分的单个构件，是制造的单元。部件是指构成整车的用于实现某个动作或功能的零件组合，它可以是一个零件，也可以是多个零件的组合体。在这个组合体中，有一个零件是主要的，它实现既定的动作或功能，其他的零件只起到连接、紧固、导向等辅助作用。可见，汽车零部件是实现整车功能和商品性不可缺少的构成要素。显然，要想确保整车质量稳定可靠，就必须做好零部件质量管理。

请同学们完成如下任务：
1. 以小组形式进行讨论，每个小组列举三个汽车零部件。
2. 讲一讲这些零部件在汽车使用中有哪些作用。

相关知识

3.1.1 零部件质量管理基础知识

1. 汽车零部件与零部件供应商

（1）汽车零部件

在汽车行业中，零部件一般会根据其在汽车上的作用被分为 6 大领域：动力系统、钣金件、底盘件、电器件、内饰件、外饰件。

常见的动力系统有：传统燃油车的发动机、变速器，纯电动车的电池、电机及电控系统。常见的钣金件也就是一块块构成"白车身"的金属件。常见的底盘件有车轮、制动钳子、方向机、转向节、减振器等。常见的电器件有线束、各类仪表、空调、CD 机等。常见的内饰件有地毯、顶篷、座椅、门板等。常见的外饰件有后视镜、保险杠、玻璃等。汽车的主要零部件，如图 3-1 所示。

（2）零部件供应商

汽车工厂实现一辆汽车的生产，往往要由上百个专业的零部件生产厂家制造零部件并实现供应。比如专业的座椅厂家制造并供应座椅，专业的车轮厂家制造并供应车轮，专业的玻璃厂家制造并供应玻璃等。这些专业的厂家根据汽车厂的设计要求，按照图样和技术规格制造符合要求的零件，然后提供给汽车工厂进行组装。这些专业制造零部件的厂家就被称为"零部件供应商"。

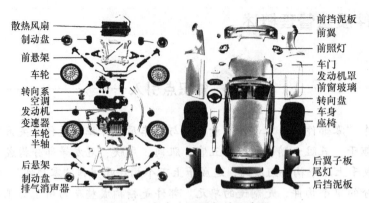

图 3-1 汽车主要零部件示意图

2. 质量管理的两个阶段

构成整车的各种不同的零件分别有着不同的作用。如果其中某个零件出现问题,对于整车来说就是一台不合格的车辆。控制好汽车零部件的质量对保证整车的质量至关重要。而与整车的开发、量产同步的零部件,需要在开发阶段与量产阶段同时做好零部件的质量管理。

(1)开发阶段

零部件质量控制大体上可以分为两个阶段——开发阶段的控制和量产阶段的控制。刚刚提到的零部件供应商会按照图样和技术规格进行加工制造,那么在消化、吸收这些规格的过程,往往是一个摸索和试作的阶段。期间需要考虑如何选用符合规定的材料、如何设计模具、使用什么样的加工工艺、制造什么样的检具来确认产品是否合格,这个过程就被称为"开发阶段"。

(2)量产阶段

当开发阶段成功地达到所设定的目标之后,随即进入批量生产的阶段,简称"量产阶段"。此期间主要的任务是让零件质量一直保持稳定的状态,在出现不稳定的状态时能够快速地改善,甚至提前预测、预防不稳定的状态发生。

3.1.2 开发阶段的零部件质量管理

零部件开发阶段的主要目的,在于如何按图样和技术规格要求制造出合格的零部件。开发过程的各阶段如图 3-2 所示。

图 3-2 主要表达了一个观点:通过"计划"——"实施"——"检查"——"处置"的循环可以开发出合格的零部件。为什么整个图片中没有出现"质量"二字,这与本章所讲的零件质量管理有什么关系?要特别注意"循环"二字,通过对产品进行设计、对过程进行设计、对结果进行确认、对设计进行修改优化的过程循环,一直到产品质量达标,这样的循环才能停下来。质量是驱使这些活动开展起来的原动力,也是这些活动的最终目标。

关于怎样才是质量合格,有尺寸、功能、耐久性、外观、装配性、整车要求满足性等几大类评价项目,每个评价项目都可以细分成很多项目,每个评价项目因零件而异,这里不再逐一阐述,以下举例进行说明。

以座椅为例,它的主要作用是给乘客提供坐靠的服务。与此同时,它需要实现前后上下的调节,为乘客提供舒适的角度和位置;而且,它还需要耐用,不能出现使用一段时间之后就不能调节或者坐垫塌陷下去等不良现象;它还要具备良好的外观质量,不能有皱褶、破损等；最后，如果其他项目都能满足，但在行驶的过程中出现异响，也是不能接受的，这些都属于不满足整车要求。

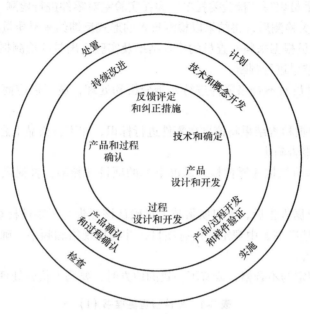

图 3-2　零部件开发过程示意图

因此，通过相应的检验方式确认每个零件的各个评价项目是否达到质量要求，就是开发阶段零件质量控制的主要内容。

3.1.3　量产阶段的零部件质量管理

零部件在开发阶段达到应有的质量要求之后，就可以进入批量生产的阶段。至此，如何保持稳定的质量水平就成为首要的工作，这就是量产阶段零部件质量管理的作用。量产阶段零部件质量管理的工作可以分为两大类：稳定性监控与变化点管理。

1. 稳定性监控

稳定性监控的工作主要有原材料检查、过程检查、出货检查、来料检查等监控方式，涵盖了从零件的原材料到生产的工艺过程、半成品、成品，再到最终使用前的确认。一旦某个环节发现了不良品，就可以立即采取围堵措施，防止不良品流入到下一个环节，也就防止了不良品流入到最终的客户——整车上进行装配。为了保证每个环节确认的检查项目保持一致，汽车厂会与供应商一起商定一份《零件检查基准书》（见表3-1和表3-2），其依据图样、技术规格作为检查的项目，并定义检查工具、检查方法、频率等标准，双方都按照《零件检查基准书》的规定实施检查。由于在前期的开发阶段，汽车厂已经和供应商一起采取很多的质量保证措施，所以，在量产阶段，供应商如何实施好原材料检查、过程检查和出货检查是整个预防工作的重点。汽车厂的来料检查工作往往采取抽检和追加检查的方式进行监督。

（1）制定年度抽检计划

来料质量技术员根据《零件检查基准书》，明确零部件检验项目（外观、尺寸、性能）、检验数量和检验要求，制定年度进货定期抽检计划。

1）抽样检查

① 来料检查员按照定期抽检计划，按照表 3-2 中的"抽样检查方式"实施抽样，进行检验。必要时，来料质量技术员填写"检验委托单"委托实验室对零件进行检测。

② 实验室完成相关检测后，将结果以检测报告的形式反馈给来料质量技术员。

③ 来料质量技术员根据来料检查员的检查结果及实验室出具的检测报告，在《零件检查基准书》上对零件检验结果进行判断。

2）来料质量技术员对不合格零件进行初步分析和处理，属于供应商责任的不合格品通知供应商。

3）来料检查员根据检查结果将该批次零件进行标识，在不合格品上悬挂"不合格品卡"。

（2）供应商数据报告确认

1）来料质量技术员依据《零件检查基准书》的项目和频率，督促供应商定期提交供应商数据检查报告。

2）收到供应商数据报告后，来料质量技术员确认该报告与《零件检查基准书》的一致性，要求具备《零件检查基准书》中规定的所有项目，并满足规格和频率。确认完成后盖章、签名并标明判断结果、存档。

3）当检查结果判定为不合格，或有不一致的地方时，要马上报告处理、采取对策。

表 3-1　零件检查基准书（Ⅰ）

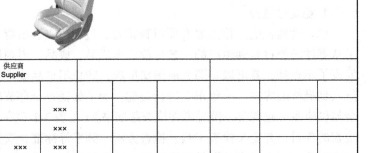

（3）追加检查

制定"追加检验/返工申请表"。

在实施进货抽样检查、供应商数据检查和公司内相关部门的质量反馈信息发现不合格时，来料质量技术人员依据缺陷的重要度、发生数量等情况申请追加检验，确定追加检验项目、检验方法、检验数量、期限等，填写"追加检验/返工申请表"。

表 3-2 零件检查基准书（Ⅱ）

零件号 Part No		123456	零件名称 Part Name	ASM FS 6WAY POWER LH EMOTION 六向电动左座总成	设备号			生产日期 Production Date					
No.	项目 Item	特性分类 Characteristics Category	规格 Specification	检查工具 Inspection Tool	检查方法 Inspection Method	频率 Frequency	样本大小 Sample Size	结果 Result		判定 Judgement	供应商提交频率 Submission Frequency	检查方式 check method	检查频率 check frequency	备注 Remark
1	座椅装车孔位尺寸	KPC	符合装车检具	检具	合检具	3次/天	1pc				每批	C	1次/月	
2	头枕上下调节力	KPC	6.5daN±2.5daN	推拉力计	目视	3次/天	1pc				每批	B	1次/月	
3	头枕初始上下调节力	KPC	6.5daN±2.5daN	推拉力计	目视	3次/天	1pc				每批	C	1次/月	
4	头枕按钮力	KPC	3daN±1daN	推拉力计	目视	3次/天	1pc				每批	C	1次/月	
5	Max width of FSC	KPC	496.5+/-10mm	卷尺	卷尺测量	3次/天	1pc				每批	C	1次/月	
6	Max width of FSB	KPC	529.5+/-10mm	卷尺	卷尺测量	3次/天	1pc				每批	B	1次/月	
7	所有塑料件皮纹	KPC	EB980 CPM3569	目视	对照样板	3次/天	1pc				每批	C	1次/月	
8	所有塑料件颜色	KPC	P-798	目视	对照样板	3次/天	1pc				每批	C	1次/月	
9	外观	KPC	座椅表面无污渍，且表面无明显翘曲，外观平整，线缝无开裂、头枕和靠背过渡均匀	目视	目视	100%	100%				每批	B	1次/月	
10	外观	KPC	滑槽塑料件无脱落，旁侧板及塑料盖板无划伤，无歪斜，旁侧板与座垫无间隙，调角器手柄与旁侧板间隙均匀	目视	目视	100%	100%				每批	B	1次/月	
11	外观	KPC	泡沫及面套装配正确，后侧表面泡沫无外漏	目视	目视	100%	100%				每批	B	1次/月	
12	操作性	KPC	滑槽前后滑动顺畅，能够同时锁止，无卡滞，无异响；靠背在转动中，安全带卷扣与靠背无干涉；调角器手柄/升降手柄/滑槽操作手柄作业过程中无干涉，无卡滞，无异响；滑槽底部垫片无脱落	手感	目视、手感	100%	100%				每批	B	1次/月	
13	包装	KPC	包装正确，符合包装规范要求	目视	目视	100%	100%				每批	B	1次/月	
14	标识	KPC	产品标签和外箱标签正确	目视	目视	100%	100%				每批	B	1次/月	

2. 变化点管理

所有涉及原材料、组成零件、工序、供应商等对零件质量可能有影响的更改都称之为"变化点"。

（1）变化点零件的定义

某项设计变更（ODM）或生产条件变更（工艺参数、设备、流程、关键工序等），在首次实施时所生产的零件半成品或总成。

（2）变化点管理的目的

规范所有涉及原材料、组成零件、工序、供应商等对零件质量可能有影响的更改的管理，以确保更改在严密的控制下进行。

（3）变化点零件管理对象的范围

变化点零件管理要求适用于所有变化点，范围包括：

1）内部的更改。

2）供应商进行的更改。

3）由于供应商本身原因发生的更改。

4）对于符合变化点零件管理要求的更改都需要进行变化点零件管理。

（4）变化点零件的分类

变化点零件可分为以下几类：

1）规格变更后零件：依照产品技术部发行的ODM通知书变更的零件。

2）对策后零件：对于已发不良，为防止不良再发、提高质量，实施了质量改善对策的变化点零件。

3）供应商自我优化零件：除了上述内容，因变化点零件供应者自身缘由或其他特殊情况而发生变更的变化点零件。

（5）变化点零件的标识

变化点管理卡——"变化点零件"的标签，它是用于标识首批生产的更改零件或由更改的工序生产的零件的卡片。变化点管理卡（见表3-3）使零件具有可追溯性。

表3-3 变化点管理卡

变化点管理卡		条形码			
供应商	供应商代码	变化点零件类别		ODM号	
零件号		生产阶段		批次号	
零件名称				数量	
变化点内容		发行日期		预计装车日期	
首台车车身号		发行部门签名		JV SQE	
沿 此 线 剪 开					
产品审核	签名	条形码			
零件号					
零件名称		意见	OK/NG		
沿 此 线 剪 开					
过程审核	签名	条形码			
零件号					
零件名称		意见	OK/NG		
沿 此 线 剪 开					
进料审核	签名	条形码			
零件号					
零件名称		意见	OK/NG		
沿 此 线 剪 开					
供应链	签名	条形码			
零件号					
零件名称		意见	OK/NG		

变化点零件辅助卡——当发运的变化点零件不止一个包装箱时，需使用变化点零件辅助卡标识所有的变化点零件包装箱。

注意：同一包装箱内只能装相同更改批次的零件（即只装旧更改批次的零件或只装新更改批次的零件），新旧更改批次的零件不能混装在同一包装箱内。当发运的变化点零件不止一个包装箱时，则必须在所有装有变化点零件的包装箱上悬挂辅助标识卡。

3.2 质量不合格零部件管理

知识点引入

当零部件的质量特性与图样及技术规格相关的技术要求相偏离，该零部件即属不符合接收标准的产品，为不合格零部件。不合格零部件不可用于整车制造过程。不合格零部件的出现，将造成零部件生产及供应的障碍，严重时将对整车的稳定生产和质量保证造成威胁。因此，在汽车与零部件生产过程中，要及时发现零部件质量问题，抓住零部件质量问题的根源，采取有效措施做好零部件的质量改进和再发防止，是零部件质量管理中的重要任务。

请同学们完成：
1. 以小组形式进行讨论，根据经验或设想，每个小组举出 1~3 个汽车零部件出现不合格的情况
2. 讲一讲这些不合格零部件将给汽车生产、汽车使用可能造成的影响和风险。

相关知识

3.2.1 不合格零部件的类型

按照整车零部件的类别，零部件质量不合格可分为以下类型：

1. 功能不良

功能不良是指零件作动、传播信息和载荷等作用失效，多出现在底盘、电器及钣金类零件，如制动踏板的真空助力器出现泄漏，导致制动助力失效、电器件的保险电容错装导致线路异常、电子零件软件未兼容导致无法使用，抑或车身承载件未达到规定的工艺条件，进而导致在薄弱点出现应力集中，甚至断裂。造成零部件功能失效的原因大多出自其生产制造过程。功能不良类的不合格件是最严重的不良情况，所带来的后果往往是零部件功能丧失，进而造成局部系统功能失效，甚至影响整车正常驾驶及安全。为保证此类零部件按照设计要求制造，相关零部件需进行严格的试验测试，监测零部件在各种模拟条件下的功能情况，以保证零部件在整车生命周期内保持完好的状态。通常情况下，各主机厂对这类零部件有详细的检查计划及定期抽检计划，在特殊情况下，如果此类不合格件装配至整车，须冻结该车，不允许发运处理，待使用合格部件进行更换，且验证系统及整车功能正常后才可作为产品发售。

2. 外观不良

外观不良是指零件外观出现划伤、皮纹异常、缩水及破损等缺陷，多出现在内外饰件、电器件甚至钣金件外观面。如 A/B/C 内饰板划伤、真皮座椅皮纹褶皱异常、注塑类零件（如刮水器）缩水严重，金属类零部件表面漆面破损等。这类不合格件多属于看得见、摸得着的缺陷，

所占的不良最多，因为造成这种不良不仅出自零件的生产制造过程，而且在后续的零件包装及物流运输过程中均可以出现。具有这类缺陷的零部件如果装到整车上，客户将直观地发现，从而降低对产品的好感，甚至降低对品牌及制造厂商的认可，进而使产品的竞争力大打折扣。另外，金属件表面划伤，特别是防锈层破坏，属于功能不良的潜在威胁。铁碳合金件长时间暴露在潮湿的有氧环境会出现锈蚀，从而进一步影响零件的承载能力，由此可见，外观不良和功能不良具有一定的关联性。对于外观不良类不合格件的防控，最主要依靠层层把关，在零件入厂前进行零件单件确认；在工段间设立检查岗位，对上一岗位进行监督，在整车出厂前，进行系统的整车评估，从而保证发车状态；在整车交付岗位前设立返修区域，经返修的车辆将再次进行整车评估，确保发出的每一辆车均是精品。

3. 综合缺陷及潜在风险

除零部件功能性及外观不良外，整车还有可能在综合条件作用下出现异常。在零部件解析过程中，相关的零部件各项条件均满足技术要求，而所组成的系统由于某种复杂原因（如极端天气），或由于相似零件（如左右件）的误装也会造成整车异常。这类缺陷在初期较难发现，异常出现后，问题的解析与查找也有一定的难度。避免这类问题的发生，最根本的保证是要在开发阶段充分做好设计、测试和验证。

及时发现不良是作为质量检查人员重要的素养。当异常情况出现时，应具有高度的敏感性。检查人员不但要具有高度的责任感，还要不断积累经验。

4. 生产线正常/异常的定义

生产线正常是指按原有规定规律（计划）进行的标准作业。（正常就是理想状态）。

生产线异常是指直接造成标准作业中止或制造良品条件因素丧失的非计划性变化状况。生产线异常的4个特征：①直接造成标准作业中止；②造成制造合格品条件因素丧失；③与原计划的规范、节奏不对应会引发安全、质量、生产大问题；④具有非计划性、不可预知。

5. 异常的发现

1）发现异常是处理异常的第一步，要善于发现异常，这是个人能力的体现。正确的现场把握是处理异常的出发点。

2）异常随时都会有，缺少的是发现的人，要善于观察和发问（这样是正常的吗？），通过声音、颜色、数量、气味、震感、温度去发现异常，如表3-4所列。

表3-4 通过声音、颜色、数量、气味、震感、温度去发现异常

感知方式	判断异常点
1）通过声音去发现异常	气管漏气
2）通过颜色去发现异常	车种颜色
3）通过数量去发现异常	零部件数量来源
4）通过气味去发现异常	电源插座或荧光灯使用过程中有焦味
5）通过震感去发现异常	打点过程中焊枪有震动
6）通过温度去发现异常	岗位空调坏了

3）异常处理的最终目标时发掘异常背后的真正原因，采取有效措施做好源流改善，防止异常再发，以达到质量稳定的状态。

3.2.2 不合格零部件的处理

1. 隔离与报告

当生产现场发现零部件异常时，应及时对出现异常、疑似不合格或已确认不合格的零部件进行隔离处理，并报告上一级主管人员（班长 / 工程师）。被隔离的零部件应该放置在指定的隔离区，同时被隔离的零部件必须悬挂隔离标识。现场使用的不合格品处理单如图 3-3 所示。

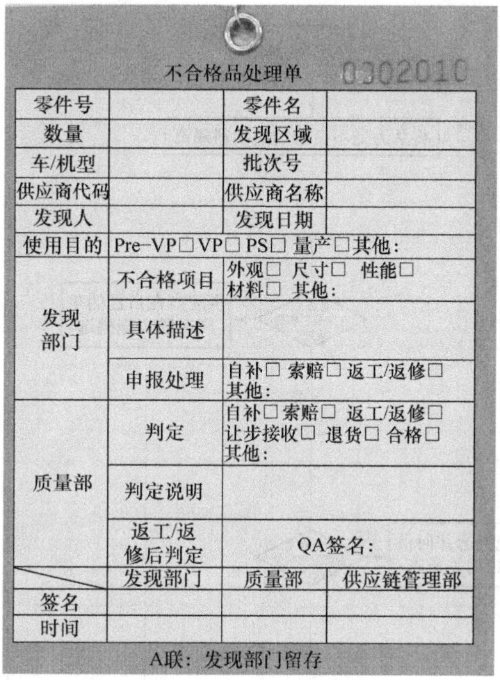

不合格品处理单 0302010

<table>
<tr><td>零件号</td><td colspan="2"></td><td>零件名</td><td></td></tr>
<tr><td>数量</td><td colspan="2"></td><td>发现区域</td><td></td></tr>
<tr><td>车/机型</td><td colspan="2"></td><td>批次号</td><td></td></tr>
<tr><td>供应商代码</td><td colspan="2"></td><td>供应商名称</td><td></td></tr>
<tr><td>发现人</td><td colspan="2"></td><td>发现日期</td><td></td></tr>
<tr><td>使用目的</td><td colspan="4">Pre-VP□ VP□ PS□ 量产□其他：</td></tr>
<tr><td rowspan="3">发现部门</td><td>不合格项目</td><td colspan="3">外观□ 尺寸□ 性能□
材料□ 其他：</td></tr>
<tr><td>具体描述</td><td colspan="3"></td></tr>
<tr><td>申报处理</td><td colspan="3">自补□ 索赔□ 返工/返修□
其他：</td></tr>
<tr><td rowspan="3">质量部</td><td>判定</td><td colspan="3">自补□索赔□ 返工/返修□
让步接收□ 退货□ 合格□
其他：</td></tr>
<tr><td>判定说明</td><td colspan="3"></td></tr>
<tr><td>返工/返修后判定</td><td colspan="3">QA签名：</td></tr>
<tr><td></td><td>发现部门</td><td colspan="2">质量部</td><td>供应链管理部</td></tr>
<tr><td>签名</td><td></td><td colspan="2"></td><td></td></tr>
<tr><td>时间</td><td></td><td colspan="2"></td><td></td></tr>
</table>

A联：发现部门留存

图 3-3　不合格品处理单

现场检查人员除了填写基本信息（如零部件编号、零部件名称、异常零部件数量、发现区域、发现人、发现日期等），必要时还需记录现场的相关环境信息。不合格品处理单的管理原则是“谁悬挂，谁解除”，其他非职能部门人员（如物流、生产等）无权解除隔离。

在特殊情况下（如人员或权限不足等），无法及时有效地进行隔离操作时，要做好追踪记录，为后续的追溯管理提供数据支持。

零部件质量异常信息的报告方式，要遵照 5W+1H 的说明方法。即发生了什么事（What）、在哪里发生（Where）、什么时候发生的（When）、谁发现的（Who）、初步原因是什么（Why）、影响程度有多大（How），通过对这几方面的描述，清晰客观地说明异常情况。

2. 采取临时对策

为了尽量减少对生产链条的影响和阻止异常事态的进一步扩大，必要时将采取紧急应对措施——临时对策。临时对策的选择要根据现场的实际情况判断可行性。

3. 解析与排查

质量工程师及相关负责人员将对有问题的零部件进行解析与排查，以分析、发掘产生零部件质量异常的根本原因，进而采取有效的纠正与预防措施。当初步判定是零部件质量不合格，且非偶发问题时，将意味着不合格零部件的影响范围可能会扩散。即不合格零部件不仅出现在发现区域，而且可能扩散至工厂内其他区域，如厂内零件缓存区、仓库等。此时，有必要对其他区域的零件进行排查。

不良品管理流程如图 3-4 所示。

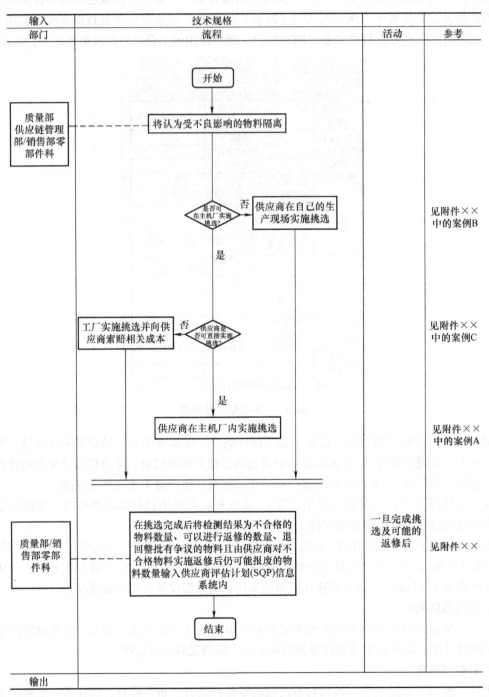

图 3-4 不良品管理流程

3.2.3 不合格零部件的质量改善

1. 原因分析

原因分析是零部件质量改善的关键环节。要改进不合格零部件的质量问题，必须查找真正的原因，只有找到真正的原因，才能有效改进质量问题。因此要找出一切潜在原因，对潜在原因逐个测试，验证排除非真正的原因，最后确定根本原因。通常，使用因果图（鱼骨图）、故障树（FTA）、头脑风暴等质量工具，在人员、设备、物料、方法、环境等几方面潜在因素中找出所有可能因素，并逐一验证，最终找到根源的发生原因和流出原因。

原因分析过程中容易出现的问题，是根本原因识别错误，把可能原因快速地识别为根本原因，过早结束了问题的调查研究，导致并没有找到真实的原因。这就为质量问题的再发埋下了隐患。

2. 纠正措施

纠正措施，是针对分析验证确定的导致零部件质量不合格的真正原因，制定改善对策，以消除或控制导致零部件质量不合格的真正原因。通常，一个真正的原因，可能有几个措施都可以消除和控制。要选取最佳的长期措施来消除和控制产生不良品的真正原因，避免问题的再次发生。

在纠正措施的实施过程中，改善效果的确认是非常重要的一步。验证长期措施是否有效，一般要连续监控一段时间的状况，根据统计数据来判定长期改善措施的有效性。

3. 预防措施

对类似的零部件，虽然尚未发生质量问题，需要横向水平展开进行同步改善，防止同样的质量问题再发。

修改现有的设计、生产、管理领域的相关规范和标准文件，实施预防措施。

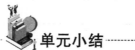

单元小结

总体来讲，零部件质量管理分为三个阶段：反应性阶段，即针对存在质量问题的零件进行的特别检查和监控；预防性阶段，即针对产生过质量问题的零件采取相应的措施，防止该质量问题再次发生；主动性阶段，即在零件设计开发过程中，制造工艺布局中就会考虑该零件可能产生的质量问题，从而采取相应的措施规避此质量问题。整个质量管理应该从对零件的管理和控制，继而转到对过程的管理和控制之中，从而降低成本，提高零部件的整体质量水平。

单元 4
汽车制造过程质量管理

单元概述

产品质量是企业的生命,每个人都必须认识到质量管理的重要性,积极参与到质量管理工作中去,改进质量,降低成本,提高效率。快速、低成本生产出优质产品,并提供优质服务,才能使顾客满意。赢得顾客的信任,才能扩大市场份额,企业才能更好地生存和发展,个人才有更好的谋生和发展场所。质量管理是每个员工的责任。各部门的通力合作,才能生产出令顾客满意的优质产品,所有员工都应该以产品质量为核心,站在顾客的立场,对全过程、全领域进行质量控制,以最经济的办法提供满足用户需要的产品。

本单元主要学习汽车制造过程中的生产现场质量管理、生产过程质量管理、精度质量管理,通过学习达成如下主要学习目标。

单元学习目标

1. 能力目标
(1)能够描述班组长的质量职责。
(2)能够描述现场操作人员的质量职责。
(3)能够描述过程质量的控制方法。
(4)能够描述过程能力评估的方法。
(5)能够描述过程评审的流程。

2. 知识目标
(1)熟悉汽车生产流程与相关的质量控制点。
(2)熟悉标准作业与作业标准的区别。
(3)熟悉标准作业与现场质量管理的关系。
(4)熟悉过程和过程质量的概念。
(5)熟悉车身精度的概念和重要性。
(6)熟悉车身尺寸(车身精度)偏差主要来源。
(7)熟悉监测装置管理的内容。

3. 素养目标
培养学生注重细节、精益求精、扎实严谨的工作作风。

单元 4
汽车制造过程质量管理

阅读：《割草的男孩》

替人割草打工的男孩打电话给陈太太说："您需不需要割草？"

陈太太回答说："不需要了，我已有了割草工。"

男孩又说："我会帮您拔掉花丛中的杂草。"

陈太太回答："我的割草工也做了。"

男孩又说："我会帮您把草与走道的四周割齐。"

陈太太说："我请的那人也做到了，谢谢你，我不需要新的割草工人。"

男孩便挂了电话，此时男孩的室友问他说："你不就是陈太太的割草工吗？为什么还要打这电话？"

男孩说："我只是想知道我做得有多好！"

启示与思考

这个故事反映的 ISO 9001 的第一个思想，即以顾客为关注焦点，不断地探询顾客的评价，我们才有可能知道自己的长处与不足，然后扬长避短，改进自己的工作质量，牢牢地抓住顾客。

我们是否也可结合自己的岗位工作，做一些持续改进呢？

对于营销人员来说，做到让顾客满意，可以得到忠诚度极高的顾客。对于我们每个人来说，只有时刻关注我们的"顾客（服务对象）"，我们的工作质量才可以不断改进。

做质量工作的人员，大多数时候都是被动的，只是延续出现问题然后再去解决问题的模式。如果能主动查找问题并解决问题，那才是完美的质量管理模式。这也就显示出了一个质量管理者的精髓所在。

请同学们思考：为了达成顾客满意，在生产制造过程中怎么样来保证和提升过程质量呢？也就是说，我们要掌握哪些生产制造过程质量管理的方法与手段？

4.1 生产现场质量管理

知识点引入

图 4-1 为某汽车厂的制造过程质量控制管理宏观流程图。从图中可以清晰地看出，在每个工艺领域（冲压、焊装、涂装、总装），一些控制区域要求 100% 的检验，在这个控制阶段的产品检验合格后才能到下一个生产阶段。此外，在产品生产过程中，需要进行过程统计控制，通过过程统计控制来对工序能力进行管控。在冲压过程中，首先，冲压车间会按要求对金属板材进行 100% 的目视控制，然后对落料进行 100% 的目视控制。当生产发生改变时，在过程控制中利用有效的工具使抽样符合质量标准要求，最终按照控制计划，执行最后外观和尺寸的控制。得到最后批准后在专用容器上贴上识别标签。质量部门过程审核也会按照要求，对冲压件进行外观面质量抽样检查。在焊装过程中，焊装车间会按照质

量标准对地板进行100%的检查，同时，对产品进入下道工序进行授权。然后按照质量标准对车身进行100%的检查，并对产品进入下一道工序进行授权。最后焊装车间会按照质量标准对整车进行100%的检查。在整个生产过程中，质量部门过程审核组会按照控制计划对零部件与地板进行控制。质量部门过程审核也会按照控制计划要求，对焊装白车身进行外观面质量抽样检查。在涂装过程中，涂装车间按照质量标准对车身密封胶进行100%的检查，同时，对产品进入下一道工序进行授权。然后，按照质量标准对地板密封胶进行100%的检查，同时，对产品进入下一道工序进行授权。最后，按照质量标准对产品进行100%的检查。在总装过程中，总装车间人员按照质量标准对内饰进行100%的检查，同时，对产品进入下一道工序进行授权。然后，按照质量标准对底盘进行100%的检查，同时，对产品进入下一道工序进行授权。最后，按照质量标准对产品进行100%的最终装配检查。终检合格后，总装车间会根据控制计划对整车进行100%的功能检测。功能检测合格后，总装车间会根据控制计划对整车进行100%的淋雨检查。淋雨检查合格后，总装车间即可将整车交付给质量部门终检区域。在质量终检区域，质量部门将对整车进行100%的质量检验控制。检验合格后正式宣布此车将正式出售。

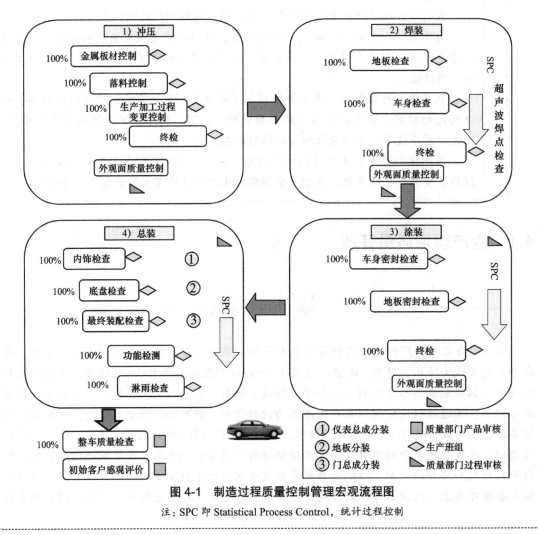

图 4-1　制造过程质量控制管理宏观流程图

注：SPC 即 Statistical Process Control，统计过程控制

单元 4
汽车制造过程质量管理

> 请同学们根据图 4-1，以小组为单位，学习和讨论以下问题：
> 1. 汽车制造过程质量如何控制？
> 2. 分别描述四大工艺中哪些项目要求 100% 检验？
> 3. 挑选一个角色（生产组长、生产班长、生产员工），写出你的质量职责，以及如何确保你的工作质量？

学习目标

1. 请描述汽车制造过程的四大工艺。
2. 能够描述标准作业与作业标准的区别。
3. 能够描述标准作业与现场质量管理的关系。
4. 能够描述班组长的质量职责。
5. 能够描述现场操作人员的质量职责。

相关知识

4.1.1 生产现场质量管理内容与要点

1. 生产现场质量管理的主要工作内容

制造过程是指对产品直接进行加工的过程。它是产品质量形成的基础，是企业质量管理的基本环节。制造过程质量控制是全面质量管理中一种重要的方法。它是从原材料投入到产品形成对整个生产现场所进行的质量管理。制作过程质量控制的基本任务是保证产品的制造质量，建立一个能够稳定生产合格品和优质品的生产系统。其主要工作内容包括组织质量检验工作；组织文明生产；组织质量分析，掌握质量动态；组织工序的质量控制，建立质量控制点；等等。由于制造过程中集中了影响产品质量的五大因素（人、机器、材料、方法、环境），因此做好制造过程质量管理可以确保生产现场生产出稳定和高质量的产品，使企业增加产量，降低消耗，提高经济效益。

生产现场质量管理的直接对象是现场加工的产品和提供的服务，其内容主要是控制产品和服务的质量特性，确保其符合规定的要求。

产品和服务的质量特性符合要求的程度，即过程质量，是由加工过程（或工序）的能力决定的。而过程能力通常又取决于影响过程质量的各个因素，即人、机、料、法、环、测（5M1E）等六个因素。因此，控制产品的加工质量，可以通过控制影响过程能力的六个因素来实现。下面分别讲述过程或工序因素的具体管理内容。

（1）人员（操作者、作业人员）的管理

1）人员对质量的影响。任何生产制造或服务提供过程都离不开人员的操作，即使是先进的自动化设备，也还是需要有人去操作和管理。对于手工操作比重大的过程或工序如手工焊接、人工研磨、手工包装、修理、校正、检验等来说，操作人员的技能和质量意识往往是关键因素，它是产品或服务产生不合格或不良的主要原因。对于那些由人员起主导作用的过程或工序，更需要通过加强对人员的管理来控制质量。

2）人员管理具体内容。

① 明确不同岗位人员的能力需求，确保其能力是胜任的。从教育、培训、技能和经验4个方面确定任职或上岗资格，并实施资格评定，尤其是对参与关键过程、特殊过程以及特殊工种工作的人员应按规定要求或技艺评定准则进行资格认可，保证其具有胜任工作的能力。

② 提供必要的培训或采取其他措施，以满足并提高岗位人员任职能力。培训包括质量意识、操作技能、检测方法、统计技术和质量控制手段等。

③ 鼓励员工参与管理，以加强对过程的控制和改进，主要包括：

a. 明确每个员工的职责和权限。

b. 确保岗位人员了解相应层次的质量目标，以及本职工作与实现目标的关系，意识到所承担工作和所执行任务的重要性。

c. 进行必要的授权，如授权员工获得必要的文件和信息、报告不合格并采取纠正措施等权利。

d. 鼓励开展QC小组活动或其他形式的团队活动，提高员工自我管理、自我提高和自我改进的能力。

（2）设备（设施）的管理

1）设备对质量的影响。机器设备是保证过程或工序生产符合技术要求的产品的重要条件，尤其是自动化程度较高、有定位或自调装置的设备，它们对于确保过程或工序质量起着关键的作用。对于一般的通用设备来说，机器设备的精度保持性、稳定性和性能可靠性等，都会直接影响到加工产品质量特性的波动幅度。

2）设备管理具体内容。

① 制定设备维护保养制度，包括对设备关键部位的日点检制度，确保设备处于完好状态。

② 按规定做好设备的维护保养，定期检测设备的关键精度和性能项目。

③ 规定设备和设施的操作规程，确保正确使用设备（设施），并做好设备故障记录。

（3）物料的管理（包括原材料、半成品、成品）

1）物料对质量的影响。不同的行业和产品所使用的物料类别各不相同。对于加工制造业的过程或工序而言，原材料可以是矿石、原油、羊毛、棉花、粮食等；成品、半成品可以是钢材、铝锭、纸张、油墨以及化学试剂等。对于生产机械或电器产品的装配过程或工序来说，原材料可以是配套的零件、标准件、元器件或电机等。这些原材料的化学成分和物理性能，配套件、元器件和零部件的外观或内在质量，以及食品业的原料质地（包括农药、化肥的残余量等），对产成品的质量起着重要作用。

2）物料管理具体内容。

① 对现场使用的各种物料的质量应有明确规定，在进料及投产时，应验证物料的规范和质量，确保其符合要求。

② 易混淆的物料应对其牌号、品种、规范等有明确的标志，确保其可追溯性，并在加工流转中做好标志的移植。

③ 检验状态清楚，确保不合格物料不投产、不合格在制品不转序。

④ 做好物料在储存、搬运过程中的防护工作，配置必要的工位器具、运输工具，防止磕碰损伤。

⑤ 物料堆放整齐，并坚持先进先出的原则。

（4）作业方法与工艺纪律管理

1）作业方法与工艺纪律对质量的影响。作业方法包括对工艺方法和操作方法的选择与确定，具体包括对工艺流程的安排、过程或工序之间的接口，以及对加工的环境条件、装备和工艺参数的选择，还包括对各过程或工序的岗位操作方法的确定等。

在制造业，作业方法对过程或工序质量的影响主要来自两个方面：①制定的加工方法、选择的工艺参数和工艺装备等各项因素的正确性和合理性。②贯彻、执行工艺方法的严肃性。不严格贯彻执行工艺方法或违反操作规程会导致工序能力降低，甚至发生质量事故和人身安全事故，不但会影响产品质量，也会影响生产进度和企业的经济效益，因而在现场管理中必须严格工艺纪律。

2）作业方法与工艺纪律管理具体内容。

① 确定适宜的加工方法、工艺流程、服务规范，选用合理的工艺参数和工艺装备，编制必要的作业文件，包括操作规程、作业指导书、工艺卡、服务提供规范等。

② 确保岗位人员持有必需的作业指导文件，并通过培训或技术交底等活动，确保岗位人员理解和掌握工艺规定和操作要求。

③ 提供工艺规定所必需的资源，如设备、工装、工位器具、运输工具、检测器具、记录表等。

④ 严格遵守工艺纪律，坚持"三按"（按图样、按标准或规程、按工艺）生产，并落实"三自"（自我检验、自己区分合格与不合格、自做标识）、"一控"（控制自检正确率）要求。

（5）工作环境管理

1）工作环境对质量的影响。工作环境是指工作时所处的一组条件，包括物理的、社会的、心理的和环境的因素（如温度、承认方式、人体工效和大气成分）。生产产品的过程或工序的不同，环境条件的内容也不同，通常涉及生产现场的温度、湿度、噪声、振动、照明、室内净化和现场污染程度等。

2）工作环境管理具体内容。

① 确定并管理为使产品和服务符合要求、确保现场人员的健康和安全的工作环境。

② 开展"5S"（整理、整顿、清扫、清洁、素养）管理，建立适宜的工作环境，提高作业人员的能动性，包括环境清洁安全、作业场地布局合理、设备工装保养完好、物流畅通、工艺纪律严明、操作习惯良好。

（6）检测设备或器具管理

1）检测设备或器具对质量的影响。检测设备能否处于准确状态直接影响到由测量获得的质量数据和信息的准确性、可靠性，并由此影响到对原材料、外购外协件、在制品、半成品和产成品是否满足规定要求的判断准确性。有必要对检测设备进行控制，以确保测量和试验设备的准确可靠。

2）检测设备或器具管理具体内容。

① 配合管理部门确定测量任务及所要求的准确度，选用适用的、具有所需准确度和精密度能力的检测设备。

② 使用经校准并在有效期内的测量器具，确保检定或校准的标志清晰。

③ 明确检测点，包括检测的项目、频次、使用的器具、控制的范围和记录的需求等。

④ 在使用和搬运中确保检测器具的准确性。

以上对过程因素的管理内容是现场质量管理的主要工作或活动。它们需要由企业的管理人员和作业人员共同完成。其中，管理人员和技术人员应当为生产现场的质量控制和质量改进活动提供管理上和技术上的支持。如对质量控制和质量改进的策划；确定产品生产和服务提供的过程或工序；明确各过程或工序的要求；提供必要的工艺文件、操作规程、作业指导书等技术文件；研究分析过程或工序能力；组织和指导质量改进活动；提供现场质量管理所需的资源和必要的培训等。

2. 制造过程质量管理要点

制造过程质量管理是以生产现场为对象，以对生产现场影响产品质量的有关因素和质量行为的控制和管理为核心，通过建立有效的管理点，制定严格的现场监督、检验和评价制度以及现场信息反馈制度，进而形成强化的现场质量保证体系，使整个生产过程中的工序质量处在严格的控制状态，从而确保生产现场能够稳定地生产出合格品和优品品。

制造过程是产品质量的直接形成过程。制造过程质量管理的目标是保证实现设计阶段对质量的控制意图，其任务是建立一个控制状态下的生产系统，即使生产过程能够稳定地、持续地生产符合设计要求的产品。产品投产后能否保证达到设计质量标准，不仅与制造过程的技术水平有关，还与制造过程的质量管理水平有关。一般来说，制造过程的质量管理应当做好以下几方面的工作：

1）严格贯彻执行工艺规程，保证工艺质量；制造过程的质量管理就是要使影响产品质量的各个因素都处在稳定的受控状态。因此，各道工序都必须严格贯彻执行工艺规程，确保工艺质量，禁止违章操作。

2）做好均衡生产和文明生产。均衡的、有节奏的生产过程，以及良好的生产秩序和整洁的工作场所代表了企业经营管理的基本素质。均衡生产和文明生产是保证产品质量、消除质量隐患的重要途径，也是全面质量管理不可缺少的组成部分。

3）组织技术检验，把好工序质量关，实行全面质量管理，贯彻预防为主的方针，并不是否定技术检验的把关作用，必须根据技术标准的规定，对原材料、外购件、在制品、产成品以及工艺过程的质量进行严格的质量检验，保证不合格的原材料不投产、不合格的零部件不转序、不合格的产成品不出厂。质量检验的目的不仅是发现问题，还要为改进工序质量、加强质量管理提供信息。因此，技术检验是制造过程质量控制的重要手段，也是不可缺少的重要环节。

4）掌握质量动态。为了真正落实制造过程质量管理的预防作用，必须全面、准确、及时地掌握制造过程各个环节的质量现状和发展动态，必须建立和健全各质量信息源的原始记录以及和企业质量体系相适应的质量信息系统（QIS）。

5）加强不合格品的管理。不合格品的管理是企业质量体系的一个要素。不合格品管理的目的是对不合格品作出及时的处置，如返工、返修、降级或报废，但更重要的是及时了解制造过程中产生不合格品的系统因素，对症下药，使制造过程恢复受控状态。因此，不合格品管理工作要做到三个"不放过"，即没找到责任和原因"不放过"；没找到防患措施"不放过"；当事人没受到教育"不放过"。

6）做好工序质量控制工作。制造过程各工序是产品质量形成的最基本环节，要保证产品质量，预防不合格品的发生，必须做好工序质量控制。工序质量控制工作主要有三个方面：

① 针对生产工序或工作中的质量关键因素建立质量管理点。

② 在企业内部建立有广泛群众基础的 QC 小组，并对之进行积极的引导和培养。

③ 由于制造过程越来越依赖于设备，工序质量控制的重点将逐步转移到对设备工作状态有效控制上来。

4.1.2 汽车生产流程与质量管理

在汽车制造中共有四大工艺，即冲压、焊装、涂装和总装。

冲压是指将钢板冲压成车身钣金件。冲压生产现场如图 4-2 所示。

焊接则是指将冲压成形的车身钣金件焊接在一起，最后要焊接成一个车身主体及车门、发动机盖、行李箱盖等。焊装生产现场如图 4-3 所示。

图 4-2 冲压生产现场

图 4-3 焊装生产现场

涂装则是指对车身钣金件进行防锈处理、喷涂漆等。涂装生产现场如图 4-4 所示。

图 4-4 涂装生产现场

最后一道工艺就是将涂装后的车身与底盘总装成整车，即进行总装，其生产现场如图 4-5 所示。

图 4-5　总装生产现场

根据生产工艺的不同，冲压、焊装、涂装、总装车间有不同的质量控制重点。冲压过程质量控制重点在于三个方面：制件精度、制件缺陷和外观面品质。焊装过程质量控制重点为焊接的精度、焊点的强度、车身返修时间、车身的外观质量。涂装过程质量控制的重点主要是涂装的厚度、环保性能、防腐性能、涂装光泽度、硬度等指标；汽车总装制造的主要任务是将汽车各组成部分零部件组装成整车，其中，整车关键力矩控制和装配过程中的外观质量是总装过程质量控制的重点。

焊装白车身外观面质量检查是指质量部门过程审核的员工对焊装白车身进行外观面质量抽样检查，如图 4-6 所示。

图 4-6　焊装白车身外观面质量检查现场

4.1.3　生产班组的质量管理职能

班组是在劳动分工的基础上，把生产过程中相互协同的同工种工人、相近工种或不同工种工人组织在一起，从事生产活动的一种组织。班组是企业组织生产经营活动的基本单位，是企业最基层的生产管理组织。一个班组中的领导者就是班组长，班组长是公司生产管理的直接指挥者和组织者，也是企业中最基层的负责人。车间的班组长是公司与生产员工的主要沟通桥梁。公司班组长的管理水平，将直接影响公司产品的生产进度和产品质量。

1. 班组长在质量管理中的作用

班组是实施现场质量管理、开展过程质量控制最基层的管理组织。班组长是过程质量控制和质量改进的组织者与领导者。充分发挥班组长的作用是做好过程质量控制的重要举措。

2. 班组长的质量职责

1）领导本班组人员理解并实施本班组的质量目标，必要时分解到岗位。

2）班组长对本班组制造的产品的质量有直接责任，保证不合格的产品不流出班组。

3）组织自检、互检和巡检，做好过程检验工作。

4）落实质量控制点活动，实施和配合控制点的管理。

5）组织开展"5S"活动，创造整洁有序的工作环境。

6）经常对本班组的员工进行质量管理基本知识的教育，以提高全体人员的质量意识，树立"下道工序就是用户"的思想，不断提高产品质量。

7）组织开展质量改进小组活动，包括组织或参与 QC 小组活动。

3. 现场操作人员的工作质量目标

1）实现本班组或本岗位的质量目标。

2）不接受不良品，不制造不良品，不流出不良品。

3）确保顾客或下道工序满意。

4. 现场操作人员的质量职责

1）正确理解和掌握本岗位的质量目标，并在质量偏离标准时立即采取有效措施。

2）严格遵守工艺纪律，做到按作业指导书技术要求操作，按图样加工，按标准生产，确保质量。

3）掌握本岗位的质量要求和检测方法。

4）按规定做好过程质量的监控和记录，并确保记录的及时性、完整性与真实性。

5）做好制造过程中零部件、半成品、成品的搬运、储存和防护工作。

6）每天按规定严格要求正确使用和管理装配设备，确保人身和设备安全，并做好设备的维护保养工作。

7）积极参加培训，提高技术质量水平和综合素质水平，提出合理化建议。

8）做好现场安全文明生产和"5S"管理活动，保持良好的工作环境。

4.1.4 标准作业

GB/T 20000.1—2014《标准化工作指南 第 1 部分：标准化和相关活动的通用词汇》中对标准的定义是：通过标准化活动，按照规定的程序经协商一致制定，为各种活动或其结果提供规则、指南或特性，供共同使用和重复使用的文件。标准化则是指为了在既定范围内获得最佳次序，促进共同效益，对现实问题或潜在问题确定共同使用和重复使用的条款以及编制、发布和应用文件的活动。所谓作业标准化，就是对在作业系统调查分析的基础上，将现行作业方法的每一操作程序和每一动作进行分解，以科学技术、规章制度和实践经验为依据，以安全、质量、效益为目标，对作业过程进行改善，从而形成一种优化作业程序，逐步达到安全、准确、高效、省力的作业效果。作业标准化把复杂的管理和程序化的作业有机地融合一体，使管理有章法，工作有程序，动作有标准。作业标准化可优化现行作业方法，改变不良作业习惯，使每一工人都按照安全、省力、统一的作业方法工作。作业标准化能将安全规章制度具体化。作业标准化所产生的效益不仅仅在安全方面，标准化作业还有助于企业管理水平的提高，从而提高企业经济效益。

1. 标准作业的概念

标准作业是指在节拍时间内，以有效的作业顺序，在同一条件下反复进行的操作，即以人的动作为中心、以高效的操作顺序有效地进行生产的作业方法。它由生产节拍、作业顺序、标准手持三要素组成。

2. 标准作业的目的

在工厂里，所谓"制造"就是以规定的成本、规定的工时生产出质量稳定、符合规格的产品。如果制造现场的作业工序的前后次序随意变更，或作业方法、作业条件随人而异，则一定无法生产出达到上述目的的产品。因此，必须对作业流程、作业方法、作业条件加以规定并贯彻执行，使之标准化。

标准作业有四大目的：技术储备、提高效率、防止再发、教育训练。标准化的作用主要是把企业内的成员所积累的技术、经验，通过文件的方式加以保存，而不会因为人员的流动，整个技术、经验跟着流失，达到个人知道多少，组织就知道多少，也就是将个人的经验（财富）转化为企业的财富。更因为有了标准化，每一项工作即使换了不同的人来操作，在工作效率与产品质量上也不会出现太大的差异。如果没有标准化，老员工离职时，他将所有曾经发生过问题的对应方法、作业技巧等宝贵经验装在脑子里带走后，新员工可能重复发生以前的问题，即便在交接时有了传授，但凭记忆很难完全记住。没有标准化，不同的师傅将带出不同的徒弟，其工作结果的一致性可想而知。

3. 作业标准书

作业标准书（standard operating procedure，SOP）又称标准操作规范或作业指导书，就是把现场所有的工作制定出一套流程，每个人按部就班地按照流程来执行。在实际的生产中，须不断地对"SOP"进行修改和完善，以提高操作的规范性和高效性。

作业标准是为了保证在规定的成本和时间内完成规定质量的产品所制定的方法。

作业标准是指导作业者进行标准作业的基础。作业标准是对作业者的作业要求，强调的是作业的过程和结果，作业标准是每个作业者进行作业的基本行动准则。具有代表性的作业标准书有作业指导书、作业要领书、操作要领书、换产要领书、搬运作业指导书、检查作业指导书、安全操作要领书等。

作业标准书的由来：在18世纪或作坊手工业时代，制作一件成品往往工序很少，或分工很粗，甚至从头至尾都由一个人完成，其人员的培训是以学徒形式通过长时间学习与实践来实现的。随着工业革命的兴起，生产规模不断扩大，产品日益复杂，分工日益细化，质量成本急剧增高，各工序的管理日益困难。如果只是依靠口头传授操作方法，已无法控制制程质量。采用学徒形式培训已不能适应规模化的生产要求。因此，必须以作业标准书形式统一各工序的操作步骤及方法。

4. 作业标准书的作用

根据作业标准书开展工作是正确作业的基础，全员应该遵守的标准工作流程是质量保证的基础。

5. 标准作业和作业标准的区别

标准作业是以人的动作为中心，强调的是人的动作。它由三个基本要素组成：节拍时间、作业顺序、标准手持。

作业标准是对作业者的作业要求，强调的是作业的过程和结果。它是根据工艺图样、安全规则、环境要求等制定的必要作业内容、使用什么工具和要达到的目标。

作业标准是每个作业者进行作业的基本行动准则，标准作业应满足作业标准的要求。

4.2 过程质量管理

知识点引入

产品质量是每一个员工生产出来的，而不是质检员检出来的。因此产品质量的提高需要每个员工的共同努力、共同参与。员工应多观察、勤思考，主动学习操作技能，提高自身素质，加强每一道工序的生产过程质量控制是主要控制手段，通过层层把关，减少不合格品产生，从而提高产品质量，减少过程浪费，提升产品竞争力。

请同学们思考：
1. 汽车生产过程质量管理应从哪些方面着手？
2. 如何控制好过程质量？
3. 请大家针对校园里或者身边的不良事件进行分析，如果你是该事件的主管方，你应该如何定期检查（审核），以及时发现问题并改进问题？

学习目标

1. 能够描述过程和过程质量的概念。
2. 能够描述过程质量的控制方法。
3. 能够描述过程能力评估的方法。
4. 能够描述过程评审的流程。

相关知识

4.2.1 过程和过程质量的概念

1. 过程

将过程作为一个整体，理解为事物发展所经过的程序，阶段。在不同的领域，过程有不同的释义。热力学体系状态的变化称为过程。经济学上将输入转化为输出的系统称之为过程。而在管理学中，业务过程的有机组合为过程。在质量管理领域，GB/T 19000—2016/ISO 9000：2015 3.4.1 中，将过程定义为：利用输入实现预期结果的相互关联或相互作用的一组活动。

从过程的定义可以看出，过程具有以下几个特点：

1）过程的输入可以是有形的，如设备、原材料、人力资源、能源等，也可以是无形的，如信息；可以是原始的，也可以是某种中间产品。

2）过程必须是一种增值的活动。

3）过程的各种资源不是独立的，过程和过程之间也不是孤立的，而是相互联系的，一个过程的输出经常成为另一个过程的输入，比如合同评审的输出是设计的输入，设计的输出是生产和采购的输入。只有对过程实施有效的管理，才能更高效地得到期望的结果。

2. 过程质量

过程质量是指过程满足明确和隐含需要的能力的特性总和。既然过程的基本功能是将输入转化为输出，那么过程质量一方面可以通过构成过程的要素（如投入的资源）和相关活动满足明确和隐含需要的程度来考虑，另一方面也可以通过过程输出（如产品和劳务等有形或无形产品）的质量来间接地反映。

制造业过程质量中的过程不是指广义的过程，它是指产品、零部件制造过程的基本环节，即工序。过程（工序）质量的高低主要反映在过程输出的合格率、废品率或返修率的高低上。

4.2.2　过程质量的控制方法

在过去的一个世纪里，质量管理发展经历了质量检验、统计质量控制、全面质量管理三大阶段，人们对质量的认识也不断变化和发展。被人们称为"统计质量控制之父"的休哈特（Walter A.Shewhart）认为，产品质量不是检验出来的，而是生产出来的，说明了过程质量控制的重要性。

1. 过程质量策划

质量策划致力于制订质量目标，并规定必要的运行过程和相关的资源以实现质量目标。过程运行策划主要根据产品自身特点和工艺流程，分析产品市场定位、客户需求，确定重点关键过程，配置过程资源，最终形成过程控制文件，一般称之为控制计划。控制计划的主要内容包括检查项目、检查方法、检查标准、检查频率、所需设备、记录表格等。

2. 关键过程/特殊过程的识别

特殊过程是通过检验和试验难以准确评定其质量的关键过程。

其一，"通过检验和试验"，既指对特殊过程加工的产品进行了通常的检验和试验，又指通过了检验和试验，即满足了通常的检验和试验的要求。

其二，"难以准确评定其质量"，是指产品通过了通常的检验和试验，但不一定就是合格品，可能有加工的内部缺陷未检验和试验出来，仅在使用后才能暴露出来。

其三，"关键过程"表明特殊过程也是一种关键过程。

因此，特殊过程的根本特点是产品经加工后可能有未检验和试验出来的内部缺陷，故难以准确评定其质量。产生内部缺陷的起因可能是采用特种工艺（如焊接、电镀、热处理等）进行加工，可以说采用这些特种工艺进行加工决定了该加工过程是特殊过程。这才是特殊过程的实质。

3. 汽车生产过程（工序）质量控制点

汽车生产过程主要有冲压、焊装、涂装、总装四大工艺。

1）冲压是整个制造过程的第一步，钢板通过落料、冲孔、拉延、弯曲、翻边、修正等工序，变为一块块形状结构复杂的车身零件。冲压车间的特点是进行自动化、批量生产，不同件需要切换不同模具。因此，质量控制的关键是冲压所需的设备及模具。而冲压过程的质量检验一般设定为首件、末件及中间抽检，通过人工目视、触摸的方式，将产品与样件进行比较，由于钣金件的冲压细裂纹、凹凸点很难用肉眼辨别，许多整车厂会在冲压线末端设立灯棚检查区域（见图4-7），以排除以上的不良。

图 4-7 钣金件灯棚检查区域

2）焊装车间的主要工作是将单个钣金件焊接成车身。现代化的汽车生产工厂焊装车间自动化程度很高，自动夹具、自动化的焊接设备很大程度上提高了定位的精准度及焊接的稳定性。焊装的工艺有手工焊接、自动焊接、绲边、涂胶等。其中，对焊装来讲，最关键的质量控制点就是精度和强度。涉及车身强度、安全部件焊接的位置为关键控制点。车身上有几千个焊点，一些整车厂会根据设计以及新车研发阶段的安全碰撞试验对焊点进行不同等级的划分，对关键的焊点进行更加严格的质量控制，如凿检或者超声波无损检测（见图4-8）。

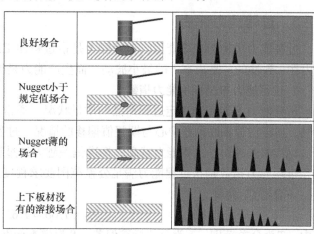

图 4-8 超声波焊点检测

3）涂装车间主要工序有电泳、中涂、面涂等环节，中间还有打密封胶的过程，主要用于降噪、防水、隔声、隔热等。车身洁净度、涂装光泽度、涂装厚度、附着力、硬度等是涂装车间的重要监控指标。在现代化的制造车间里，这些都是靠设备进行保证的，因此，设备点检、参数设定成了控制的关键。

4）总装车间是四个车间里面手工作业最多的地方，因此，这里除了对设备进行监控外，工人装配自检同样非常重要。为了确保工人装配的正确性，通常在关键、特殊工位都要求工人对自己的操作进行自确认，将确认结果记录在随车的质量卡上。此外，总装的关键控制点，如涉及安全的力矩，制动系统、燃油系统、电器系统等都需要设备严格的检查和记录。对于重要的、涉及安全的件，如安全气囊等，都需要记录追溯信息。各种检查比如各种路况测试如图 4-9 所示，车底局部检查如图 4-10 所示。

图 4-9　各种路况测试

图 4-10　车底局部检查

4. 过程质量指导文件

常用的过程质量指导文件有以下几种：

1）作业指导书，是过程质量控制必要的重要文件，包括作业示意图、工艺规程、作业要求、工艺参数等。作业指导书是工人操作时必须执行的合法文件。

2）设备管理表，包括设备点检表、设备管理台账等。

3）记录表，包括随车质量记录表、控制图等。

4.2.3　过程能力评估

过程能力也称为工序能力。过程能力是指过程加工质量方面的能力，它是用来衡量过程加工内在一致性的，是稳态下的最小波动。而生产能力是指加工数量方面的能力，二者不可混淆。

1. 过程能力与过程（能力指数）

过程能力不能完全决定过程产品的质量状况。通常情况下，过程不仅存在质量特性分散的情况，还存在着特性分布中心与期望值偏移的情况。过程能力示意图如图 4-11 所示。

标准偏差越小，过程能力越高；标准偏差越大，过程能力越低。

过程能力指数是指过程能力满足公差范围要求程度的量值。它是公差范围与过程能力的比值，一般用 C_P 表示。

$$C_P = T/6\sigma \approx T/6S \tag{4-1}$$

式中，T 为公差范围；σ 为总体标准偏差；S 为样本标准差。

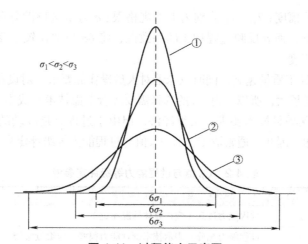

图 4-11 过程能力示意图

从式（4-1）中可以看出，过程能力指数 C_P 与过程能力 6σ 有明显区别

当过程处于稳态时，产品计量特性值有 99.73% 落在 $\mu\pm\sigma$ 的范围内，其中 μ 为质量特性总平均值，σ 为质量特性的总体标准差，即有 99.73% 的产品落在 6σ 范围内，这几乎包括了全部产品。故通常用 6 倍标准差（6σ）表示过程能力，它的值越小越好，如图 4-12 所示。

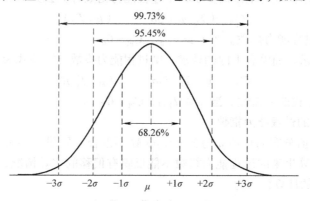

图 4-12 正态分布概率图

如上所述，若过程处于稳态，产品质量特性值分布的均值 μ 与公差中心 M 重合时，可以定量计算出该工序的不合格品率。过程能力指数对应的不合格品率如表 4-1 所示。

表 4-1 过程能力指数对应的不合格品率

C_P	不合格品率	C_P	不合格品率
1.67	0.6/100 万	1.1	10/1 万
1.5	7/100 万	1	27/1 万
1.33	63/100 万	0.67	455/1 万
1.2	300/100 万	0.33	3175/1 万

2. 双侧公差情况下的过程能力指数

对于双侧公差，过程能力指数 C_P 计算公式为

$$C_P = T/6\sigma = (T_U - T_L)/6\sigma \tag{4-2}$$

式中，T 为技术公差的幅度；T_U、T_L 分别为上下规格限；σ 为质量特性分布的总体标准差。T 反映的是产品技术的要求，而 σ 反映过程加工的一致性，将 6σ 与 T 比较，反映了过程中加工质量满足产品技术要求的程度。

C_P 值越大，表明加工质量越高，同时意味着对人员操作的要求、对设备的精准度等的要求也越高，从而生产成本就越大，所以，对 C_P 的选择需要综合考虑技术与成本。当 $T=6\sigma$，$C_P=1$ 时，从表面上看，似乎这既满足技术要求，又很经济，但由于过程总是波动的，分布中心一旦有偏移，不合格品率就增加，因此，通常取 $C_P > 1$。C_P 值与过程能力等级评定参考如表 4-2 所示。

表 4-2 C_P 值与过程能力等级评定参考

C_P 值的范围	级别	过程能力的评定参考
$C_P \geq 1.67$	Ⅰ	过程能力过高（应视具体情况而定）
$1.33 \leq C_P < 1.67$	Ⅱ	过程能力充分，表示技术管理能力很好，应继续维持
$1.0 \leq C_P < 1.33$	Ⅲ	过程能力充足，但技术管理能力较勉强，应设法提高为Ⅱ级
$0.67 \leq C_P < 1.0$	Ⅳ	过程能力不足，表示技术管理能力已很差，应采取措施立即改善
$C_P < 0.67$	Ⅴ	过程能力严重不足，表示应采取紧急措施和全面检查，必要时可停工整顿

3. 单侧公差情况下的过程能力指数

若只有上限的要求而没有下限的要求，则过程能力指数计算公式为

$$C_{PU} = (T_U - \mu)/3\sigma \quad (\mu < T_U) \tag{4-3}$$

式中，C_{PU} 为上单侧过程能力指数。当 $\mu \geq T_U$ 时，$C_{PU} = 0$。

若只有下限的要求，而没有上限的要求，则过程能力指数计算公式为

$$C_{PL} = (\mu - T_L)/3\sigma \quad (\mu > T_L); \tag{4-4}$$

式中，C_{PL} 为下单侧过程能力指数。当 $\mu \leq T_L$ 时，$C_{PL} = 0$。

4. 有偏移情况下的过程能力指数

当产品质量特性值分布的均值 μ 与公差中心 M 不重合（见图 4-13），即有偏离时，不合格品率必然增大，所计算出来的过程能力指数不能反映有偏移的实际情况，需要加以修正。修正后过程能力指数 C_{PK} 的计算公式为

$$C_{PK} = \min(C_{PU}, C_{PL}) \tag{4-5}$$

分布中心 μ 对于公差中心 M 的偏移为：$\varepsilon = |M - \mu|$，定义 μ 相对于 M 的相对偏移 K 为

$$K = \varepsilon/(2T) = 2\varepsilon/T \quad (0 \leq K \leq 1) \tag{4-6}$$

过程能力指数修正为

$$C_{PK} = (1-K)C_P = (1-K)T/6\sigma \tag{4-7}$$

当 $\mu = M$（即分布中心与公差中心无偏移）时，$K = 0$，$C_{PK} = C_P$。

注意：C_P 也需在稳态下求得，式（4-5）和式（4-7）是等价的。

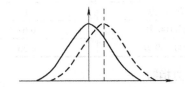

图 4-13 产品质量特性值分布的均值
μ 与公差中心 M 不重合

5. C_P 和 C_{PK} 的比较与说明

综上所述，无偏移情况下的 C_P 表示过程加工的一致性，C_P 越大，则质量能力越强，而在有偏移的情况下，C_{PK} 不仅反映加工能力，即"质量能力"，还反映过程中心与公差中心的偏移情况（管理能力）。由于 C_{PK} 和 C_P 侧重点不同，通常需要同时加以考虑。

做一做、练一练

图4-14为某汽车公司螺栓的拧紧力矩值，该点公差设计值为 $10\text{N}\cdot\text{m}\sim18\text{N}\cdot\text{m}$。以小组为单位，分析图4-14，说说你对 C_P，C_{PK} 的理解。

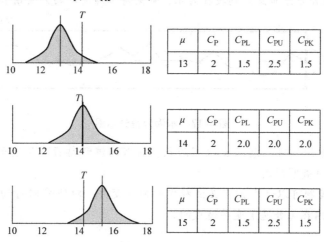

μ	C_P	C_{PL}	C_{PU}	C_{PK}
13	2	1.5	2.5	1.5

μ	C_P	C_{PL}	C_{PU}	C_{PK}
14	2	2.0	2.0	2.0

μ	C_P	C_{PL}	C_{PU}	C_{PK}
15	2	1.5	2.5	1.5

图4-14 某汽车公司螺栓的拧紧力矩值

【案例4-1】

某汽车制造公司质量部门每年都有驾驶技能比赛，王师傅每年都在比赛中获奖，是质量部门众所周知"好司机"，有一天他吹牛说"我开车开得总是那么直，无论路面状况如何"。同事要求他示范表演，否则要请客吃饭。要证明他开车很直，是一件很难的任务，有人建议在车底悬挂一个漏水袋（见图4-15），可以以此来跟踪判断他是否开得直。

图4-15 王师傅在车底挂了漏水袋开车后的鸟瞰图

看一下开车后的鸟瞰图，王师傅的车开得直吗？

请问，如果你是王师傅，你会怎样为自己辩护呢？

水是怎样滴下来的，如果车不动，水会滴在同样的位置吗？影响水位置的究竟有哪些因素？如车子跑偏、外力（风）作用、水滴自身变化等等，如图4-16所示为水滴受到的各种影响。

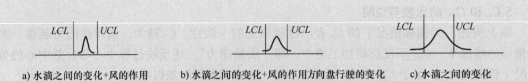

图 4-16　水滴受到的各种影响

方向盘行驶的变化到底是哪部分？它真的影响开车的直线程度吗？

图 4-17 为水滴公差分布图。到现在为止，你觉得王师傅真的需要请客吗？

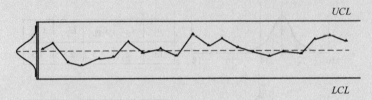

图 4-17　水滴公差分布图

1）通过这个案例，可以总结出以下两点：所有的流程都存在固有的变异（普通原因）和非自然的变异（可查明原因）。

2）统计过程控制可以让人们定义流程中的内在变异，对他采取行动，并且认识到这些变异是由流程中的内在（普通）变异造成的。

4.2.4　过程评审

审核是指为获得审核证据并对其进行客观的评价，以确定满足审核准则程度所进行的系统的、独立的并形成文件的过程。

审核分为内部审核和外部审核。内部审核是指由组织自己的名义进行的审核。外部审核为通常所说的"第二方审核"和"第三方审核"。第二方审核由组织的相关方（如顾客）或由其他人员以相关的名义进行。第三方审核由外部独立的组织进行，如认证机构。

审核准则包括适用的方针、程序、标准、法律法规、管理体系要求、合同要求、行业规范。

审核证据是指与审核准则有关的并且能够证实的记录、事实陈述或其他信息。

审核发现是指将收集到的审核证据对照审核准则进行评价的结果。

审核计划是指对审核活动安排的描述。

审核内容：以某汽车公司为例，公司内部过程审核主要分为三个层次，即体系审核、过程审核、产品审核。体系审核包括体系的完整性和有效性；过程审核包括过程能力评估及过程控制；产品审核包括产品对设计特性的满足程度。根据审核时间阶段，过程审核分为新车型阶段过程认证及量产车型的过程审核。以新车型过程认证为例，根据新车型开发的不同阶段，设定不同阶段的合格率目标，过程认证阶段（validation process），小批量试制阶段（pre-series），迅速提产阶段（start of production）。这三个阶段中，只有上一个阶段达到审核合格的目标方能进入下一个阶段。

根据生产工艺不同，冲压、焊装、涂装、总装车间有不同的审核重点。焊装车间主要审核焊接的精度、焊点的强度、车身返修时间、车身的外观质量；涂装车间主要审核重点为涂装的厚度、环保性能、防腐性能、涂装光泽度、硬度等；而总装车间以装配为主，审核重点为力矩安全（安全等级要求越高的点过程能力指数 C_P、C_{PK} 的要求也越高），电器系统审核、防水系统审核、四轮定位审核等。

审核要素按照 5M1E，即人（man）、机器（machine）、物料（material）、方法（methods）、测量（measurement）、环境（environment）。

审核的目的是发现问题，督促整改。审核结果可以通过质量会议加以整改和督促，最终达成审核通过的目标。通用的审核流程图如图 4-18 所示

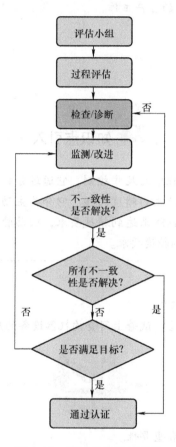

图 4-18 通用的审核流程图

【案例 4-2】

目前，国内制造型整车企业的四大工艺（冲压、焊装、涂装、总装）中，总装车间自动化程度最低、线体最为复杂，因此审核要素最多。某整车生产企业总装车间的审核按照系统进行分类，分为 12 个安全系统和 23 个制造过程系统。其中，安全系统包括驻车制动器、离合器、制动器、前后悬架、安全带、安全气囊等；而制造装配系统包括音响娱乐、空调制冷、座椅等。不同的问题根据现状、频率和影响度、紧急度的不同，又可以分为不同的优先级别，不同等级问题点所对应的措施不同。如线体设备导入不到位、设备能力指数 C_m、C_{mk} 不合格，现场缺少作业标准书、关键工序缺少管理控制，安全件功能失效等都将阻碍整车批量生产，这些问题点一旦存在，就不能进行整车批量生产，因此这些问题点列为一级问题

点,需要立即整改到位,严重的问题将必须停线整顿。而另外的一些不是很严重、不会对产品产生直接影响,或者产生的影响不严重或不会影响产品正常使用及使客户满意度降低的问题点,可以划分为二级甚至三级问题点,这些问题点需要在生产过程中不断地改进和优化。

审核人员按照审核计划进行审核,并将审核情况通过邮件或者会议的形式将审核结果通报相关方,通知相关方进行整改和优化。同时,在一些重要的时间节点,工厂内部审核的结果将作为企业进行决策的重要参考依据,如在新车型量产前,内部审核不能有一级问题点的存在,否则,将不能进行新车型的量产工作。

4.3 精度质量管理

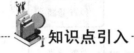 知识点引入

精度质量管理就是制造过程中的尺寸控制,它通过分析实物产品与设计模型之间的偏差来控制产品在各个阶段中所产生的精度问题。它分为主动管理与被动管理,主动管理指通过在过程中的控制及事先的预防来达到精度要求,被动管理则指通过利用后期测量所得到的数据来对产品进行修正达到精度要求。

请同学们思考:
1. 怎样进行车身精度质量管理?
2. 三坐标测量机的类型有哪些?试着上网查询机器设备的厂家以及价格、功能。

 学习目标

1. 能够描述车身精度的概念和重要性。
2. 能够描述车身尺寸(车身精度)偏差主要来源。
3. 能够描述监测装置管理的内容。

 相关知识

4.3.1 车身精度管理概述

零件精度是指零件加工后的实际几何参数(尺寸、形状及位置等参数)与理论几何参数的符合程度。符合程度越高,加工精度就越高,反之就越低。零件精度报告包括尺寸精度、形状精度和位置精度。尺寸精度是指零件的直径、长度、表面距离等尺寸的实际数值与理论数值相

接近的程度。形状精度是指加工后零件上的线、面的实际形状与理想形状的符合程度。形状精度包括直线度、平面度、圆度、圆柱度、线轮廓度和面轮廓度六项。位置精度是指加工后零件上的点、线、面的实际位置和理论位置的符合程度。位置精度包括平行度、垂直度、倾斜度、同轴度、对称度、位置度、圆跳动和全跳动八项。

汽车制造过程中，精度质量控制中主要的测量设备是三坐标测量机。三坐标测量机（coordinate measuring machines，CMM）是20世纪60年代发展起来的一种高效的精密测量设备。它在车身的设计、开发和制造过程中，已经是一种必不可少的设备。三坐标测量机能够高效率、高精度地实现复杂车身零部件的测量，是车身逆向工程实现的基础和关键技术，也是车身质量检测的重要手段。

1）按照三坐标测量机的测量范围，可将它分为小型、中型与大型测量机。小型三坐标测量机的测量范围一般是最长的坐标方向小于500mm，它主要用于测量零件尺寸小、精度要求高等零件；中型三坐标机的测量范围为500~2000mm，它主要用于测量零件尺寸较大、精度中等或高精度的零件；大型三坐标测量机的测量范围大于2000mm，主要应用于汽车、发动机等大型零件的测量与检测，精度等级一般为中等。

2）按三坐标测量机的测量精度分类，有低精度、中精度和高精度的测量机。低精度的测量机主要是具有水平臂的三坐标的测量画线机，单轴的最大测量不确定度大约在$1\times10^{-4}L$，空间的最大测量不确定度为$(2~3)\times10^{-4}L$，其中，L为最大测量程。中等精度的三坐标测量机的单轴最大测量不确定度大约为$1\times10^{-5}L$，空间的最大测量不确定度为$(2~3)\times10^{-5}L$；高精度的三坐标测量机的单轴最大测量不确定度大约为$1\times10^{-6}L$，空间的最大测量不确定度为$(2~3)\times10^{-6}L$。

3）按照测头是否和零部件表面接触分类，可以将三坐标测量机分为接触式和非接触式两种（见图4-19）。

接触式测量的基本原理是力—变形原理，它可以进行触发式或者连续的数据采集。非接触式测量方法主要运用光学原理，有激光三角测量法、激光测距法、结构光学法，以及图形分析法、工业计算机断层数据测量、磁共振成像术测量法、超声波法和层去扫描法等

a) 接触式三坐标测量机　　　b) 非接触式三坐标测量机

图4-19　接触式三坐标测量机与非接触式三坐标测量机

4.3.2 车身精度管理内容

1. 车身精度的概念与重要性

精度是指观测结果、计算值或估计值与真值（或被认为是真值）之间的接近程度。每

一种物理量要用数值表示时，必须先要制定一种标准，并选定一种单位（unit）。标准及单位的制定，是为了让人与人之间沟通对于物理现象的认识。这种标准的制定，通常是以人们对于所要测量的物理量的认识与了解为依据，并且要考虑这标准是否容易复制，或测量的过程是否容易操作等实际问题。车身精度是指车身上点、线、面通过三坐标测量机测量值与真值（图样数据或数据模型）之间的尺寸接近程度。测量统计结果就是车身精度测量报告，即通常所说的车身精度。

车身是汽车的重要组成部分，是整个汽车零部件的载体，它的重量和制造成本占整车的40%~60%。它通常由300~500个具有复杂空间曲面的薄板冲压零件，在55~75个装配工位的生产线上大批量、快节奏地焊装而成，装夹定位点有1700~2500个，焊点有4000~5000个，中间环节众多，各种装配偏差源难以避免。车身焊装质量对整车质量起着决定性作用，焊装尺寸偏差直接影响到最终汽车产品的质量，如密封、噪声、寿命、动力性和外观等。

2. 车身精度的偏差与控制

车身尺寸（车身精度）偏差主要来源包括冲压件本身的偏差、焊装工装夹具偏差、焊装变形、操作影响等（见图4-20）。其中，冲压件偏差和焊接工装夹具偏差是影响车身尺寸偏差的最主要的因素。

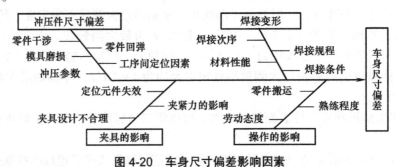

图4-20 车身尺寸偏差影响因素

车身制造与普通的机加工产品的精度相比，具有明显的特点，主要表现在：薄板冲压成形精度难以控制，由于薄板件的柔性，装夹定位和加工力影响严重，焊装过程复杂，影响因素多，偏差源诊断困难。图4-21给出了面向全面质量控制的车身制造精度控制体系框架。

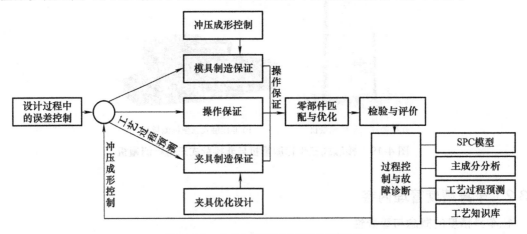

图4-21 车身制造精度控制体系框架

3. 夹具管理

在汽车车身的装配焊接生产过程中，为了保证产品质量、提高劳动生产率和减轻劳动强度，经常使用一些用以夹持并确定工件位置的工具和装置来完成装配和焊接工作。这些工具和装置统称为焊装夹具。汽车焊装夹具按用途可分为装配用的夹具、焊接用的夹具、装—焊夹具。在汽车车身制造中，为了便于装配和焊接也可以将焊接夹具分为合件装焊夹具、分总成焊装夹具、车身总成装焊夹具。汽车焊装夹具包括硬件和软件，硬件包括定位元件、夹紧机构、导向装置、夹具体四部分组成。软件包括一些规范，如安装调试手册、调整图等。图 4-22 为汽车焊装夹具硬件组成。

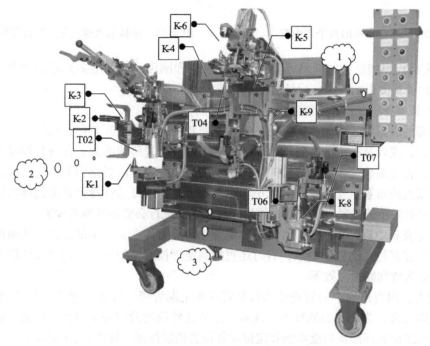

图 4-22　汽车焊装夹具硬件组成

1—夹紧机构（夹钳、气缸、气路、控制按钮等）　2—导向装置　3—夹具体
K-n、T0n—定位元件（标识的定位销 K-n、定位块 T0n）

根据汽车焊装夹具的定位法则，工件可以看成拥有六个自由度的刚体。要使工件在某个方向有确定的位置，就必须限制该方向的自由度。如果要使一个六方体工件在空间处于唯一确定位置，可在三个相互垂直的平面上，用适当分布的六个定位点（支撑钉）来限制工件的全部自由度，如图 4-23 和图 4-24 所示。上述确定工件位置的规则，称为六点定位规则。对于车身薄板零件，如果仅靠"3—2—1"（六点）定位规则定位，将无法保证其位置和形状，因此 Cai 等提出了应用于车身柔性零件的"N—2—1"定位原理，N 的数目通常会大于 3，在定位元件有定位误差的前提下，夹具定位元件的数目 N 取 4~6，这样就能比较好地减少车身零件的装配偏差。

汽车焊装夹具影响原因主要有工装夹具的设计不合理、夹紧力的影响、定位元件的失效等。工装夹具的设计精度要求主要有以下方面：

1）夹紧可靠，刚性适当。

2）夹紧时不应损坏焊件的表面质量。

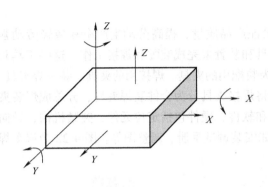 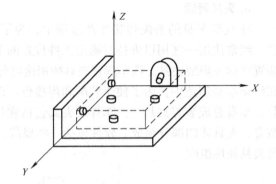

图 4-23　刚体在空间的六个自由度　　　图 4-24　刚体的六点定位（完全定位）

3）用于大型板焊接结构的夹具，要有足够的强度和刚度，特别是夹具体的刚度，对结构的形状精度、尺寸精度影响较大，设计时要留有较大的裕度。

4）工装夹具本身具有较好的制造工艺性和较高的机械效率。

汽车件所需的夹紧力，是为了保证安装精度，使各相邻焊件相互紧贴，消除它们之间的装配间隙所需的力，或者是根据图样要求，保证给定间隙和位置所需的力。在进行焊接工件夹具的设计计算时，首先要确定装配、焊接时焊件所需的夹紧力，然后根据夹紧力的大小、焊件的结构形式、夹紧点的布置、安装空间的大小、焊接机头的焊接可达性等因素来选择夹紧机构的类型和数量，最后对所选夹紧机构和夹具体的强度和刚度进行必要的计算或验算。

定位元件是夹具中最主要的组成件，它确定着被装配零件在夹具中的位置，从而保证了被装配的所有零件相互位置的技术要求，有时还直接确定焊接结构的外形。定位元件的失效分为磨损失效、变形失效和断裂失效等。

汽车焊装夹具制造过程中的管理分为日常管理和定期管理。日常管理分为夹具 5S 和夹具日常点检。定期管理分为夹具定期检查和保养、定位元件精度检测和车身精度检测。定位元件精度检测又分为定位元件形状精度检测和定位元件位置精度检测，如图 4-25 所示。

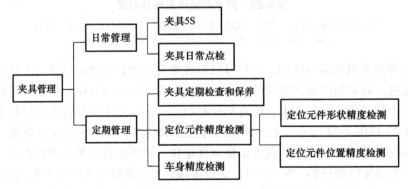

图 4-25　夹具管理方法结构图

4. 检具管理

车身制造质量是汽车制造质量的重要组成部分，在保证车身制造质量的监测装备中，检具以其结构简单、使用方便、制造成本低而得到广泛应用。日本对检具的开发较早，现已形成了比较先进的检具技术。检具是汽车零件检测的一种三维立体量具，甩掉卡尺、深度尺、量块等常规量具的使用，仅需要通止规或间隙尺就可以达到汽车冲压零件的准确、直观、快速的检测。

检具是一种用来测量和评价零件尺寸质量的专用检验设备。在零件生产现场，通过检具实现对零件的在线检测，为此需要将零件准确地安装于检具上，然后通过目测，或使用测量表、卡尺对零件型面、周边进行检查，也可以借助检验销或目测对零件上不同性质的孔及零件之间的联接位置进行目检，从而保证在生产时实现零件质量状态的快速判断。在此情况下，通过目检或测量可以判断零件轮廓周边大小和形状区域以及相对位置与通过 CAD/CAM 直接加工的检具理论值之间的偏差。对于零件上的某些极其重要的功能性尺寸，还能利用检具进行数值检测。通常，不能借助检具直接获得零件基于车身坐标系统精确的坐标值，而须将零件置于检具上通过三坐标测量机测量方能获得。现代检具的结构在设计时同时考虑其可以作为测量支架使用。但是当检具的在线检查功能与测量支架功能不能同时满足使用需要时，应首先满足检具的在线检查功能。常用检具如图 4-26 所示。

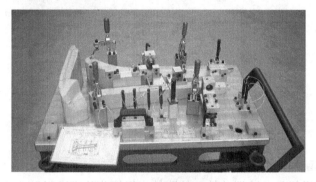

图 4-26　常用检具

检具定位原则是空间上限制一个产品六个自由度最基本的条件，在检具上根据零件的特性允许超出 3—2—1 原则的过定位，以保证零件定位的可靠性。在检具设计、制造、测量中，设计基准、加工基准、测量基准在任何时候都要尽量保证统一。检具设计之初一定要确认客户提供的产品数模绝对坐标系为汽车坐标系。每一个客户提供的产品 3D 造型都有一个绝对坐标系，汽车上所有的零件绝对坐标系都是同一个，这样不同的零件按照同一个坐标系组装起来就是一辆整车数模，这个绝对坐标就称为汽车坐标系，如图 4-27 所示。通常，车身长度方向为绝对坐标系的 X 向，方向为车前部至尾部；车身宽度的中间为 Y 向的零位，驾驶人一侧为 Y 向负值，前排乘客侧为 Y 向正值；Z 向为车身高度方向，方向为车身底部至车身顶部。

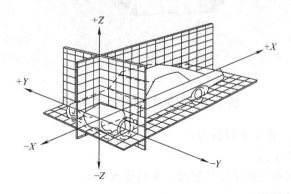

图 4-27　汽车坐标系

检具的维护保养工作包括以下几个：

1）每天下班前必须把工作过的检具表面擦拭干净。

2）检具使用完毕后用细棉纱把检具的工作面、压紧钳、检验销、通止规等擦拭干净并涂防锈油，并将检验销插在检具本身或检验销存放盒内。

3）检具使用完毕后应检查所有的压紧钳和检验销的螺钉有无松动；检验销和通止规拴绳有无松脱。

4）用防护套或塑料布把检具包好，防止灰尘，特别是长期不用的检具存放，如图4-28所示。

5）年度校正报告和日常保养记录均须存档备查。

图4-28　长期不用检具的存放

5. 白车身综合匹配样架

白车身综合匹配样架是对冲压单件、外购件、焊接分总成进行尺寸认可及匹配认可，使其可控制冲压单件、焊接分总成和白车身，保证其可量化、可测量和可追溯的设备。

白车身综合匹配样架是模拟生产车间及焊装车间不同单件，总成的焊装过程的高端设备。在新车型的前期及时发现并更改模具上的偏差，又可以作为前期测量夹具，对被测件进行前期的快速测量检验。白车身综合匹配样架实例如图4-29所示。

图4-29　白车身综合匹配样架实例

白车身综合匹配样架的主要目的为：

1）加快新车型成熟工艺。

2）模拟以及评价各种更改（零件更改、夹具更改等）。

3）目视评价车体零件配合。

4）加快整车量产之前的质量问题分析。

5）帮助分析零件生产和生产过程之间的潜在问题并作出正确、经济的决策。

6）对技术方案作出评价。

7）生产过程和最初理想阶段的对比。

8）帮助并缩短汽车样机和量产之间的评价过程。

6. 内外饰件功能匹配检具

内外饰件功能匹配检具是在产品研发到整车数据冻结阶段后，根据车身的数模，按1:1的比例制作的一个标准化的车身模型，一般用航空用铸铝制作。由于完全按照设计数据制造，并且采用精密的数控机床进行加工，整个内外饰件功能匹配检具相对于设计数模可以说是零偏差，是三维数模的真实再现。

内外饰件功能匹配检具是用铝合金制造而成的零公差总成或车身，是开发过程总装件检测、匹配和评价的手段，主要对门盖总成、内外饰零件、电器总成等进行尺寸认可及匹配认可，确保精度质量。其实例如图4-30所示。

图4-30 内外饰件功能匹配检具实例

内外饰件功能匹配检具的主要作用包括以下几点：

1）直观地对汽车内外饰的设计进行评审，检测汽车内外饰件的整体尺寸及效果。零件在内外饰件功能匹配检具上的匹配结果，是校正原设计缺陷和不足进行设计数据模型更改、校正零部件制造偏差的超差问题进行制造过程控制方法的重要依据。

2）设计开发过程中及量产过程中，进行有效的车身与零部件问题校验。

3）内外饰件功能匹配检具是一个高度模块化的检具，可以自由设计检查项，所有模块和零部件可以互换。例如前端模块，前大灯、进气格栅和发动机罩等在模块和实物零部件之间可以任意互换，这是任何一种检具都无法做到的。而单纯使用三坐标测量机进行检测，是难以完成任务的，特别是无法达到那种直观的效果。由自由设计检查项延伸开来，就是内外饰件功能匹配检具理论上是可以任意切割的，这就决定了它的成本可视预算而定。预算多的时候可以做个完整的车，像真车一样，就是一个全铝车身；预算少的时候，也可以只做前端和后端，内模型暂时不做，并且没有匹配关系的地方可以挖空，节省材料，同时也节省加工时间，从而节省成本。

白车身综合匹配样架与内外饰件功能匹配检具是相辅相成的，分别涵盖了白车身质量控制和总装件质量控制两个领域，在国内这两种都属于质量控制领域的高端设备。

内外饰件功能匹配检具是用于检查总装件（主要是内外饰）与车身的匹配，而白车身综合匹配样架是检查白车身零件以及各级总成之间的匹配，是对整个白车身装配工艺流程的验证。白车身综合匹配样架在车身设计基本结束后和焊装夹具投入制造前投入使用，这种综合运用主要应用于主机厂用来控制和改进整车工艺质量。

4.3.3 监测装置管理内容

1. 监视装置

监视装置（surveillance devices）是指用于监视生产条件，以调整和控制生产条件为目的，为产品符合提供证据的设备和仪器（不含生产条件的安全监视系统）。

2. 测量装置

测量装置（measuring device）是指为实现测量过程所必需的测量仪器、软件、测量标准、标准物质或辅助器械或它们的组合。

3. 监测装置的范围

监测装置的范围如表4-3所示。

表4-3 监测装置的范围

分类			用途	举例
监视装置			监视生产条件，并具备判断生产条件是否适合的装置	压力表、温度计、电流表、流量计等监测生产条件的装置
测量装置	计量器具	直接监测	可以直接读出被测工件的尺寸监测值的器具	游标卡尺、千分尺、直尺
		比较监测	用来判断工件合格与否的器具（不可直接读出监测值）	塞尺、塞规
	检测和试验设备	精密监测器具	用于精密监测的监测装置	三坐标、圆度仪、厚度计、分析天平等
		试验机	用于测试材料的物理性质或产品性能的装置	四轮定位仪、万能材料试验机、直读光谱仪等
		分析仪器	定性定量地测定物件的性能、构造、组织的仪器	金相显微镜、气相色谱仪等
		力矩装置	在生产线上，用于测定工作的质量特性，能判断合格与否	力矩扳手
	检定/校准标准器		用于检定/校准以上设备的仪器及辅助器具	力矩扳手校正仪、指示表检定仪、标准量块、硬度标准块等

4. 监测装置校准管理

质量部门根据国家相关检定规程和公司监测装置的实际使用情况，确定监测装置的检定校准周期，制订周期检定计划并反映在《监测装置管理台账》上。对于国家和行业没有检定规程的监测装置，使用部门负责编制自校规程和自校计划。

5. 周期检定计划的实施

1) 根据周期检定计划的要求，各部门根据实际情况提前安排专人负责将待检的监测装置准备送检。

2) 检定和校准由质量部门实施或联系国家授权计量检定机构实施。

3) 检定和校准合格的监测装置由质量部门或国家授权计量检定机构发放签名确认或加盖检定印章的检定/校准证书。

4）使用部门对自校监测装置按照计划进行自校，将自校数据提交质量部门确认，质量部门按规定发放校准标志。

6. 不合格监测装置的处置

使用部门发现不合格监测装置应停止使用，隔离存放，做出明显的标签或标志，在不合格原因被排除并经再次计量确认（自校或数据比对）后才能重新投入使用，并保存记录。

监测装置的调拨、闲置、降级、报废、损坏和遗失的处理须有明确的标志，并保存处理结果记录。

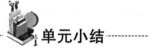

单元小结

本单元描述了生产现场质量管理的主要工作内容，包括组织质量检验工作；组织文明生产；组织质量分析，掌握质量动态；组织工序的质量控制，建立质量控制点；等等。由于制造过程集中了影响产品质量的五大因素（人、机器、材料、方法、环境），做好制造过程质量管理可以确保生产现场生产出稳定和高质量的产品，使企业增加产量，降低消耗，提高经济效益。

制造过程的质量管理要点为：以对生产现场影响产品质量的有关因素和质量行为的控制和管理为核心，通过建立有效的管理点，制定严格的现场监督、检验和评价制度以及现场信息反馈制度，进而形成强化的现场质量保证体系，使整个生产过程中的工序质量处在严格的控制状态，从而确保生产现场能够稳定地生产出合格品和优质品。

在汽车生产流程与质量管理方面，在车身制造中共有四大工艺，即冲压、焊装、涂装和总装。冲压过程质量控制重点在三个方面：制件精度、制件缺陷和外观件面质量。焊装过程质量控制重点为焊接的精度、焊点的强度、车身返修时间、车身的外观质量；涂装过程质量控制的重点主要是涂装的厚度、环保性能、防腐性能、涂装光泽度、硬度等指标；汽车总装制造的主要任务是将汽车各组成部分零部件组装成整车，其中，整车关键力矩控制和装配过程中的外观质量是总装过程质量控制的重点。

本章还描述了过程质量管理过程、质量的控制方法、过程能力评估方法以及过程评审的方法。

在精度管理方面，汽车制造过程中精度质量控制中主要的测量设备是三坐标测量机。三坐标测量机是20世纪60年代发展起来的一种高效的精密测量设备。它已成为车身的设计、开发和制造过程中必不可少的一种设备。三坐标测量机能够高效率、高精度地实现复杂车身零部件的测量，是车身逆向工程实现的基础和关键技术，也是车身质量检测的重要手段。本章还介绍了车身精度管理、精度匹配分析、监测装置管理等内容。

单元 5
整车质量管理及相关法律法规

单元概述

作为高端消费品的汽车行业，质量对汽车行业来说，它的意义就相当于一条生命线，直接关系到消费者的生命安全，是企业生存和发展的重中之重；而对于汽车品牌来说，质量也可以看作是构成品牌形象的基础要素，市场对品牌的认可，很大程度上归结于产品质量的优劣。汽车产业的蓬勃发展，除了国家政策的支持以外，产业升级、技术创新和营销推广同样起到了重要作用，但如果没有全面的质量管理和高质量的产品，上述三个方面的发展根本就难以实现。纵观近些年汽车行业的发展，汽车生产企业对质量的重视都在与日俱增，纷纷引入国际领先的质量控制体系，加快产品质量与企业管理的全面提升。

汽车"三包"和召回制度的实施，对维护购车人合法权益、规范生产者行为、提高产品质量、促进汽车产业发展和建设和谐社会具有非常重要的意义。

本单元我们主要学习整车质量检查、3C 认证、汽车召回和汽车"三包"等内容，通过学习来达成如下主要学习目标：

单元学习目标

1. 能力目标
（1）能够掌握整车质量检查流程与方法。
（2）能够描述 3C 认证含义与步骤。
（3）能够描述召回怎么实施。
（4）能够理解汽车"三包"原则。
（5）能够理解汽车召回和"三包"的差别。

2. 知识目标
（1）3C 认证的主要内容。
（2）汽车召回的法律依据。
（3）汽车召回的满足条件。
（4）汽车"三包"的基本知识。

3. 素养目标
（1）树立顾客第一的思想，满足顾客需求，为顾客服务。
（2）了解汽车相关的法律法规要求，树立遵纪守法的意识。

单元 5 整车质量管理及相关法律法规

5.1 整车质量检查

某车企生产的一批车辆，经过了质量部门进行整车质量检查，包括外观、静态功能和动态功能后，发放 3C 标志及证书，发运到经销商处进行销售。

陈先生于 2016 年在某汽车专营店购买了一辆汽车，2018 年接到厂家通知，说由于制动总泵油封的问题，厂家要求召回汽车。陈先生认为该车本身存在质量问题，要求专营店对其车给予延保、对其召回车辆维修后的质量提供安全等方面的保证、给予合理补偿等。而汽车专营店表示作为销售者对其售出的汽车质量安全予以保证，只要陈先生购买的汽车出现质量问题，汽车专营店都将在法律规定的范围内对其进行维修、更换等，但是对于给予延保及合理补偿的说法不予认可。陈先生认为在购买车辆时，如果就知晓车辆制动总泵油封存在问题，根本不会购买，陈先生还表示自 2016 年购买该车后就一直在用，他承担了因制动总泵油封问题可能引发的事故风险。由于双方始终未达成一致意见，陈先生致电 12365 质量技术监督热线进行投诉。

请同学们思考如下问题：
1. 请描述整车质量检查应包括哪些项目？
2. 请问上述情况是否满足汽车召回条件？
3. 请问上述情况是否符合汽车三包政策？

1. 能够熟练运用整车质量检查规范。
2. 能够描述整车质量检查流程。
3. 能够运用整车质量的评审标准。

5.1.1 整车质量检查概述

整车质量检查是为了确保客户交付质量，对所有整车外观、静态功能、动态功能实行 100% 的全方位检查。外观及静态功能检查是在多方位、高亮度灯光照明下，不放过任何瑕疵，确保整车交付质量。动态功能检查是每辆车出厂前在跑道上模拟各种路面进行动态测试。跑道长 1.6km，包括石块路、井盖路等 10 余种复杂路况，通过检查确保整车交付质量。

整车装配完成下线之后，需要通过整车质量检查，检查合格之后打印合格证，确认为合格车辆。整车质量检查流程如图 5-1 所示。汽车整车质量检查区如图 5-2 所示。

图 5-1　汽车整车质量检查流程

图 5-2　汽车整车质量检查区

整车质量检查的问题点分为三大类：包括外观、静态功能和动态功能，其划分标准如图 5-3 所示。

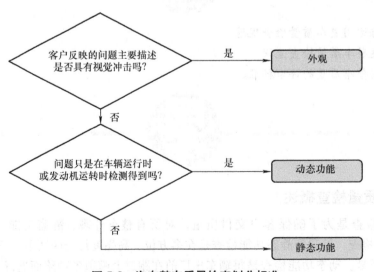

图 5-3　汽车整车质量检查划分标准

车辆：缺陷采用字母 A、S、D 来区分。A 表示外观缺陷，S 表示静态功能缺陷，D 表示动态功能缺陷。

1. 外观缺陷（A）

外观缺陷包括以下几类：

1）翼子板划痕。
2）可见毛边。
3）使用不良密封胶。
4）密封胶中断或缺失。

2. 静态功能缺陷（S）

静态功能缺陷包括以下几类：

1）使用遮阳板时有异响。
2）在使用门把手时感到有模具留下的利边。
3）椅背后仰时阻力较大。
4）收音机不工作。
5）音响异音。

3. 动态功能缺陷（D）

影响驾驶感受的问题（可驾驶性/乘坐/操控/换档/噪声振动及不平顺性/警告灯/仪表问题）包括以下几类：

1）方向盘不对中。
2）故障指示灯持续亮。
3）驾驶时有异响。
4）缺降低噪声振动及不平顺性零部件（降低噪声垫）。

不合格车辆处理要求：

1）不合格问题处理。
2）即进行问题追溯，根据样车生产编号向前后各追溯至少 50 辆车进行此项目检查，具体追溯数量视不合格等级而定。
3）针对不合格问题进行一次解析，若为非复合问题，抽查员可直接判定责任部门，交车返修并提交不合格对策要求书；若为复合问题，交由对应工程师进行解析。
4）当不合格车辆返修完成后，抽查员需再次对该车进行此项目检查确认，判定合格方可关闭该车的此项抽查流程。

5.1.2 整车质量评审

整车质量评审是以用户在使用中对产品的质量要求为标准，由企业独立的专业部门对已验收合格的产品所进行的检查和评价。

1. 评审分类及严重程度级别

按如图 5-3 所示的顺序根据问题性质赋予一个评审分类。
评审的缺陷评分等级如表 5-1 所示。
评价外观、静态功能、动态功能时，缺陷的评分是不同

表 5-1 评审分类等级

分类
外观：A100、A50、A10、A1
静态功能：S100、S50、S10、S1
动态功能：D100、D50、D10、D1

的。为了尽可能保证结果客观,分数在信息系统中生成。当系统对某一缺陷给出 50 分或 100 分时,这些缺陷将作为"一级优先级"问题。在这种情况下,需要对车辆进行返修,按工厂要求填写反馈系统表格。

缺陷分值的基本标准如表 5-2 所示。

表 5-2 缺陷分值基本标准

严重程度级别	基本标准
100	• 对于这类车辆,有 100% 的客户会关注这一状况,认为其"无法接受"并拒绝提车 • 车辆的功能特征完全不可用或"无法使用" • 故障/抛锚/无法驾驶,振动或车身底盘噪声过大(基于客户的第一印象) • 不符合法规要求
50	• 对于这类车辆,有 50% 的客户会关注这一状况,认为其"令人讨厌"并考虑保修 • 车辆功能时好时坏或有操作故障,大多数客户认为"需要修理" • 趋近于法规规定的界限
10	• 对于这类车辆,有 10% 的客户会关注这一状况,认为其"令人失望" • 这类车辆的客户可能会在进行常规维护时要求对问题进行保修 • 保修风险较低
1	• 对于这类车辆,有 1% 的客户会关注这一状况,认为其"较小的缺陷" • 轻微配合缺陷或在 B 区域内,只有高期望的客户才会认为是质量低劣 • 持续改进,为大多数客户忽略但不具备竞争力 • 包括在指标内但趋近于指标极限的情况

注:1. 与法规有关的 100 及 50 可视为"关键问题"。
  2. 车辆必须按"目前状况"评审,不考虑因时间的推移而引起的改善或退化。

2. 缺陷所在区域(外观评价)

以客户的观点(站在驾驶人的角度),根据缺陷的可见性将车辆划分成不同区域。缺陷所处的区域决定缺陷分值的高低。A 区是驾驶人可以感知的主要区域(如主驾车辆上方外侧、内部驾驶人侧、仪表面板、仪表台等)。

3. 车辆返修

将需要进行返修的车辆(分值为 50 或 100)交给车间进行返修。车辆返修后由质量部门制造质量科进行确认,确认结果合格后该车辆可以进行移交。车辆返回各车间之前,应由质量部门制造质量科确认返修完成情况。

5.1.3 整车质量评审规范

1)外观和静态功能评审。将车辆放置到指定区域,并按照用户产品评审质量标准对车辆进行评审。作业人员录入缺陷点,信息系统将自动给出缺陷的评分。

2)动态功能评审。在进行动态功能评审时,由作业人员录入缺陷,信息系统自动给出缺陷的评分。

验证完成后,将车辆停放在评审区域,以便各车间负责人确认问题点。

3)动态功能评审的特殊要求。每日抽检的车辆应在工厂大跑道进行 16km 的测试,相关驾驶人员应当通过相关驾驶资格认证。

4)评审时间。各类车型缺陷评审时间如表 5-3 所示。

单元 5
整车质量管理及相关法律法规

表 5-3　各类车型的缺陷评审时间参考　　　　　　　　　　（单位：min）

评审类型	车辆类型			
	小型车（A-B 级）	中型车（C-D 级）	高端车（E-运动车型）	商务车型
外观	25	30	35	35
静态功能	25	30	35	35
动态功能（30km）	120	120	120	150（50km）
总时数	170	180	190	220

5）处理准则。每日抽检 5 台车，按如表 5-4 所示的准则对出现的缺陷进行处理。

表 5-4　某企业的处理准则

处理等级	样车			处理准则	责任
	DM10	DM50	DM100		
1	1~2 项非重复发生	0	0	持续改善	评审负责人和车间负责人
2	3~4 项重复发生	0	0	填写反馈系统表格并进行生产线复查	评审负责人和车间负责人
3	5 项及以上非重复发生	0/1	0	填写反馈系统表格[①]、在线复查/返修该班次最后 2h 生产的车辆、评审：停线或停止入库	评审负责人、质量部门和车间负责人
4	无具体要求	>1	≥1	填写反馈系统表格、在线复查、评审：停线、停止入库、停止车辆移交	评审负责人、质量部门和车间主管

注：50 分和 100 分缺陷必须进行返修。

①如果非重复发生的 10 分项缺陷在一周内反复发生，应填写反馈系统表格。

6）评价指数计算

ASI（评审严重度指数）的计算公式为

$$\text{ASI} = \frac{\#A100 \times 100 + \#A50 \times 50 + \#A10 \times 10 + \#A1 \times 1}{\text{评审车辆数}} \quad (5\text{-}1)$$

式中，# 表示缺陷数量。

ASI 总分的计算公式为

$$\boxed{\text{ASI 总分}} = \boxed{\text{外观 ASI}} + \boxed{\text{静态功能 ASI}} + \boxed{\text{动态功能 ASI}} \quad (5\text{-}2)$$

得分结果由信息系统自动给出。

车型目标分值的给定应考虑以下几个方面：

1）完成车平均分值。

2）观评价的平均分值：字母 A 打头的分值。

3）静态功能评价的平均分值：字母 S 打头的分值。

4）动态功能评价的平均分值：字母 D 打头的分值。

5.2 制定工厂通过强制性产品认证及后续管理的方案

知识点引入

根据国家法律法规的规定："凡列入强制性产品认证目录内的产品，没有获得指定认证机构的认证证书，没有按规定加施认证标志，一律不得进口、不得出厂销售和在经营服务场所使用"，某新建汽车制造厂生产的汽车在强制性产品认证目录内，所以必须要获得 3C 认证，请同学们完成如下任务：

1. 确定强制性产品认证机构。
2. 制定实施强制性产品认证的计划。
3. 申请认证成功后，企业将得到什么标志？
4. 企业获得强制性产品认证标志后还将有哪些工作要做？

想一想：

1. 强制性产品认证是什么？该新建汽车制造厂为什么要进行强制性产品认证？
2. 如何寻找强制性产品认证机构？
3. 强制性产品的标志是什么？

学习目标

1. 理解强制性产品认证含义。
2. 能熟悉说出强制性产品认证步骤。
3. 能熟悉说出强制性产品认证需要准备哪些材料。

相关知识

5.2.1 强制性产品认证的含义

1. 概述

中国强制性产品认证，简称为 3C 认证（China Compulsory Certification，CCC）"CCC"也是国家对强制性产品认证使用的统一标志。作为中国电工产品认证、进口商品安全质量许可制

度、中国电磁兼容认证三合一的"CCC"权威认证，是国家质量监督检验检疫总局（以下简称国家质检总局）和中国国家认可监督管理委员会（以下简称国家认监委）与国际接轨的标志，有着不可替代的重要性。

3C标志一般贴在产品表面，或通过模压压在产品上，仔细看会发现多个小菱形的"CCC"暗记。每个3C标志后面都有一个随机码，每个随机码都有对应的厂家及产品。认证标志发放管理中心在发放3C标志时，已将该编码对应的产品输入计算机数据库中，消费者可通过国家认监委强制性产品认证标志防伪查询系统对编码进行查询。3C标志如图5-4。

根据国家强制性产品认证有关文件规定，自2003年5月1日起，列入第一批实施3C认证目录内的19类132种产品，如未获得3C标志就不能出厂销售、进口和在经营性活动中使用。但针对生产、进口和经营性活动中的特殊情况，国家认监委又发布2002年第8号公告，规定部分产品可申请免办3C认证。这部分产品范围包括：①为科研、测试需要进口和生产的产品；②以整机全数出口为目的而用进料或来料加工方式进口的零部

图5-4　3C标志示意图

件；③根据外贸合同，专供出口的产品（不包括该产品有部分返销国内或内销的）；④为考核技术引进生产线需要进口的零部件；⑤直接为最终用户维修目的而进口和生产的产品；为已停止生产的产品提供的维修零部件；⑥其他特殊情况的产品。对可免于办理3C认证的产品，生产厂商或代理人应向国家认监委提出申请，并提交符合免办条件的证明材料、责任担保书、产品符合性声明（包括形式试验报告）等，经批准获得《免办强制性产品认证证明》自2003年5月1日起开始办理并生效。另外，国家认监委还规定，对上述免办3C认证的产品范围是第2条、第3条的产品，国内组装厂或国内生产厂可依据自身方便向所在地国家直属的检验检疫局或国家认监委申请办理免办证明。

目前已公布的强制性产品认证制度有《强制性产品认证管理规定》《强制性产品认证标志管理办法》《第一批实施强制性产品认证的产品目录》（以下简称《目录》）、《关于实施强制性产品认证制度有关问题的通知》。第一批列入强制性认证目录的产品包括电线电缆、开关、低压电器、电动工具、家用电器、轿车轮胎、汽车载重轮胎、音频设备、视频设备、信息设备、电信终端、机动车辆、医疗器械、安全防范设备等。

至今，已发布多项产品，除第一批目录外，还增加了油漆、陶瓷、汽车产品、玩具等产品。

2. 3C认证的主要内容

3C认证是中国强制性产品认证的简称。国家对强制性产品认证的法律依据、实施强制性产品认证的产品范围、强制性产品认证标志的使用、强制性产品认证的监督管理等作了统一的规定。主要内容概括起来有以下几个方面：

1）按照世贸有关协议和国际通行规则，国家依法对涉及人类健康安全、动植物生命安全和健康，以及环境保护和公共安全的产品实行统一的强制性产品认证制度。国家认监委统一负责国家强制性产品认证制度的管理和组织实施工作。

2）中国强制性产品认证制度的主要特点是，国家公布统一的目录，确定统一适用的国家标准、技术规则和实施程序，制定统一的标志，规定统一的收费标准。凡列入强制性产品认证目录的产品，必须经国家指定的认证机构认证合格，取得相关证书并加施认证标志后，方能出厂、进口、销售和在经营服务场所使用。

3）根据我国入世承诺和体现国民待遇的原则，原来两种制度覆盖的产品有 138 种，我国首次公布的《目录》删去了原来列入强制性认证管理的医用超声诊断和治疗设备等 16 种产品，增加了建筑用安全玻璃等 10 种产品。

4）国家对强制性产品认证使用统一的标志。新的国家强制性认证标志名称为"中国强制性产品认证"。中国强制性产品认证标志实施以后，将取代原实行的"长城"标志和"CCIB"标志。

5）国家统一确定强制性产品认证收费项目及收费标准。新的收费项目和收费标准的制定，将根据不以营利为目的和体现国民待遇的原则，综合考虑现行收费情况，并参照境外同类认证收费项目和收费标准。

6）中国强制性产品认证制度于 2002 年 8 月 1 日起实施，自此有关认证机构正式开始受理申请。原有的产品安全认证制度和进口安全质量许可制度自 2003 年 8 月 1 日起废止。

3. 与汽车有关的第一批强制性认证产品

（1）机动车辆及其安全附件（共 4 种）

1）汽车：在公路及城市道路上行驶的 M、N、O 类车辆。

2）摩托车：发动机排气量超过 50mL 或最高设计车速超过 50km/h 的摩托车。

3）汽车、摩托车零部件：汽车安全带、摩托车发动机。

（2）机动车辆轮胎（共 3 种）

1）汽车轮胎：轿车轮胎（轿车子午线轮胎、轿车斜交轮胎）、载重汽车轮胎（微型载重汽车轮胎、轻型载重汽车轮胎、中型/重型载重汽车轮胎）。

2）摩托车轮胎（代号表示系列、公制系列、轻便型系列、小轮径系列）。

（3）安全玻璃（共 3 种）

汽车安全玻璃（A 类夹层玻璃、B 类夹层玻璃、区域钢化玻璃、钢化玻璃）、建筑安全玻璃（夹层玻璃、钢化玻璃）、铁道车辆用安全玻璃（夹层玻璃、钢化玻璃、安全中空玻璃）。

5.2.2　3C 认证步骤

1. 3C 认证资料提供清单

（1）初次申请或相关信息变更时须提供的文件资料

1）强制性产品认证申请书。

2）申请人的《企业法人营业执照》或登记注册证明复印件（初次申请或变更时提供）。

3）生产厂的组织结构图（初次申请或变更时提供）。

4）申请认证产品工艺流程图（初次申请或变更时提供）。

5）例行检验用关键仪器设备（见认证实施规则工厂质量控制检测要求）清单（初次申请或变更时提供）。

6）产品总装图、电气原理图。

7）申请认证产品中文铭牌和警告标记（一式两份）。

8）申请认证产品中文使用说明书。

9）同一申请单元内各型号产品之间的差异说明。

10）同一申请单元内各型号产品的外观照片（一式两份）。

11）需要时所要求提供的其他有关资料（如有 CB 测试报告请提供）。

（2）同类产品再次申请时须提供的文件资料

1）强制性产品认证申请书。

2）产品总装图、电气原理图。

3）申请认证产品中文铭牌和警告标记（一式两份）。

4）申请认证产品中文使用说明书。

5）同一申请单元内各型号产品之间的差异说明。

6）同一申请单元内各型号产品的外观照片（一式两份）。

7）需要时所要求提供的其他有关资料（如有 CB 测试报告请提供）。

（3）产品检测送样时应提供的资料

1）送样登记表。

2）3C 认证申请详细资料。

3）产品说明书。

4）产品规格书。

5）产品维修手册。

6）产品电路图（包括原理图和印制线路板图）。

7）同一申请单元中主送型号产品与覆盖型号产品的差异说明。

8）产品与安全有关的关键零部件明细表和对电磁兼容性能有影响的主要零部件明细表。

9）产品关键安全元件认证证书复印件。

10）产品的 CB 测试证书和报告（如有）。

11）产品的商标使用授权书（如有）。

2. 3C 认证申请步骤

1）向指定认证机构提交意向申请书，应包括如下内容：

① 申请人信息，制造商信息，如名称、地址、联系人、联系方式等。

② 生产厂信息，包括质量体系的状况和体系获证情况等。

③ 产品名称、型号、规格、商标等。

另外，还须提供产品的相关资料，如产品说明书、使用维修手册、产品总装图、工作（电气）原理图、电路图、部件配置图、产品安全性能检验报告、安全关键件一览表等。

如果所申请的产品是已获证型号产品的变更，或与已获证产品有联系，申请人应在申请书中作出说明。

2）原则上按型号提出申请。不同生产厂生产的同型号产品或同一生产厂在不同地点生产的同型号产品，应分别申请。

3）向中国质量认证中心报产品检测费用。中国质量认证中心会同分包实验室审查申请资料后，划分产品单元，并就检测所依据的标准、检测项目和所需样品数量同申请人达成一致意见后，由分包实验室向中国质量认证中心报产品检测费用。

4）确定审核天数。中国质量认证中心会同业务代表根据生产厂的质量体系状况，确定生产厂质量体系的审核天数，并确定相应的体系审核费。

5）中国质量认证中心向申请人寄发 3C 产品认证报价单。报价单包括认证收费的详细内容、产品名称型号、检测标准和样品数量等。

6）下达任务通知书。申请人在报价单上签字盖章并返回后，中国质量认证中心向业务代表下达任务通知书，委托业务代表与申请人签订认证合同，并向申请人寄发正式申请书。申请书中包括须补送的资料、申请方的责任及须附送的《质量体系情况调查表》等。

7）样品检测阶段。当以下条件都满足时，即进入样品检测阶段，中国质量认证中心将向有关分包实验室下达任务通知书，通知实验室准备接收样品进行检测：

① 申请人已按照要求填写好并签字盖章后，返回报价单、正式《申请书》和产品认证合同。

② 申请人已提交所有要求的申请资料。

③ 申请人已按照送样清单将样品送到指定地点。

④ 申请人已按合同约定的方式支付相关费用。

当申请人不能及时满足上述要求，造成时间延误，认证周期增长时，责任由申请人自己承担。

8）资料提交。申请人提交的一切资料应用中文书写，国外申请人可使用英文。

中国质量认证中心产品认证部门同样接受来自国外申请人的产品认证请求，处理程序和要求同对国内申请人一样。

3. 3C 认证型式试验

1）型式试验依据中国质量认证中心指定的标准进行。

2）型式试验原则上由认证委托人送样到指定的中国质量认证中心分包实验室进行，但对大型的不便运输、安装、调试的商品，申请人可申请中国实验室认可合作组织认可的其他邻近检测机构或工厂现场检测。为进行现场检测，检测现场应符合以下规定条件：

① 具有现场检测必备的仪器、设备、场地。

② 仪器设备的精度和量程应满足现场检测项目的有关要求。

③ 有关仪器设备应定期检定并能溯源到国家基准或国际基准。

④ 有进行现场检测的符合中国标准的环境条件和电网条件。

⑤ 具备熟悉标准、操作的人员。

3）现场检测一般在中国质量认证中心指派的有资格的测试人员的监督下由申请人安排技术人员按要求进行测试操作，并出具试验原始记录。3C 认证测试人员负责整理和编制试验报告。

4）对已申请并通过型式试验的基本型产品的系列产品或变型产品，只检测与基本型不同部分的有关项目。在检测过程中，若增加检测项目，有关实验室应通知中国质量认证中心产品认证部门，由中国质量认证中心产品认证部门通知申请人补交检测费后再进行检测。

5）检测结果。如果有些检测项目的检验结果不合格，但易于改进，则可允许改进后重新送样进行检验，若再出现一项不合格，则判为不合格。型式试验合格后，分包实验室出具型式试验报告，中国质量认证中心产品认证部门向申请人签发样品检测结果合格通知单。对于不合格产品发不合格通知单。申请人可以在半年后重新提出申请。

6）样品检验后，中国质量认证中心分包实验室向需要领回样品的申请人寄送"领取样品通知书"。申请人在收到"领取样品通知书"一个月内到指定地点办理样品领取手续，逾期不取的，境外厂家的样品交中国海关处理，对境内厂家的样品由分包实验室处理。

若样品检测不合格，由中国质量认证中心产品认证部门向申请人寄送"样品检验不合格通知书"，并说明样品与标准不符合的项目及检测结果，或者寄送"样品补充检验通知书"，并通知申请人缴纳补充检验所需费用。对收到"样品检验不合格通知书"的产品，申请人可再次提出申请。

4. 生产厂质量体系检查

1）生产厂质量体系检查的实施一般在样品检测合格后进行。生产厂质量体系检查的目的是检查生产厂的生产和检测条件是否能够确保持续性、稳定地生产符合标准的产品。

2）中国质量认证中心总部以生产厂调查表作为生产厂审查组到达生产厂之前了解生产厂情况的文件依据。

3）中国质量认证中心总部组织审查组赴生产厂进行审查。审查工作在 ISO 9000 国际质量管理体系标准的基础上增加与安全有关的设计、采购、检验、试验设备等要素的专业审核，并现场核实安全关键件及进行抽样检测工作。

已获得质量体系认证证书的生产厂家，可免于生产厂质量体系审查，但必须补充上述安全要素的专业审核，该审核也可结合在日常监督中进行。

5.2.3 产品认证证书及认证标志的颁发及使用

1. 产品认证证书的颁发

1）已获得质量管理体系认证证书的生产厂，在样品检测合格后，3C 认证业务代表应及时填写认证报批表，并附加经审核无误后的企业申请书、生产厂调查表、生产厂审查确认书、ISO 9000 质量体系认证证书及样品型式试验报告等文件，报中国质量认证中心总部，经合格评定后，由中国质量认证中心主任签发"产品认证证书"，并定期公告获证情况，随后将安排结合质量体系日常监督的"补充安全要素"审核。

2）未获质量体系认证证书的生产厂，在样品检测和生产厂质量体系审查合格后，3C 认证业务代表应及时填写产品认证报批表，并附加经审核无误后的企业申请书、生产厂调查表、生产厂审查确认书、工厂审查报告、现场抽查记录及样品型式试验报告等文件，报中国质量认证中心总部，经合格评定后，由中国质量认证中心主任签发"产品认证证书"，并定期公告获证情况。

2. 认证标志管理

产品只有在获得 3C 认证证书后才可加贴 3C 认证标志。标志可以从中国质量认证中心购买，粘贴在产品的铭牌附近，向中国质量认证中心申请，经批准后印刷在铭牌上或模压在产品上。

生产厂对标志的使用进行有效的控制，设立台账，记录其购买和使用情况。

3. 购买安全标志

申请人向认证中心提出购买标志的申请，内容应包括：

1）申请人、生产厂、联系人。

2）产品名称、型号。

3）产品所获得 3C 认证证书的编号。

4）购买标志的数量。

5）申请人的付款方式及标志发放方式。

6）公司盖章或授权人签字。

申请人也可从中国质量认证中心索要"购买标志申请书"，填好后交回中国质量认证中心。如果是代理人购买，则须附上申请人的委托书。购买标志须支付标志工本费。中国质量认证中心向申请人寄送标志或由申请人直接领取标志。

5.2.4 获证后跟踪检查和监督管理

获证后跟踪检查和监督管理是为了准确、全面地掌握获证申请人／生产厂及其产品的情况，监督获证申请人／生产厂正确使用3C认证标志，保证进入市场的产品始终符合申请认证的有关标准，申请人／生产厂的生产与检测条件始终符合中国质量认证中心产品认证制度有关规定，保护消费者权益。

1. 日常检查和监督

3C认证证书上没有标明有效期，证书的有效性由日常检查和监督来维持。中国质量认证中心委托与其签有跟踪检查协议的指定检验机构对获得产品认证证书和允许使用"认证标志"产品的生产厂进行跟踪检查。检查频次每年不少于一次。跟踪检查可与CCC质量体系认证的监督复查结合进行。若检查结果合格，则证书继续有效。

2. 暂停／恢复使用认证标志

生产厂质量体系审查或现场抽测的产品安全项目的检验不合格，中国质量认证中心通知申请人暂停使用并封存未使用的认证标志。当请求恢复使用认证标志时，申请人应向中国质量认证中心提出书面申请，经对生产厂或样品重新检查或检验合格后，中国质量认证中心通知申请人恢复使用认证标志。

3. 获证产品的变更

当生产厂的生产与检测条件、产品安全关键件、产品结构等影响产品安全的因素发生变更时，申请人应及时向中国质量认证中心提交变更申请，并经资料审查、样品检测（如有必要），由中国质量认证中心批准后，方可继续使用3C认证标志。若某种产品已停止生产，或出于其他原因，申请人可向中国质量认证中心提供撤销许可证书。经国家质监总局批准后，中国质量认证中心向申请人发出撤销证书通知。

连续一年以上不生产获证产品的生产厂再生产获证产品时，申请人须向中国质量认证中心声明。

对有下列情况之一者，吊销3C认证证书，并收回3C认证标志：

1）已获得3C认证证书的产品，发现有两批安全性能不合格型号、产品结构与获证产品不符。

2）在生产厂抽封的样品，经检验（包括扩大抽样复查）不合格。

3）申请人擅自在未经批准的产品上使用认证标志。

对于被吊销认证证书的产品，中国质量认证中心会发布吊销的产品认证证书公告。被吊销证书六个月后，申请人可重新提出申请。

小结

本小节对国家建立3C认证制度的目的、3C认证的含义和3C认证的步骤进行了介绍，为同学们今后参加企业的3C认证打下了理论基础。

5.3 制定汽车召回管理方案

宝马（中国）汽车贸易有限公司再次召回部分进口 4 系汽车

日前，宝马（中国）汽车贸易有限公司根据《缺陷汽车产品召回管理条例》和《缺陷汽车产品召回管理条例实施办法》的要求，向国家市场监督管理总局备案了召回计划。自 2021 年 5 月 17 日起，再次召回 2021 年 2 月 9 日发布的《宝马（中国）汽车贸易有限公司召回部分进口 X 系列及 4 系汽车》召回活动中受影响的部分进口 4 系车辆，包括生产日期从 2020 年 6 月 16 日到 2020 年 12 月 2 日的 425i 及 430i 车辆，共计 71 台。

本次召回范围内的车辆因前排座椅侧面安全气囊的软件参数调教和气袋形状存在缺陷，导致气囊展开的时机可能发生延迟，且展开之后气囊的保护范围受限，会增加乘员在碰撞事故中受伤的风险，存在安全隐患。

由于原召回措施（软件编程）不能解决前排座椅安全气囊的保护范围受限问题，此次召回宝马（中国）汽车贸易有限公司将对召回维修措施进行变更，变更为免费更换两个前排座椅的侧面安全气囊并进行软件编程，以消除安全隐患。未销售车辆将在消除缺陷后再进行销售。

宝马（中国）汽车贸易有限公司将以挂号信或互联驾驶消息等形式通知相关用户。用户可拨打宝马售后服务热线：400-800-××××（固话或手机拨打均可），了解此次召回的详细信息。用户也可登录中国汽车召回网（www.××××.org.cn）以及关注微信公众号"汽车三包与召回"（××××）了解更多信息。此外，也可拨打中国汽车召回网热线电话：010-×××/010-××××，反映召回活动实施过程中的问题或提交缺陷线索。

来源：2021-5-8 国家质检总局

请同学们通过对以上案例的了解，分析：

1. 宝马（中国）汽车贸易有限公司对"部分进口 4 系汽车"的召回依据是什么？此次召回属于主动召回还是责令召回？
2. 消费者（车主）根据什么途径去了解有关本次召回的信息、维修途径等。
3. 谁对此次召回事件的效果进行验收和监督？

1. 掌握汽车召回含义。
2. 掌握实施汽车召回的步骤。

相关知识

5.3.1 汽车召回管理概述

汽车召回是指由缺陷汽车产品制造商进行的消除其产品可能引起人身伤害、财产损失的缺陷的过程,包括通知、修理、更换、收回等具体措施。缺陷汽车召回制度最早源于美国。

我国为加强对缺陷汽车产品召回事项的管理,消除缺陷汽车产品对使用者及公众人身、财产安全造成的危害,维护公共安全、公众利益和社会经济秩序,根据《中华人民共和国产品质量法》等法律,于2002年由国家质量监督部门起草相关条例,2004年国家质检总局等四部门发布《缺陷汽车产品召回管理规定》,中国汽车召回制度就此拉开帷幕。从2004年《缺陷汽车产品召回管理条例》发布到2020年9月底,我国累计召回的缺陷汽车多达8010.2万辆。

2012年10月22日,经国务院常务会议通过的《缺陷汽车产品召回管理条例》公布,我国突破缺陷汽车产品召回立法层级低的限制,将部门规章上升为行政法规,以促进召回制度有效实施。

2015年7月10日国家质检总局发布了《缺陷汽车产品召回管理条例实施办法》,从2016年1月1日开始实施。

《缺陷汽车产品召回管理条例实施办法》中明确了以下方面的要求:

1)召回责任主体为:汽车产品的生产者,即在车辆存在缺陷的第一责任者——汽车产品的生产者应实施召回(轮胎出现质量问题需召回由轮胎厂家进行召回)。

2)明确了投诉的单位:任何单位和个人有权向产品质量监督部门和出入境检验检疫机构投诉汽车产品可能存在的缺陷等有关问题。

3)明确了在召回实施与管理过程中各节点的时间、范围要求等。

① 生产者实施召回,应当按照国家质检总局的规定制定召回计划,并自确认汽车产品存在缺陷之日起5个工作日内或者被责令召回之日起5个工作日内向国家质检总局备案;同时以有效方式通报经营者。

② 生产者应当自召回计划备案之日起5个工作日内,通过报刊、网站、广播、电视等便于公众知晓的方式发布缺陷汽车产品信息和实施召回的相关信息,30个工作日内以挂号信等有效方式,告知车主汽车产品存在的缺陷、避免损害发生的应急处置方法和生产者消除缺陷的措施等事项。

③ 生产者应当自召回实施之日起每3个月向国家质检总局提交一次召回阶段性报告。国家质检总局有特殊要求的,生产者应当按要求提交。生产者应当在完成召回计划后15个工作日内,向国家质检总局提交召回总结报告。

4)明确了车主在召回过程中的责任。车主应当积极配合生产者实施召回,消除缺陷。

5.3.2 汽车召回的关键词

汽车召回是指按照《缺陷汽车产品召回管理条例》要求的程序,由缺陷汽车产品制造商进行的消除其产品可能引起人身伤害、财产损失的缺陷的过程,包括制造商以有效方式通知销售商、修理商、车主等关于缺陷的具体情况及消除缺陷的方法等事项，并由制造商组织销售商、修理商等通过修理、更换、收回等具体措施有效消除其汽车产品缺陷的过程。

缺陷是指由于设计、制造、标识等原因导致的在同一批次、型号或者类别的汽车产品中普遍存在的不符合保障人身、财产安全的国家标准、行业标准的情形或者其他危及人身、财产安全的不合理的危险。

制造商是指在中国境内注册，制造、组装汽车产品并以其名义颁发产品合格证的企业，以及将制造、组装的汽车产品已经销售到中国境内的外国企业。

进口商是指从境外进口汽车产品到中国境内的企业。进口商视同汽车产品制造商。

销售商是指销售汽车产品并收取货款、开具发票的企业。

租赁商是指提供汽车产品为他人使用，收取租金的自然人、法人或其他组织。

修理商是指为汽车产品提供维护、修理服务的企业和个人。

制造商、进口商、销售商、租赁商、修理商统称为经营者。

车主是指不以转售为目的，依法享有汽车产品所有权或者使用权的自然人、法人或其他组织。

5.3.3 汽车召回实施

1. 汽车召回的种类

缺陷汽车产品召回按照制造商主动召回和主管部门责令召回两种程序的规定进行。对缺陷汽车产品，生产者应当依照《缺陷汽车产品召回管理条例》的规定全部召回；生产者未实施召回的，国务院产品质量监督部门应当依照本条例责令其召回。

《缺陷汽车产品召回管理条例》所称生产者，是指在中国境内依法设立的生产汽车产品并以其名义颁发产品合格证的企业。

从中国境外进口汽车产品到境内销售的企业，等同于《缺陷汽车产品召回管理条例》所指生产者。

2. 缺陷汽车产品召回管理的主管部门

1）国务院产品质量监督部门负责全国缺陷汽车产品召回的监督管理工作。

2）国务院产品质量监督部门根据工作需要，可以委托省、自治区、直辖市人民政府产品质量监督部门、进出口商品检验机构负责缺陷汽车产品召回监督管理的部分工作。

3）国务院产品质量监督部门缺陷产品召回技术机构按照国务院产品质量监督部门的规定，承担缺陷汽车产品召回的具体技术工作。

4）国务院有关部门在各自职责范围内负责缺陷汽车产品召回的相关监督管理工作。

3. 信息管理参与人、部门以及职责

任何单位和个人有权向产品质量监督部门投诉汽车产品可能存在的缺陷，国务院产品质量监督部门应当以便于公众知晓的方式向社会公布受理投诉的电话、电子邮箱和通信地址。

国务院产品质量监督部门应当建立缺陷汽车产品召回信息管理系统，收集汇总、分析处理有关缺陷汽车产品信息。

产品质量监督部门、汽车产品主管部门、商务主管部门、海关、公安机关交通管理部门、交通运输主管部门、工商行政管理部门等有关部门应当建立汽车产品的生产、销售、进口、登记检验、维修、消费者投诉、召回等信息的共享机制。

产品质量监督部门和有关部门、机构及其工作人员不得泄露履行本条例规定职责所知悉的商业秘密和个人信息。

生产者应当建立并保存汽车产品设计、制造、标识、检验等方面的信息记录以及汽车产品初次销售的车主信息记录，保存期不得短于10年。

生产者应当将下列信息报国务院产品质量监督部门备案：

1）生产者基本信息。
2）汽车产品技术参数和汽车产品初次销售的车主信息。
3）因汽车产品存在危及人身、财产安全的故障而发生修理、更换、退货的信息。
4）汽车产品在中国境外实施召回的信息。
5）国务院产品质量监督部门要求备案的其他信息。

销售、租赁、维修汽车产品的经营者（以下统称经营者）应当按照国务院产品质量监督部门的规定建立并保存汽车产品相关信息记录，保存期不得短于5年。

4. 召回实施

1）生产者获知汽车产品可能存在缺陷的，应当立即组织调查分析，并如实向国务院产品质量监督部门报告调查分析结果。

2）生产者确认汽车产品存在缺陷的，应当立即停止生产、销售、进口缺陷汽车产品，并实施召回。

3）经营者获知汽车产品存在缺陷的，应当立即停止销售、租赁、使用缺陷汽车产品，并协助生产者实施召回。

4）经营者应当向国务院产品质量监督部门报告和向生产者通报所获知的汽车产品可能存在缺陷的相关信息。

5）国务院产品质量监督部门获知汽车产品可能存在缺陷的，应当立即通知生产者开展调查分析；生产者未按照通知开展调查分析的，国务院产品质量监督部门应当开展缺陷调查。

6）国务院产品质量监督部门认为汽车产品可能存在会造成严重后果的缺陷的，可以直接开展缺陷调查。

7）国务院产品质量监督部门开展缺陷调查，可以进入生产者、经营者的生产经营场所进行现场调查，查阅、复制相关资料和记录，向相关单位和个人了解汽车产品可能存在缺陷的情况。

8）生产者应当配合缺陷调查，提供调查需要的有关资料、产品和专用设备。经营者应当配合缺陷调查，提供调查需要的有关资料。

9）国务院产品质量监督部门不得将生产者、经营者提供的资料、产品和专用设备用于缺陷调查所需的技术检测和鉴定以外的用途。

10）国务院产品质量监督部门通过调查认为汽车产品存在缺陷的，应当通知生产者实施召回。

11）生产者认为其汽车产品不存在缺陷的，可以自收到通知之日起15个工作日内向国务院产品质量监督部门提出异议，并提供证明材料。国务院产品质量监督部门应当组织与生产者无利害关系的专家对证明材料进行论证，必要时对汽车产品进行技术检测或者鉴定。

12）生产者既不按照通知实施召回，又不在自收到通知之日起15个工作日内向国务院产品质量监督部门提出异议并提供证明材料的；提出异议的，或者经国务院产品质量监督部门组织与生产者无利害关系的专家对证明材料进行论证，必要时对汽车产品进行技术检测或者鉴定，经组织论证、技术检测、鉴定确认汽车产品存在缺陷的，国务院产品质量监督部门应当责令生产者实施召回；生产者应当立即停止生产、销售、进口缺陷汽车产品，并实施召回。

13）生产者实施召回，应当按照国务院产品质量监督部门的规定制订召回计划，并报国务院产品质量监督部门备案。修改已备案的召回计划应当重新备案。生产者应当按照召回计划实施召回。

14）生产者应当将报国务院产品质量监督部门备案的召回计划同时通报销售者，销售者应当停止销售缺陷汽车产品。

15）生产者实施召回，应当以便于公众知晓的方式发布信息，告知车主汽车产品存在的缺陷、避免损害发生的应急处置方法和生产者消除缺陷的措施等事项。

16）国务院产品质量监督部门应当及时向社会公布已经确认的缺陷汽车产品信息以及生产者实施召回的相关信息。车主应当配合生产者实施召回。

17）对实施召回的缺陷汽车产品，生产者应当及时采取修正或者补充标志、修理、更换、退货等措施以消除缺陷。

18）生产者应当承担消除缺陷的费用和必要的运送缺陷汽车产品的费用。

19）生产者应当按照国务院产品质量监督部门的规定提交召回阶段性报告和召回总结报告。

国务院产品质量监督部门应当对召回实施情况进行监督，并组织与生产者无利害关系的专家对生产者消除缺陷的效果进行评估。

5. 违法后果

当有违反《缺陷汽车产品召回管理条例》的规定时，要承担以下后果：

1）生产者违反《缺陷汽车产品召回管理条例》规定，有下列情形之一的，由产品质量监督部门责令改正；拒不改正的，处5万元以上20万元以下的罚款：

① 未按照规定保存有关汽车产品、车主的信息记录。
② 未按照规定备案有关信息、召回计划。
③ 未按照规定提交有关召回报告。

2）违反《缺陷汽车产品召回管理条例》规定，有下列情形之一的，由产品质量监督部门责令改正；拒不改正的，处50万元以上100万元以下的罚款；有违法所得的，并处没收违法所得；情节严重的，由许可机关吊销有关许可：

① 生产者、经营者不配合产品质量监督部门缺陷调查。
② 生产者未按照已备案的召回计划实施召回。
③ 生产者未将召回计划通报销售者。

3）生产者违反《缺陷汽车产品召回管理条例》规定，有下列情形之一的，由产品质量监督部门责令改正，处以缺陷汽车产品货值金额1%以上10%以下的罚款；有违法所得的，并处没收违法所得；情节严重的，由许可机关吊销有关许可：

① 未停止生产、销售或者进口缺陷汽车产品。
② 隐瞒缺陷情况。
③ 经责令召回拒不召回。

4）违反《缺陷汽车产品召回管理条例》规定，从事缺陷汽车产品召回监督管理工作的人员有下列行为之一的，依法给予处分：

① 将生产者、经营者提供的资料、产品和专用设备用于缺陷调查所需的技术检测和鉴定以外的用途。

② 泄露当事人商业秘密或者个人信息。

③ 其他玩忽职守、徇私舞弊、滥用职权的行为。

5）违反《缺陷汽车产品召回管理条例》规定，构成犯罪的，依法追究刑事责任。

6）汽车产品出厂时未随车装备的轮胎存在缺陷的，由轮胎的生产者负责召回。具体办法由国务院产品质量监督部门参照本条例制定。

7）生产者依照本条例召回缺陷汽车产品，不免除其依法应当承担的责任。

8）汽车产品存在本条例规定的缺陷以外的质量问题的，车主有权依照我国《产品质量法》《消费者权益保护法》等法律、行政法规和国家有关规定以及合同约定，要求生产者、销售者承担修理、更换、退货、赔偿损失等相应的法律责任。

5.3.4 国外汽车召回的情况介绍

汽车召回在美国、日本、韩国等国家和欧洲地区早已不是一件新鲜事儿。其中，美国的召回历史最长，相关的管理程序也最严密。美国早在1966年就开始对有缺陷的汽车进行召回［主管部门为美国国家公路交通安全管理局（NHTSA），参见美国《国家交通及机动车安全法》和美国法典第49条第301章］，至2021年底，美国已总计召回了2亿多辆整车，2400多万个轮胎。涉及的车型有轿车、货车、大客车、摩托车等，全球几乎所有汽车制造厂在美国都曾经历过召回案例。

在这些召回案例中，大多数是由厂家主动召回的，但也有一些是因NHTSA的影响或NHTSA通过法院强制厂家召回的。美国法律规定，如果汽车厂家发现某个安全缺陷，必须通知NHTSA以及车主、销售商和代理商，然后再进行免费修复。NHTSA负责监督厂家的修复措施和召回过程，以保证修复后的车辆能够满足法定要求。

在实际操作过程中，法国政府很少通过发布政令的方式来进行强制性的商品召回，而是鼓励生产厂商自行进行商品召回。只有当问题商品对消费者构成严重威胁，或生产厂商对存在的安全问题没有给予应有的重视时，才会通过法律手段强制生产厂商实行召回。通常，厂商在发现缺陷时，会首先拟定一份新闻通告，说明产品存在的问题和可能导致的危险，要求消费者尽快送还问题商品。新闻通告一般首先送往法新社，经其播发后，全国主要报纸一般都会予以转载。与此同时，厂商还会以广告的方式在广播、电视以及影响较大的地方报纸和专业杂志上（如汽车杂志）发布召回通告。当然，对于汽车和大型家用电器，由于商家一般都会保留消费者的姓名和地址等资料，也可以直接通过投寄信件的方式进行通知。

近年来随着互联网的日益普及，一些网站上也长期登载商品召回信息，如欧洲风险预防中心（CEPR）的网站就是这个领域的专业网站。作为主管部门，法国公平贸易、消费事务和欺诈监督总局在厂商决定对其产品进行召回处理时，将予以全面的协作和监督。但是，法国的汽车制造商在决定采取召回行动时并没有通报主管部门的义务，因为有关法规中没有这方面的规定。公平贸易、消费事务和欺诈监督总局往往是通过专业杂志或有关网站来了解汽车召回的信息。有些制造商甚至还有一种被称为"无声召回"的做法，即当车主把车辆送往专修店进行例行保养或维修时，专修店根据厂商的要求对车辆进行必要的检查和处理，消除有关的安全隐患。当地有关专家对厂商不必通报主管部门即可进行汽车召回的做法多次提出质疑，对于所谓的"无声召回"更是极力反对。他们认为，厂商通过"无声召回"无法完全消除安全隐患，因为许多车主往往不在专修店修车和保养，许多问题车辆因此得不到应有的解决。因此，尽管法律上没有相关规定，汽车生产厂商同主管部门的协调正在不断加强，双方之间的对立关系也正在发生变化。许多厂商也认识到，他们通过与主管部门加强关系能够得到不少帮助；而主管部门近年来也正在试图改变自己的形象，努力成为能够在厂商处理安全问题时提供专业知识的对话者。据公平贸易、消费事务和欺诈监督总局一名负责人透露，在2008年处理韩国某品牌汽车轮胎存在爆胎隐患的过程中，制造商与主管部门的协作卓有成效。制造商代表向主管部门介绍了解决问题的具体方式并通报了召回决定。主管部门则在发布新闻通告、向用户发送通知信以及在专业刊物上发表通知等方面给予了厂商一定的帮助。由于双方的努力，召回工作进行得非常顺利。据透露，法国正在进一步完善商品召回方面的有关法律法规，预计在不远的将来，汽车生产厂商在决定对产品进行召回前可能也将像美国等国家的厂商一样先通报主管部门。公平贸易、消费事务和欺诈监督总局的专家认为，随着汽车工业技术的不断发展，任何汽车产品都会有需要改进的地方。许多被召回的汽车实际上并不存在行驶方面的安全隐患，召回是为了改进车的机动性能和配置，目的是让汽车的质量更好，让消费者更加满意。他强调，一次成功的召回丝毫不会对厂商及其产品的形象造成危害，相反，将有利于增强人们对厂商的信任度和忠诚度。

小结

汽车召回活动是国家和汽车企业对客户人身安全进行负责的具体体现，为保障社会公众人身、财产安全和各国汽车行业的健康发展作出了巨大贡献。本任务介绍了汽车召回的含义、法律依据、汽车召回的种类和汽车召回的具体步骤。

5.4 汽车"三包"

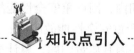

请同学们上网查找有关汽车的"三包"政策，找到最新有效版本，了解汽车"三包"政策的基本知识，并思考：

1. 汽车"三包"的定义是什么？
2. 符合汽车"三包"政策的对象是谁？
3. 属于汽车"三包"的范畴有哪些？

学习目标

1. 掌握汽车"三包"政策基本知识。
2. 汽车"三包"政策的实施。

相关知识

5.4.1 汽车"三包"政策概述

为提高产品质量，保护家用汽车产品消费者的合法权益，明确家用汽车产品销售商、制造商、修理商的修理、更换、退货（以下称"三包"）责任，根据《中华人民共和国产品质量法》及有关法律法规，制定"三包"政策。早在 2004 年 12 月 30 日，国家质检总局就公布了《家用汽车产品修理、更换、退货责任规定（草案）》（以下简称汽车三包规定草案）。历经 8 年之久，这份草案终于转正，《家用汽车产品修理更换退货责任规定》（以下简称《汽车三包规定》）于 2013 年 10 月 1 日起实施。

"三包"是零售商业企业对所售商品实行"包修、包换、包退"的简称，是指商品进入消费领域后，卖方对买方所购物品负责而采取的在一定限期内的一种信用保证办法。对不是因用户使用、保管不当，而属于产品质量问题而发生的故障提供该项服务。

《规定》明确规定家用汽车产品的"包修期"和"三包有效期"。包修期内出现产品质量问题，可以免费修理；在"三包"有效期内，如果符合规定的退货条件、换货条件，消费者可以凭"三包"凭证、购车发票等办理退货或换货手续。《规定》规定，包修期限不低于 3 年或者行驶里程不少于 6 万 km，以先到者为准；"三包"有效期限是不低于 2 年或者是行驶里程不少于 5 万 km。

在家用汽车产品"三包"有效期内，因严重安全性能故障累计进行了 2 次修理，严重安全性能故障仍未排除或者又出现新的严重安全性能故障的；或发动机、变速器累计更换 2 次后，或者发动机、变速器的同一主要零件因其质量问题，累计更换 2 次后，仍不能正常使用的（发动机、变速器与其主要零件更换次数不重复计算）；转向系统、制动系统、悬架系统、前/后桥、车身的同一主要零件因其质量问题，累计更换 2 次后，仍不能正常使用的，消费者选择更换或退货的，销售者应当负责更换或退货。

在家用汽车产品"三包"有效期内，符合更换条件，销售者无同品牌同型号家用汽车产品，也无不低于原车配置的家用汽车产品向消费者更换的，消费者可以选择退货，销售者应当负责为消费者退货。

该规定还明确指出在家用汽车产品"三包"有效期内，符合更换条件的，销售者应当自消费者要求换货之日起 15 个工作日内向消费者出具更换家用汽车产品证明。

在"三包"凭证正面，应当包括产品信息、生产者信息、销售者信息、"三包"条款（修理者信息可另附资料列出）。背面应当包括主要零件种类范围、易损件种类范围及质保期、退换车使用补偿系数 n 和公式、VIN 码定制的特殊零件。以后消费者购买新车时别忘了察看"三包"凭证。

5.4.2 汽车"三包"与"召回"的差异

汽车"召回"是指生产者按照《缺陷汽车产品召回管理条例》规定的程序，选择修正或者补充标识、修理、更换、退货等措施消除其产品缺陷的过程。汽车"三包"是指销售者按照《家用汽车产品修理、更换、退货责任规定》通过修理、更换、退货的方式解决汽车产品质量问题的过程。两者都是汽车产品后市场管理制度的有机组成部分，起着相互支持、相互补充完善的作用，但也有五大不同。

第一，责任性质和责任主体，汽车"召回"属于行政责任范畴，责任主体是生产者。汽车"三包"属于民事责任范畴，责任主体是销售者，销售者在承担三包责任后有权按照合约约定向生产者追偿。

第二，调整的汽车产品范围不同。"召回"涉及所有汽车产品，"三包"则面向家用车。

第三，解决的产品质量问题的性质不同，汽车"召回"解决的是普遍性、安全性的产品质量问题；汽车"三包"要解决的是个案性的产品质量问题。

第四，涉及的产品质量问题期限不同。汽车"召回"没有期限限制，而汽车"三包"有 2 年或 5 万公里（以先到者为准）的"三包"期。

第五，解决问题的方式和程序不同。对于汽车"召回"，生产者必须按《缺陷汽车产品召回管理条例》规定的程序向主管部门备案召回计划，然后按照召回计划实施召回，包括通知每一位缺陷汽车的车主，向社会公布召回信息，向主管部门提交阶段性报告和总结报告等。对于汽车"三包"，销售者主要是根据质量问题的严重情况和修理情况等，按照《家用汽车产品修理、更换、退货责任规定》的要求进行修理、更换或者退货，如果与消费者之间有异议，主要通过协商解决，如协商不成，则通过申诉调解、仲裁和诉讼解决。

5.4.3 汽车"三包"案例讨论

1. 案例一

刘先生遇到的情况有些离谱，他购买了一辆价值 60 万元的日系豪华车顶级版，半年行驶 4800km 后就发现车门密封条漏水了，接下来汽车喇叭、导航机、电动方向盘、中央扶手等地方也修过，车辆前后到服务站开单维修超过 40 天。虽然服务站对他的修车要求很配合，但是频繁的修理已经严重影响了他的正常工作和生活，他向厂商提出退车或换车的要求。

2. 案例二

提起近期的维修保养经历，小何心里有点烦。他的车买了才一年多，跑了不过 2 万多 km，3 个月前去一家 4S 店检修左前门玻璃升降不畅的问题，负责对他的车辆进行维修的师傅建议他更换不少配件。小何觉得是熟人介绍的店，维修水平比较可靠，所以相信并接受他的建议。半个月后，他发现故障还没有排除，就回到 4S 店，维修师傅说没有大问题，只是对故障部位作了简单处理，但后来小何又先后因同样问题去该店开单处理过 4 次，效果都不理想。现在小何对该服务站产生了严重的不信任感，并去该店里闹了两次，要求换车。

3. 案例三

客户李师傅购车 8 个多月，车辆行驶里程为 1.2 万 km。两个月前车辆因发动机气缸垫被冲送入 4S 店维修，维修师傅小张检查后为其更换了气缸垫片，车辆出厂后一个星期再次因同样问题被施救回站，这次小张检查后认为可能是前次气缸垫片质量问题，重新更换气缸垫片后交车。没想到半个月后车辆又一次出现相同故障，这次小张检查后发现是电子风扇高速档失效造成水温高，引起上述故障，更换电子风扇和气缸垫片后排除故障。半个月后该车第 4 次进站，还是同样问题，这次 4S 店换技术总监检查，结果是气缸盖变形，须更换气缸盖，李师傅立刻表示不愿意，认为发动机都修过 4 次了，不知以后还会不会出事，不敢再开此车了，要求换车。

阅读以上案例，回答以下问题：

1）案例中哪些是符合"三包"标准？
2）说明符合"三包"标准的条款。

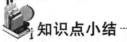

知识点小结

汽车"三包"政策是零售商业企业对所售商品实行"包修、包换、包退"的简称；指商品进入消费领域后，卖方对买方所购物品负责而采取的在一定限期内的一种信用保证办法；其目的是国家为了提高汽车质量和保护家用汽车产品消费者的合法权益。

单元小结

本单元介绍了整车质量检查的流程和评审标准、3C 认证、车辆召回和车辆"三包"的相关知识。

整车质量全面检查是对所有整车外观以及静态动态功能实行 100% 的全方位检查；主要包括外观及静态检查、四轮定位、电气检查、尾气排放检查、淋雨检查和动态检查。其目的是通过制定整车质量检查流程，明确相关部门职责，保证整车质量，提升整车品质。

3C 认证的全称为"强制性产品认证制度"，它是各国政府为保护消费者人身安全和国家安全、加强产品质量管理、依照法律法规实施的一种产品合格评定制度。

召回是指按照《缺陷汽车产品召回管理规定》要求的程序，由缺陷汽车产品制造商进行的消除其产品可能引起人身伤害、财产损失的缺陷的过程，包括制造商以有效方式通知销售商、修理商、车主等关于缺陷的具体情况及消除缺陷的方法等事项，并由制造商组织销售商、修理商等通过修理、更换、收回等具体措施有效消除其汽车产品缺陷的过程。

缺陷汽车产品召回按照制造商主动召回和主管部门责令召回两种程序的规定进行。

"三包"政策是零售商业企业对所售商品实行"修理、更换、退货"的简称，指商品进入消费领域后，卖方对买方所购物品负责而采取的在一定限期内的一种信用保证办法。"三包"政策对不是因用户使用、保管不当，而属于产品质量问题而发生的故障提供该项服务。

单元 6
质量改进

单元概述

进入 21 世纪后，市场竞争越来越激烈。产品、服务质量在市场竞争中的一票否决效应也越来越明显和突出。企业在市场这个不见硝烟的战场上，唯有不断地进行质量改进、质量提升活动，走质量效益型道路，才能在优胜劣汰的竞争环境中生存并且发展壮大。

质量改进、质量提升能力是企业的核心竞争力。

持续的质量改进是 ISO 9000：2015 版标准的要求之一。作为汽车行业的从业人员，有必要了解质量改进的概念、质量改进方法和步骤以及如何开展质量改进活动，组建 QC 小组，有计划、有步骤地开展质量管理活动，撰写 QC 成果报告及开展 5S 活动，达到提高质量的目标。通过本单元的学习，达成如下主要学习目标：

单元学习目标

1. 能力目标
（1）能够描述质量改进的概念和意义
（2）能够掌握质量改进的方法和步骤
（3）能按照企业要求组建质量管理小组、确定质量管理小组活动主题
（4）能按照质量管理小组活动的步骤组织或参加到质量管理活动中来
（5）能够对质量管理小组活动的成果进行总结并撰写报告
（6）能够开展 5S 活动

2. 知识目标
（1）质量改进的概念
（2）质量改进的方法和步骤
（3）组建 QC 小组，开展 QC 活动，撰写 QC 成果报告
（4）在现场如何开展 5S 活动

3. 素养目标
（1）树立质量是企业的生命，持续改进是企业生存法宝之一的思想。
（2）培养爱国爱岗敬业精神，提升职业素养。

6.1 质量改进基本认识

质量管理故事：袋鼠逃亡

出了质量问题，怎么办？惩处了当事人，就万事大吉，错误就不会再犯了？显然很多人会对此表示怀疑，但处置这样的事，往往除了处罚员工就别无他法。管理者会想，不处罚，那么制度就形同虚设，但是在实践中，刚性的制度并不能阻止错误的继续产生。那么处罚就会无休止地进行下去，而质量或者管理并无丝毫的改善。就像一则寓言里说的：有一天，几只袋鼠从笼子中跑出来。管理员见状大惊，忙把笼子加高了一尺。结果，第二天袋鼠仍然从笼子中跑了出来，管理员便将笼子加高了一米，他们以为从此袋鼠再也不会逃逸。但事实却是，第三天，袋鼠们又出现在笼外。管理员接着将笼子加高了两米。旁边笼子的河马问："你们觉得他们把笼子加高到什么地步才算完？"袋鼠们说："不知道，只要他们继续忘了锁门的话，加高到多少米也没有用。"

根据袋鼠逃亡的故事，分析是什么原因导致袋鼠可以不断地出逃？采用什么方法才可以防止他们继续逃跑？

可以这样说，笼子就是制度，加高笼子意味着让制度更加严格，以增加犯错者的代价。在企业管理中，给袋鼠笼子加高就好像管理者通过检验来转嫁产品生产责任风险。用检验来发现不合格的产品，由制造不合格的产品的员工来承担全部责任或连带责任。这种兴起于19世纪铁路发展的管理方法曾被称为"抓罪犯"。

在美国质量管理大师戴明看来，这是一种"颠倒黑白"的错误理念，与现代管理思想背道而驰。这种管理模式对提高企业效率和产品质量都无济于事，而且只会增加成本。实际上，当发现产品缺陷时，就已经产生了损失。尽管这种损失可以让员工承担，但员工收入的降低，以及他们受到惩罚的失落感，对企业的可持续发展是一种更大的损失。

戴明认为，"抓罪犯"的举措，隐含的假设前提是把所有不合格品都归咎于员工，而与管理者和系统无关。事实上，大量的质量问题属于"系统错误"，把这种由于制度和流程产生的错误归责于员工，管理者似乎心理上得到了平衡，但却断送了企业继续成长的可能性。员工热情与梦想的缺失，将使企业过早地衰老，员工情绪低落，甚至会衍生出其他更加棘手的管理问题。袋鼠笼子的不断加高，给管理员带来的只是虚假的安全感，这无异于掩耳盗铃。当袋鼠一次次走出笼子，对于管理员来说，可能会催生不理智的情绪，就是和笼子的高度较上劲，表现在企业管理中就是处罚力度的加大。从长远看，这是一种自杀式的举动。

戴明提出，应当停止处罚员工的举动，将传统的"把次品挑出来"改为"不生产次品"，即从秋后算账变为事前预防。如何保证不生产次品，这就需要系统的持续改善。戴明说："质量不是来源于发现问题后再改进，而是来源于改进生产过程。"在流程的各个环节，都能严格控制，不断改进，才能使生产系统处于高质量状态。在此基础上提高员工的责任意识才有意义。另外，质量的不断改善离不开员工的积极参与，如果员工受到伤害，那么积极性就会受损，质量改善流程便无从谈起。丰田汽车公司之所以在质量管理上能取得巨大的成功，一是丰田汽车公司尽量简化管理环节，同时也得益于日本企业界传统的良好的劳资关系。丰田的车间对任何竞争对手都开放，甚至欢迎他们去丰田汽车公司考察学习，丰田汽车公司有这种底气。质量管理流程可以照搬，但质量管理中最核心的部分是管理者的自省和对员工的尊重，如果这一点做不到，那么学习丰田汽车公司，只是临渊羡鱼。

如果有一天，管理员终于发现笼子没有锁，然后把锁配上了，问题是不是解决了呢？质量管理大师朱兰（Joseph M. Juran）举了一个例子："投宿旅馆时，假设你听到有人高喊失火，并拿灭火器灭火，按警铃通知消防队，让所有人都安全逃出——看来你似乎做对了。但扑灭火焰本身并未改善旅馆的消防系统。"发现并解决一个问题，仅仅是恢复了原来的正常状态，并没有使状况得到改善。对于动物园来说，袋鼠走出笼子虽然只是一次"质量事件"，但如果不重新审视流程的合理性，那么有一天，狮子、老虎也会从笼子里走出来。

根据此案例，分析如何防止袋鼠逃跑，质量的持续改进内涵是什么？质量改进的方法与步骤有哪些？

1. 能描述质量改进的内涵。
2. 能描述质量改进的方法与步骤。

从上面任务引入中质量管理故事：袋鼠逃跑可以看出质量管理系统持续改进是防止袋鼠逃跑的有效措施。有必要对质量改进的概念、质量改进的方法与步骤、质量改善的组织与推进有比较系统地了解和掌握，作业人员怎样参与到质量改进活动中来也是本任务要涉及的内容。

6.1.1 质量改进的概念及意义

1. 质量改进的概念

按 ISO 9000：2015 版标准的解释，质量改进是质量管理的一部分，它是致力于增强满足质量要求的能力。具体地讲，质量改进就是通过采取各项有效措施提高产品、体系或过程满足质量要求的能力，使质量达到一个新的水平、新的高度。

为了弄清质量改进的概念，有必要了解质量改进与质量控制、质量改进与质量突破的关系。

（1）质量改进与质量控制的关系

质量控制与质量改进都是质量管理的一部分，两者存在以下区别和联系：

1）定义的区别。质量控制是致力于满足质量要求，使产品保持已有的质量水平不下降，即质量维持；而质量改进是致力于增强满足质量要求的能力，是对现有的质量水平在控制的基础上加以提高，使质量达到一个新的水平、一个新的高度。

2）实现手段的区别。质量改进是通过不断采取纠正和预防措施来增强企业的质量管理水平，使产品的质量不断提高；而质量控制主要是通过日常的检验、试验和配备必要的资源使产品质量继续维持在一定的水平。

3）两者的联系。质量控制与质量改进是互相联系的。质量控制的重点是防止差错或问题的发生，充分发挥现有的能力；而改进的重点是提高满足质量要求的能力。首先要搞好质量控制，充分发挥现有控制系统能力，使全过程处于受控状态。然后在控制的基础上进行质量改进，使产品从设计、制造、服务到最终满足顾客要求都达到一个新水平。

（2）质量改进与质量突破的关系

质量改进与质量突破是密不可分的，没有改进不能实现突破；两者之间既有联系又有区别，主要表现在以下几个方面：

1）质量突破与质量改进的目的相同。质量突破是通过消灭工作水平低劣的长期性原因（包括思想上的和管理上的），使现在的工作提升到一个较高的水平，从而使产品质量也达到一个较高的水平；质量改进也是为了实现质量水平的提高。

2）质量突破是质量改进的结果。质量突破的实现表明产品的质量水平得到了提高，它是通过日常许多大大小小的质量改进来实现的。只有不断实施持续的质量改进，才能使产品质量水平提高，才能实现质量突破。

3）质量改进侧重过程，质量突破侧重结果。质量改进是一个过程，由于种种原因，每次质量改进不一定都能取得好的效果，产品的质量水平不一定得到提高；但质量突破则表明产品的质量水平一定得到了提高，并取得了良好的效果。

如果质量控制的目的在于维持已有的质量水平，那么，质量改进则是为了质量突破，即突破现有水平。

2. 质量改进的意义

质量改进对提高产品质量（服务质量）、降低成本、增加经济效益具有十分重要的意义。主要表现在以下几个方面：

1）提高优等品率，为企业增加收益。
2）提高质量信誉，改善与顾客关系，增加销售量。
3）减少废次品，降低消耗，增加盈利。
4）减少返工返修，提高生产率。
5）减少检验、筛选和试验费用。
6）加速新产品、新技术的开发，促进技术进步。
7）合理使用资金，配置最佳资源，充分发挥企业潜力。
8）培养不断进取、改革的精神，提高人员的素质。

6.1.2 质量改进的步骤和内容

质量改进活动须按照一定的科学程序来进行，否则会影响改进的成效。

1. 质量改进的基本过程——PDCA 循环

任何一个质量活动都要经过计划（plan）、执行（do）、检查（check）和处理（action）四个阶段。这 4 个阶段不断循环下去，故称为 PDCA 循环，如图 6-1 所示。

（1）PDCA 的内容

第一阶段是计划，包括制定方针、目标、计划书、管理项目等。

第二阶段是执行，即实地去干，去落实具体对策。

第三阶段是检查，对策实施后，评价对策的效果。

第四阶段是处理，总结成功的经验，形成标准化，以后就按标准进行。对于没有解决的问题，转入下一轮 PDCA 循环解决，为制订下一轮改进计划提供资料。

（2）PDCA 的特点

1）4 个阶段一个也不能少。

2）大环套小环，例如，在 D 阶段也会存在制订实施计划、落实计划、检查计划的实施进度和处理的小 PDCA 循环，如图 6-2 所示。

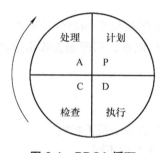

图 6-1　PDCA 循环

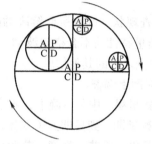

图 6-2　大环套小环

3）每循环一次，产品质量、工序质量或工作质量就提高一步，PDCA 是不断上升的循环，如图 6-3 所示。

2. 质量改进的步骤、内容及注意事项

（1）质量改进的 7 个步骤

质量改进的过程本身就是一个 PDCA 循环。按照 ISO 9000 族标准，这 4 个阶段具体可分作 7 个步骤来实施：

1）明确问题。

2）调查现状。

3）分析问题原因。

4）拟订对策并实施。

5）确认效果。

6）防止再发生和标准化。

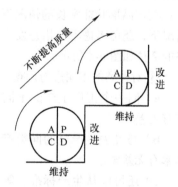

图 6-3　质量改进上升的示意图

7）总结。

（2）各步的具体内容和注意事项

1）明确问题。

① 明确所要解决的问题的重要性。

② 明确问题的背景。

③ 将确定的问题用具体的语言表述出来，并说明希望改进到什么程度。

④ 选定质量改进的题目和目标值。

⑤ 正式选定任务负责人（若是组成小组，就确定组长和组员）。

⑥ 对改进活动的费用作出预算。

⑦ 拟订改进活动的时间表。

明确质量改进问题时的注意事项：

① 质量改进会面临大大小小很多的问题，由于人力、物力、财力和时间的限制，要选择须优先解决的问题。

② 要向有关人员说清楚解决问题的必要性，否则会影响解决问题的有效性，甚至半途而废。

③ 设定目标值要考虑经济上合理、技术上可行。

④ 要明确解决问题的期限。

2）调查现状。调查所要解决的问题的现状，要注意了解其发生的时间、地点、种类和特征；对于质量特性的不合格或波动，要从各种不同角度进行调查，到现场去收集数据，同时还要不放过数据之外的其他信息。

① 从时间上调查。

a）观察早晨、中午、晚上，不合格品率有何差异。

b）观察星期一到星期五（双休日的情况下），每天的合格品率是否相同。

c）从月份、季节、季度、节假日等不同角度观察其结果有何不同。

② 从导致产品不合格的部位出发。

如调查烧制品在窑中位置的不同（门口附近、窗边、炉壁附近、炉的中央等），产品不合格品率有何不同；还可以依照方位（东、南、西、北）、高度（顶部、底部）等不同角度进行分析；在产品形状非常长的情况下，可从前面、中央、后部不同部位去考虑；在产品形状复杂的情况下，还可考虑不合格是发生在笔直的部位还是拐角部位等。以乳胶手套为例，易发生不合格的部位如图6-4所示。

③ 对种类的不同进行调查。

a）同一个工厂生产的不同产品，其不合格品率有无差异。

b）与过去生产过的同类产品相比，其不合格品率有无差异。

c）还可以从生产标准、等级，是成人用还是儿童用，是男性用还是女性用，是内销还是外销等不同角度进行考虑。

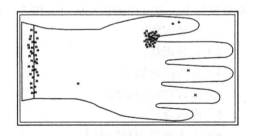

图6-4 乳胶手套易发生不合格的部位

④ 从特征方面进行调查。例如，不合格品项目"针孔"，是圆形的还是角形的，是笔直排列还是弯曲排列，是在全部还是在特定部位出现等。

一般来说，解决问题应尽量依照数据进行，但在没有数据的情况下就应充分发挥其他信息的作用。

调查者应深入现场，力避"纸上谈兵"，在现场才可以获得有用的数据和其他的信息。

3）分析问题原因。通过现状调查收集到大量有关待改进质量问题的数据和信息，接下来就是诊断分析产生质量问题的各种影响因素，并确定主要影响因素。

分析原因可按以下两个步骤进行：

① 设立假说（选择有可能的原因）。

a）针对所有可能有关的因素，画出因果图，以收集可能原因的全部信息。

b）运用调查现状，阶段的信息，去除已明确认为无关联的因素，用剩下的因素重新绘制因果图。

c）在绘出的图中，标出被认为可能性较大的主要原因。

② 验证假说（从已设定因素中找出主要原因）。

a）收集新的数据或证据，制订计划，确认可能性较大的原因。

b）综合全部调查到的信息，决定主要影响原因。

c）如条件允许，可以有意识地将问题再现一次。

分析原因时要注意科学性，避免人为或主观造成的错误结论，应注意以下几点：

① 考虑假设原因时，通常要讨论其理由并运用数据来验证假说的正确性。验证假说时不能用建立假说的材料，需要新的材料来证明。重新收集验证假说的数据要有计划、有根据地进行，必须遵照统计手法的顺序验证。常使用排列图、相关及回归分析、方差分析等分析方法。

② 因果图是建立假说的有效工具。图中所有因素都被假设为导致问题的原因，图中最终包括的因素必须是主要的、能够得到确认的。因果图的原因越具体，最终的因果图越小（影响因素越少），往往越有效。

③ 有意识地再现缺陷是验证假设的有效手段，但要考虑人力、时间、经济性等多方面的制约因素，并注意再现的缺陷必须与调查现状时查明的缺陷一致。

④ 导致产品缺陷出现的主要原因可能是一个或几个，其他原因也或多或少地会对不合格品的出现产生影响。因而对所有影响因素都采取措施是不现实的，也没必要，应首先对主要因素采取对策。

4）拟订对策并实施。

应针对影响质量的主要因素制订改进措施、计划并予实施。措施可分为两种，一种是消除问题现象的应急措施，另一种则是彻底消灭问题、防止问题再发生的根本措施。在 ISO 9000：2000 标准中，将"为消除已发现的不合格和其他不期望情况所采取的措施"定义为纠正，而"为消除已发现不合格或其他不期望情况的原因所采取的措施"称为纠正措施。生产出不合格品后，纠正得再好也不能防止不合格品再次出现，解决不合格品出现的根本方法是除去产生问题的根本原因，防止不合格品再产生。因此，一定要严格区分这两种不同性质的对策，如图 6-5 所示。

措施、计划应该具体、明确。一般应明确：为什么要制订这一措施（或计划）（why）；预计达到什么目标（what）；在哪里执行这一措施（或计划）（where）；由哪

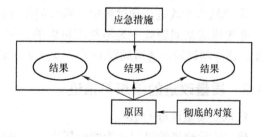

图 6-5　应急措施（纠正）与彻底的对策（纠正措施）

个单位或谁来执行（who）；何时开始，何时完成（when）；如何执行（how）；等等。这就是通常所说的 5W1H 的内容。

制订与实施对策时应注意以下两点：

① 采取对策后，常会引起别的问题，就像药品的副作用一样。为此，必须从多种角度对措施、计划进行评价。

② 采取对策时，有关人员必须通力合作。采取对策往往会带来许多工序的调整和变化，如果可能，应多方听取有关人员的意见和想法。

5）确认效果。
确认效果可进行以下活动：
① 使用同一种图表将对策实施前后的效果进行比较。
② 将效果换算成金额，并与目标值比较。
③ 如果有其他效果，不管大小都可列举出来。

确认效果时应注意以下几点：

① 本阶段应确认在何种程度上解决了原有的问题。比较用的图表必须前后一致。

② 将改进的成果换算成金额是重要的，通过对前后效果金额的比较，企业经营者会认识到该项工作的重要性。

③ 实施对策后没有出现预期结果时，意味着对策失败，应重新回到调查现状阶段。没有达到预期效果时，还应考虑是否严格按计划实施了，计划本身是否有问题。

6）防止再发生和标准化。这一步的活动主要包括：
① 对于有效的质量改进措施应再次确认其 5W1H 的内容，并将其标准化。
② 就新制定的标准进行教育培训。
③ 建立保证严格遵守标准的质量责任制。

纠正措施的标准化，是为了不再出现类似的不合格或缺陷；根据有效的纠正措施制定明确的标准并进行适宜的教育培训，使员工在作业中不再出现以前同样的问题，是非常必要的。

7）总结。总结阶段应着手以下工作：
① 找出遗留问题。
② 考虑解决这些问题下一步该怎么做。
③ 总结本次改进活动过程中，哪些问题得到顺利解决，哪些尚未解决。

要想将质量问题减少为零是不可能的，但通过不断改进，不断减少质量问题却是可能的。因此，还应制订解决遗留问题的下一步行动方案和初步计划。

6.1.3 质量改进的组织与推进

1. 成立质量改进的组织

建立质量改进的组织分为两个层次：一是成立能为质量改进项目调动资源的上层机构，即质量委员会；二是组建能实施质量改进活动的质量改进团队。

（1）质量委员会

质量委员会（或其他类似名称）的基本职责是领导推动质量改进工作并使其制度化。质量委员会通常由高级管理层的部分成员组成，在较大的公司中，除了总公司设立质量委员会，其下属分公司也多设有质量委员会。通常，上一级委员会的成员担任下一级委员会的领导。

质量委员会的主要职责为：

1）制定质量改进方针，确定大的质量改进项目。
2）制定质量改进活动激励政策。
3）为质量改进活动提供人力、物力、财力资源。
4）对主要的质量改进成绩进行评估与认可。

（2）质量改进团队

质量改进团队有各种名称，如 QC 小组、质量改进小组、提案活动小组等，但基本组织结构和方式大致相同，通常包括队长和成员。各类质量改进小组，其基本职责都是按照前面讲过的 PDCA 循环之 4 个阶段 7 个步骤，认真开展好质量改进活动。

2. 增强问题意识，选好质量改进课题

经常性质量问题的原因比较隐蔽，往往受到旧习惯、旧思想、旧方法的影响，"历来如此""不可避免""无可奈何""熟视无睹"等守旧、无所作为的思想是经常性质量问题得以存在的"保护墙"。首先要在思想上突破，推倒这座"保护墙"才有可能进行质量改进，实现质量的突破。只有企业上层领导和广大员工有强烈的质量改进、锐意进取的意识，质量改进才能作为一项经常性的工作有计划地进行。

质量改进的前提是意识到存在问题和对现状的不满足。质量改进的第一步是善于发现问题，敏锐地发现问题。生产现场一般可以从几个方面研究或提出问题：

1）调查下一道工序的需要和建议，研究改进本岗位产品加工中的不足。
2）着眼于赶超，通过与国内外同行业、同工种先进水平对比，发现差距与存在的问题。
3）在产品"升级""创优"中找出本岗位的问题。
4）分析现场加工中存在的主要质量问题。
5）研究提高本班组、本岗位产品加工的一等品率、优等品率的可能性及存在的问题。
6）研究降低废品率、次品率、返修率、降低消耗的可能性及其存在的问题。
7）质量检验、质量审核和质量成本中反映出来的问题。
8）现场生产中质量不稳定的问题。
9）进一步提高本班组质量保证能力，改善工序管理中的问题。

3. 消除质量改进的障碍

虽然质量改进有严密的组织、有一定的实施步骤，并在一些企业取得了成果，但多数组织的情况并不尽如人意，有的是由于不知道如何去改进，也有的是由于某些内在因素阻碍了改进常年进行。因此，有必要了解并努力消除改进的障碍。

（1）对质量水平的错误认识

有些企业，尤其是质量管理做得较好的一些企业，往往认为自己的产品质量已经不错了，没有什么可改进的地方。即使有，投入产出比也太小，没有进行质量改进的必要。但实际情况是，它们与世界上质量管理做得好的企业，无论是实物质量水平还是质量管理水平，可能都有很大差距。这种错误认识成为质量改进的最大障碍。

（2）对失败缺乏正确的认识

有些人认为改进活动的某些内在因素决定了改进注定会失败，这一结论忽视了那些成功的企业所取得的成果，这些企业的成功证明了质量改进不是遥不可及的。关注成功的企业如何取得这些成果的过程，能获得可借鉴的经验和教训。

（3）"高质量意味着高成本"的错误认识

有一种错误的认识即"提高质量要以增加成本为代价"。提高质量不是只能靠增强检验、使用价格更昂贵的原材料、购进精度更高的设备。如果质量的提高是基于产品特性的改进（通过产品开发），则确实会造成成本的增加，因为改进产品特性通常是需要投入资本的。但如果质量的提高是基于长期浪费的减少，则成本通常会降低。

（4）对权力下放的错误理解

有些企业的管理者试图将自己的这份工作全部交给下属来做，使自己能有更多的时间来处理其他的工作；也有一些管理者对下级或基层员工的能力信任度不够，从而在改进的支持和资源保障方面缺乏力度，使质量改进活动难以正常进行。实际上，每一个管理者都应负责改进的决策工作，并担负某些不能下放的职责。

（5）员工的顾虑

进行质量改进会对企业文化产生深远的影响，而远不止表面上所发生的变化，如会增添新的工种，岗位责任中会增添新的内容，企业管理中会增添团队这一概念，质量的重要性得到承认而其他工作的重要性相对降低，公司会要求为实施上述改变而进行培训等。

对员工而言，这一系列变化所带来的影响中，最不愿意的莫过于自己的工作和地位受到威胁。企业在改进时，要认识到员工的顾虑，而员工更要认识到改进是企业生存和发展的需要，也是企业每一个员工获得长久利益的需要。

4. 进行持续的质量改进

社会的发展和科技的进步，要求不断提高质量水平。企业要生存与发展下去，必须不断适应市场要求，实施持续的质量改进活动，这也正是 ISO 9000：2000 族标准所强调的。要做到持续的质量改进需做好以下几个方面的工作：

（1）质量改进制度化

1）将质量改进活动项目与目标列入企业年度计划，并使质量改进活动成为员工岗位职责的一部分。

2）实施上层管理者审核制度，即 ISO 9000 质量体系中要求的管理评审，把质量改进进度列为审核内容之一。

3）在技术评定的工资制度中要考核质量改进的绩效。

4）建立质量改进成果表彰制度。

（2）上层管理者履行自己的职责

上层管理者参与质量改进活动有自己应尽的职责，以下这些职责是不宜下放的：

1）参与质量委员会，领导质量改进工作。

2）审批质量目标和方针。

3）为质量改进提供必要的人、财、物资源。

4）制定奖励制度，参与表彰活动。

（3）加强检查

有计划的检查是持续质量改进活动的保障。检查不要只注重进度和绩效，更应注意发现并及时解决问题。

1）检查结果。根据不同的结果，应该安排不同的检查方式，有些项目非常重要，就要查仔细些，其余的项目较次要，就可以查粗略些。

2）检查的内容。检查的大部分数据来自质量改进团队的报告，通常要求报告明确下列内容：

① 改进前的废品损失总量。
② 如果项目成功，预计可减少的成本。
③ 实际所减少的成本。
④ 资本投入。
⑤ 利润。

（4）重视教育培训

培训可以增强职工的质量问题意识，提高他们自发、主动解决质量问题的能力。

6.1.4 作业人员要积极参加质量改进

在生产要素中，人是最活跃的因素。质量改进活动中，作业人员的积极参与至关重要。

1. 作业人员参与质量改进的必要性

1）作业人员参与质量改进是质量改进本身的客观要求。质量改进是质量水平的突破，它涉及企业活动的方方面面，不是一个人能办到的，必须全员参与，同时全员参与也是全面质量管理的基本要求。

2）作业人员参与质量改进是企业发展的需要。质量改进的过程是发现问题、解决问题的过程，而作业人员的参与有助于提高其自身的素质；只有整体员工的素质提高了，企业才能发展。

3）作业人员参与质量改进是企业文化发展的需要。作业人员在质量改进过程中通过解决问题，可以树立自信心，从而激发投身企业管理的积极性。

2. 作业人员参与质量改进的优势

1）通常，质量改进的问题都发生在作业人员操作的过程中，他们最熟悉问题发生的原因。因此作业人员往往容易找到问题的根本所在，从而达到事半功倍的效果。

2）作业人员有许多生产实践经验，他们具有解决问题的能力。

 小结

质量改进是质量管理的一部分，它是致力于增强满足质量要求的能力。

本小节对质量改进的概念、质量改进的方法与步骤、质量改善的组织与推进，作业人员怎样参与到质量改进活动中来进行了系统的描述，为开展质量管理小组活动打下了必要的理论基础。

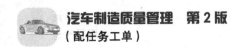

6.2 QC 小组活动

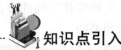

案例：中国商飞 2 个 QC 小组荣获"2020 年全国优秀质量管理小组"称号在北京召开的 2020 中国质量协会年会上，中国商飞上飞院"破冰前行 QC 小组"和中国商飞北研中心"SkinStar QC 小组"荣获中国质量协会、中华全国总工会、中华全国妇女联合会联合授予的"2020 年全国优秀质量管理小组"称号。

上飞院"破冰前行 QC 小组"成立于 2012 年，已连续 8 年开展质量管理活动，其中有 3 项 QC 成果获得国家级优秀称号，一项质量管理成果获得中央企业发表赛一等奖，连续 4 年获得上海市优秀 QC 小组称号，本次获奖课题为"带闪电防护的复材电防冰功能单元设计"。

北研中心"SkinStar QC 小组"成立于 2014 年，已连续 6 年开展精益改进和 QC 小组活动。其中，一项质量管理成果获得国家级优秀称号，3 次获得上海市优秀质量管理小组，本次获奖课题为"缩短 C919 尾翼壁板强度校核时间"。

阅读上述案例后请思考：什么是质量管理小组？质量管理 QC 小组活动的性质和特点是什么？为什么中国商飞能够获得"2020 年全国优秀质量管理小组"光荣称号，有何意义？

1. 能够描述 QC 小组的概念以及质量管理小组活动的宗旨。
2. 能够描述 QC 小组活动的性质和特点。

6.2.1 QC 小组活动概述

在我国开展 QC 小组活动有深厚的基础。早在 20 世纪 50 年代初期，就有马恒昌小组、郝建秀小组、赵梦桃小组等一大批先进的班组。这些班组坚持"质量第一"的方针，对工作认真负责，一丝不苟，在提高产品质量上不断做出贡献，提供了班组质量管理的好经验。60 年代，大庆油田坚持"三老四严""四个一样"和"质量回访"制度，在班组内开展岗位练兵，天天讲质量，事事讲严细，做到"项项工程质量全优"，出了质量问题就"推倒重来"。1964 年，洛阳轴承厂滚子车间终磨小组首创了"产品质量信得过"活动，多年来，这个小组加工的轴承滚子做到了"自己信得过，检验员信得过，用户信得过，国家信得过"，成为我国第一批"产品质量信得过小组"。所有这些群众性质量管理活动，为 QC 小组在我国的建立和发展奠定了基础。

质量管理小组（又称 QC 小组）是职工参与全面质量管理特别是质量改进活动的一种非常重要的组织形式。开展 QC 小组活动能够体现现代管理以人为本的精神，调动全体员工参与质量管理、质量改进的积极性和创造性，可为企业提高质量、降低成本、创造效益；小组成员共同学习、互相切磋，有助于提高员工的素质，塑造充满生机和活力的企业文化。

1997 年 3 月 20 日，国家经济贸易委员会、财政部、中国科学技术协会、中华全国总工会、中国共产主义青年团中央、中国质量管理协会联合发出了《关于推进企业质量管理小组活动的意见》，指出质量管理小组（QC 小组）是"在生产或工作岗位上从事各种劳动的职工，围绕企业的经营战略、方针目标和现场存在的问题，以改进质量、降低消耗、提高人的素质和经济效益为目的组织起来，运用质量管理的理论和方法开展活动的小组。"这个概念包含了以下四层意思：

1）参加 QC 小组的人员是企业的全体职工，不管是高层领导，还是一般管理者、技术人员、工人、服务人员，都可以组织 QC 小组。

2）QC 小组活动可以围绕企业的经营战略、方针目标和现场存在的问题来选题，活动内容广泛。

3）QC 小组活动的目的是提高人的素质，发挥人的积极性和创造性，改进质量，降低消耗，提高经济效益。

4）QC 小组活动强调运用质量管理的理论和方法开展活动，具有突出的科学性。

6.2.2 QC 小组的性质和特点

QC 小组是企业中全员参与质量管理活动的一种有效的组织形式，QC 小组的性质主要表现在自主性、科学性和目的性几个方面。

自主性是 QC 小组最主要的特性。QC 小组不同于作为企业基层组织的行政班组，它的建立无须行政命令，而强调自愿结合、自主管理，充分尊重职工的主观能动性。科学性是指 QC 小组要遵循 PDCA 工作程序，运用全面质量管理的理论和方法开展活动。QC 小组的建立和活动主要目的是运用全面质量管理的理论和方法，科学地解决实际质量问题，因此，QC 小组具有明确的目的性。

QC 小组活动具有以下几个主要特点：

（1）明显的自主性

QC 小组以员工自愿参加为基础，实行自主管理、自我教育、互相启发、共同提高，充分发挥小组成员的聪明才智和积极性、创造性。

（2）广泛的群众性

QC 小组是吸引广大员工积极参与质量管理的有效组织形式，不仅包括领导人员、技术人员、管理人员，而且更注重吸引在生产、服务工作第一线的操作人员参加。广大员工在 QC 小组活动中学技术、学管理，群策群力分析问题、解决问题。

（3）高度的民主性

QC 小组的组长可以民主推选，QC 小组成员可以轮流担任课题小组长，人人都有发挥才智和锻炼成长的机会；内部讨论问题、解决问题时，小组成员不分职位与技术等级高低，各抒己见，互相启发，集思广益，高度发扬民主精神，以保证既定目标的实现。

（4）严密的科学性

QC 小组在活动中遵循科学的工作程序，步步深入地分析问题，解决问题；在活动中坚持用数据说明事实，用科学的方法来分析与解决问题，而不是凭"想当然"或个人经验。

6.2.3　QC 小组活动的宗旨

被誉为 QC 小组之父的日本石川馨教授指出，QC 小组的宗旨是调动人的积极性，充分发挥人的无限能力，创造尊重人、充满生气和活力的工作环境，有助于改善和提高企业素质。

根据一些世界知名质量管理专家和企业家对 QC 小组活动的共识，QC 小组活动的宗旨可以归纳为以下几点：

1）尊重人，创造愉快的环境。
2）激发员工的积极性和创造性，开发无限的人力资源。
3）提高员工素质，为企业和社会作贡献。
4）发扬自主管理和民主精神。

6.2.4　QC 小组活动的产生和发展

QC 小组活动最先在日本出现，开始只着眼于解决常见的并容易被人们忽略的质量问题，后来又发展到解决较难的关键质量问题，并扩展到质量成本、安全和生产率等更广阔的领域。继日本之后，韩国及东南亚、欧美共 70 多个国家和地区先后开展了 QC 小组活动，形成了国际性潮流。1978 年 9 月，北京内燃机总厂在学习日本全面质量管理经验时，诞生了我国第一个 QC 小组，并于当年 12 月举行了第一次 QC 小组成果发表会。从此，QC 小组活动随着全面质量管理的推广在全国很快展开。到目前为止，我国每年有 1000 多万名员工参加 QC 小组活动，并在不断地取得更新的成绩。

成果发表和交流是 QC 小组活动的重要环节。自 1978 至今，全国优秀 QC 小组成果发表暨表彰大会，已进行了 36 届，为广大 QC 小组提供开阔眼界、大显身手的舞台。QC 小组还有参加国际交流和发表成果的机会，从 1976 年开始，世界性的 QC 小组大会每年分别在不同国家举办一次，我国每年都选派优秀 QC 小组前往发表成果，1997 年，北京成功地举办了国际质量管理小组代表大会。

【案例 6-1】：某汽车厂焊接车间质量改进活动

某汽车厂，在焊接车间，后尾灯支架在 1# 机器人工作站焊接，焊接合格率约为 85%，15% 需补焊，影响其质量和生产率。工厂目标是：产品焊接一次合格率达到 95% 以上。

车间期望通过开展质量改进活动，解决长期困扰产品焊接一次合格率低的质量问题。请同学们做出一份合适的质量计划，以提高后尾灯支架焊接一次合格率为目标，就如何成立质量管理小组，怎样在现场开展 QC 小组活动来达成工厂目标做出策划。

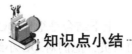

知识点小结

为了开展质量管理小组活动,实现质量改进达到质量突破,提高产品质量。某汽车厂将针对存在问题开展 QC 小组活动。正确理解质量管理小组的概念以及质量管理小组活动的宗旨,描述质量管理小组活动的性质和特点,为 QC 小组活动的开展打下理论基础。

6.3 QC 小组的组建

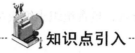

知识点引入

请同学们根据校内学习、生活、兴趣爱好等方面能进行改进和改善的项目,自行组建在校 QC 小组,完成 QC 小组的组建和合法注册(以 QC 小组为单位在班级进行注册、登记)。

学习目标

1. 能描述 QC 小组的组建原则。
2. 能描述 QC 小组组建程序和注册登记流程。

知识准备

6.3.1 QC 小组的组建原则

(1)自愿参加,自由结合

这一原则是指在组建 QC 小组时,小组成员不是靠行政命令,而是自愿结合在一起,自主地提出开展活动的要求。

(2)灵活多样,不拘一格

QC 小组的建立和活动可不拘于几种模式,而应该多种多样、丰富多彩。如按参加人员和任务,QC 小组可分为现场型 QC 小组、服务型 QC 小组、管理型 QC 小组、技术攻关型 QC 小组等。

(3)实事求是,联系实际

QC 小组的组建要循序渐进,开始可先组建少量能解决一些实际问题的 QC 小组,使员工增加感性认识,逐步诱发其参与的愿望,然后再展开发展 QC 小组。切不可操之过急,更应避免中途夭折。

（4）自上而下，上下结合

自上而下是组建 QC 小组的过程，上下结合是组建 QC 小组的基础。"上"是指主管质量工作的人员或比较了解实际质量问题的人员，他们对 QC 小组的成立可以起到引发、指导和协调作用。自上而下、上下结合是组建 QC 小组的成功途径。

6.3.2　QC 小组成员的组成及职责

QC 小组成员由组长和组员构成，通常以组长 1 人、成员 10 人左右为宜。

QC 小组组长是 QC 小组的核心人物，应由热爱本职工作、业务知识丰富且具有一定组织能力的优秀员工担任，但并不受行政职务的影响。组长的职责和任务包括以下几点：

（1）组织领导

组长是 QC 小组的组织者和领导者，负责组织小组成员制订活动计划，带领组员有效地开展活动。

（2）指导推进

QC 小组组长应对全面质量管理知识掌握较好，又具有相当的经验，其重要任务是指导组员学好全面质量管理的理论和方法，并有效地运用于实践。

（3）联络协调

QC 小组活动经常涉及班组工作现场问题，有时又和其他部门有紧密的关系，为取得有关方面的支持和帮助，QC 小组组长要经常及时和有关部门取得联系，并进行必要的协调。

（4）日常管理

QC 小组组长要经常组织全组成员开展质量活动，并做好活动记录，组织交流和整理成果及发表奖励等工作。

QC 小组组长可以自荐，并经组员认可，或由小组成员推举产生。

QC 小组成员可以由与所选课题有关的人员组成，也可以由一些工作岗位相近、兴趣爱好相投的人员组成。小组成员应做到以下几点：

（1）按时参加活动

QC 小组为自愿参加，但一旦成为小组成员，就应坚持经常参加小组活动，积极发挥自己的聪明才智，努力去发现问题，解决问题。

（2）按时完成任务

QC 小组的课题需要由全体成员分担，每个成员必须努力完成自己分担的任务，才能保证全组课题的进度和效果。

（3）支持组长工作

在安排小组活动时，每个小组成员都应以全组活动为主，服从组长领导，并积极配合组长工作。

（4）配合其他组员工作

在共同活动中，组员之间须互相沟通，互相帮助，传递必要的信息，共同创造协调、融洽的工作环境。

6.3.3　QC 小组的组建程序和注册登记

因企业和行业特点不同，QC 小组组建的程序也各异，主要有以下三种情况：

（1）自上而下的组建程序

一般说来，质量主管部门和管理人员比较了解质量问题，对全企业的质量活动会有整体的设想，通过他们与基层部门和领导协商，达成共识，然后根据需要选择课题及合适人选组成 QC 小组。这种组建程序对 QC 小组活动有指导性，容易抓住关键课题，密切结合生产实践，对企业和基层职工都会带来直接效益。这种组建程序常被"三结合"的技术攻关小组采用。

（2）自下而上的组建程序

自下而上地组建 QC 小组是指由基层员工提出申请，由 QC 小组管理部门审核其选题和人员及开展活动的能力，然后予以批准组建 QC 小组。这类 QC 小组热情高，有很高的积极性，因此对他们应给予支持和帮助，其中包括对组长和骨干进行培训，使小组活动健康地发展下去。这种组建程序常运用于由同一班组（或同一科室）成员组成的现场型、服务型和一些管理型 QC 小组。

（3）上下结合的组建程序

由上级部门推荐课题，经基层部门选择和认可，便可组成 QC 小组进行活动。这种组合使 QC 小组活动的目的明确，并结合上下部门各自的优势，对解决质量问题具有一定的攻关作用。

以上三种组建程序可以灵活运用，但无论怎样组建 QC 小组，都应当经过注册登记再开展活动。QC 小组成立后，应按要求填写"QC 小组注册登记表"和"QC 小组课题注册登记表"，经领导审核会签后，送企业 QC 小组活动主管部门登记。这样 QC 小组就被纳入企业年度管理计划，在随后开展的小组活动中，会得到各级领导和有关部门的支持和服务，并可参加各级优秀 QC 小组的评选。

需要注意的是，QC 小组的注册登记不是一劳永逸的，而是每年要进行一次重新登记，以便确认该 QC 小组是否还存在，或有什么变动。停止活动持续半年的 QC 小组应予以注销。

另须明确的是，QC 小组的注册登记要每年进行一次，而 QC 小组活动课题则应是每选定一个，在开展活动之前都要进行一次课题的注册登记，两者不可混淆。在 QC 小组注册登记时，如果上一年度的活动课题没有结束，还不能注册登记新课题时，则应向主管部门书面说明情况。

【案例 6-2】：某汽车厂焊接车间质量改进活动

续案例阅读 1。在焊接车间现场成立了 QC 小组，选择自下而上的方式：

小组概况

某企业焊接保障 QC 小组成立于 2019 年 2 月，是一个以工程技术人员为主体的现场型 QC 小组，小组人数为 6 人。

小组成立的目的主要是解决后尾灯支架焊接过程中出现的质量问题，提升质量、降低消耗、取得效益，其注册表格如表 6-1 所示。

表 6-1　焊接保障 QC 小组注册表格

小组名称	焊接保障小组		注册号	CAD31/V30-19-C10-001	
课题名称	提高后尾灯支架焊接一次合格率		活动时间	2019 年 2 月至 2019 年 6 月	
课题类型	自定目标值问题解决型课题		小组人数	6 人	
组长	房**		联系电话	137********	
小组成员	年龄	文化程度	职务	组内职务	组内分工
房××	38	大学	制造工程师	组长	组织协调
王××	52	高中	设备主管	设备主管	技术指导
尹××	41	高中	质量工程师	质量改进员	课题推进
陈××	31	中专		质量改进员	具体实施
封××	32	中专		质量改进员	具体实施
刘××	31	中专		质量改进员	具体实施
处室（车间）意见					
部门意见					
QC 小组成员平均接受质量管理知识教育时间：32h					

小结

　　为了开展 QC 小组活动，实现质量改进达到质量突破，提高产品质量。首先要成立 QC 小组，描述了 QC 小组的组建原则，质量管理小组成员的组成及各自的职责，QC 小组的组建程序和注册登记。实操中模拟企业质量管理活动，在班级成立 QC 小组并完成注册登记。

6.4　QC 小组活动的步骤

知识点引入

　　QC 小组注册登记后，要确定 QC 小组活动主题，活动目标并开展 QC 小组活动。请小组成员思考并确定本小组的 QC 小组活动计划，实施并评估活动效果。

学习目标

1. 能确定 QC 小组活动主题及活动目标
2. 能描述 QC 小组活动步骤与方法
3. 能按计划实施 QC 小组活动并评估效果

知识准备

QC 小组组成后，就要开展活动，活动是小组的生命力所在。小组活动应遵从科学的程序和方法，以事实为依据，用数据说话，才能达到预期目标，取得有价值的成果。

QC 小组活动的主要步骤包括选择课题、调查现状、设定目标值、分析原因、确定主要原因、制定对策、实施对策、检查效果、制定巩固措施、总结和下一步打算等。各步骤与 PDCA 循环的关系如图 6-6 所示。

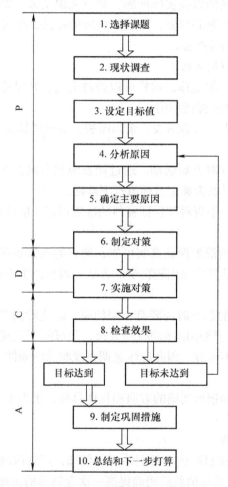

图 6-6　QC 小组活动步骤与 PDCA 循环的关系

6.4.1　P：计划阶段

1. 选择课题

QC 小组活动要取得成功，选题恰当非常重要。为做到有的放矢并能取得成果，选择课题应该注意以下几个方面：

（1）选题要有依据，注意来源

QC 小组选题应以企业方针目标和中心工作为依据，注意现场关键和薄弱环节，解决实际问题。既可是组员工作中发现的问题，也可根据企业中心工作需要设立，还可以由上级招标或指令性下发课题。总之，与企业生产有关及急需解决的课题都可以列入 QC 小组活动。

（2）选题要具体明确，避免空洞模糊

具体明确的选题，可使小组成员有统一认识，目标明确。若选题模糊不清，空洞无物，组员没有统一认识，很难取得成果。

（3）选题要小而实，避免大而笼统

有些质量问题不一定显得非常突出，但 QC 小组若能抓住这些看起来很小但做起来很实在的课题，组织开展活动，不断地解决实际问题，则意义很重大。做较大的课题，有时小组力量不够，反而效果不好。若大课题必须做，可采取分解的办法，按进度或难度把大课题分解为若干个小课题，也是一种选题的好办法。

（4）选题要先易后难，避免久攻不下

先易后难是解决问题的一般规律，这样可以鼓舞士气，并促使较难的问题向容易的方面转化，对坚持开展 QC 小组活动有促进作用。

选题常用的方法有调查表、简易图表、亲和图法、头脑风暴法、水平对比、流程图等。

2. 调查现状

选题确定后，应从调查现状开始活动。通过调查现状掌握必要的材料和数据，进一步发现问题的关键和主攻方向，同时也为确定目标值打下基础。

调查现状时，为掌握第一手资料和保证资料的准确可靠，应注意以下各点：

（1）注意调查的客观性

所谓客观性，即调查的情况要保证真实可靠，调查的数据要有根据，并做到准确无误，不能主观臆造。对数据的分析处理应采用较科学的方法，避免产生差错，得出错误的结论。

（2）注意调查的时间性

所谓时间性，即对调查的起止时间要有一定约束，起止时间至少有一端要为 QC 小组活动时间所覆盖，否则调查情况离该小组活动时间太远，很可能不是现状而是历史，这样的调查对活动提供的现状就不准确、不可靠，因此应注意调查现状的时间性。

3. 设定目标值

目标值能为 QC 小组活动指出明确的方向和具体目标，也为小组活动效果的检查提供依据。设定目标值时应注意以下几点：

（1）目标值应与课题一致

课题所要解决的问题应在目标值中得到体现，例如，所选课题为"加强工序管理，提高关键工序一次合格率"，那么，目标值就应明确提高一次合格率的指标，而不应该确定要节约多少费用。

（2）目标值应明确集中

QC 小组活动每次的目标值最好定 1 个，最多不超过 2 个，若目标值太多，目标势必过于分散，很难取得明显效果。

（3）目标值应切实可行

QC 小组应对课题进行可行性分析，使确定的目标值既有高水准又能切实可行，避免因目标值过高，达不到预期目的而影响士气。目标值应从实际出发，只要能解决存在质量问题而有所收益，就应积极活动。

设定目标常用的方法通常有柱状图、折线图等。

4. 分析原因

QC 小组进行现状调查，并初步找到主要质量问题后，可按人、机、料、法、环、测六大因素进行分析，从中找出造成质量问题的原因。分析原因时应注意以下几点：

（1）要针对存在的问题寻找原因

一般来讲，在现状调查时，已经找出问题的症结，应针对症结来分析原因。而不应把找到的问题弃之不顾，又针对课题的总问题分析原因，这样就会犯逻辑错误，也不能解决问题。

（2）分析原因要展示问题的全貌

要从 5M1E 即人、机、料、法、环、测等各因素角度把有影响的原因都找出来，避免遗漏。

（3）分析原因要彻底

针对某一方面的原因，要反复思考"为什么"，一层一层地展开分析下去，从原因类别展开到第一层原因、第二层原因，再到第三层原因，直到展开至可直接采取对策的具体因素为止。

分析原因常用的方法有因果图、系统图、关联图等。

5. 确定主要原因

在原因分析阶段，通常会发现可能影响问题的原因有很多种，其中有的是影响问题的主要原因，有的则不是。这一步骤就是要对诸多原因进行鉴别，把确实影响问题的主要原因找出来，将目前状态良好、对存在问题影响不大的原因排除掉，以便为制定对策提供依据。

一般来讲，要因需从因果图、系统图或关联图的末端因素中予以识别。确认要因常用的方法有：

（1）现场验证

即将可疑的原因到现场通过试验，取得数据来证明。例如，机械行业针对加工某零件产生变形所分析的原因是"压紧位置不当"，进行确认时，可到现场改变一下压紧位置进行试加工。如果变形明显改善，就能判定压紧位置不当确实是零件变形的主要原因。在对方法类原因进行确认时，现场验证常常是有效的。

（2）现场测试、测量

现场测试、测量是到现场通过测试、测量取得数据，与标准进行比较，看其符合程度来证明。这一方法在对机器、材料、环境类因素进行确认时常常是很有效的。

（3）调查分析

有些因素不能用试验或测量的方法取得数据，则可设计调查表进行现场调查、分析，取得数据来确认。

要因确认是小组活动的一个重要环节，但过去常常被忽视，以致采取的对策没有针对问题的重要原因而效果不佳。要因确认要采取科学有效的方法，凭印象、感觉，或采取"0、1"打分法，举手表决，按重要程度排列等都是不可取的。确认要因时可采取调查表、散布图、试验设计等技术方法。

要因确认时要注意以下两点：

1）在确认要因时，应根据它对所分析问题影响程度的大小来确定，而不是根据它是否容易解决来确定。

2）末端因素要逐条确认，以免遗漏主要原因。

6. 制定对策

分析原因并确定主要原因后，要针对不同原因采取不同的对策，应对照目标值采取相应的措施以达到预期目的。制定对策，通常要回答5W1H的问题：

1）why（为什么），回答为什么要制定此对策。
2）what（做什么），回答需要做些什么。
3）where（在哪里），回答应在哪里进行。
4）who（谁），回答由谁来做。
5）when（何时），回答何时进行和完成。
6）how（怎样），回答怎样来进行和完成。

制定对策时应注意以下问题：

1）对策应与项目（要因）相对应，针对原因制定对策，具体措施解决具体问题。
2）对策应能实施和检查，不应只罗列空洞口号，而使执行者无所适从，也不能检查。
3）对策应由不同组员提出和承担，做到全员参与，共同作贡献，共同完成目标值。

制定对策常用的方法有简易图表、矩阵图、PDPC法、箭线图法、优选法、试验设计等。

6.4.2　D：实施阶段

实施对策是QC小组活动实质性的具体步骤，这一环节做得好才能使小组活动有意义，否则会使选题等前期工作失去作用。实施对策时应注意以下几点：

（1）严格按照对策计划行事

因为对策计划是经过分析，找出的主要原因和对策的结果，严格按照对策计划行事，有利于活动趋向目标，有的放矢地取得好的效果。

（2）保持经常性和全员性

实施对策的有些活动须保持一定的连续性，不可断断续续；另外还需要全员配合，不能只有部分组员参加，一定要保持全员参与。

（3）必要时应修改对策

有时实施中会发现新问题，或对策计划中所列的对策无法实施，这时应及时修改对策，经小组成员讨论通过后，再实施。

（4）注意记录和检查

把实施的时间、地点、参加人员和结果等记录在册，以便为整理成果提供依据。同时，在实施过程中，每月应对活动进展情况进行检查，以便发现问题再进行协调。

6.4.3　C：检查阶段

检查的目的是确认实施的效果。其方法是通过活动前后的对比分析活动的效果。如果采用排列图对比时，主要项目的频数急剧减少，排列次序后移，总频数也相应减少，说明对策措施有效。如果各项目和频数虽然都有少量变化，但排列次序未变，说明对策措施效果不明显。如果虽然主要项目后移，次要项目前移，但总频数无多大变化，则说明几个项目之间存在着相互影响，有些措施可能有副作用。如果出现活动结果未达到预期目标值的情况，也是正常和被允许的，但是应进一步分析原因，再次从现状调查开始，重新设定目标值，开始新一轮PDCA

循环。

检查效果时应注意以下几点：

1）实事求是，以事实和数据为依据。对数据统计工具处理后得出相应的结论，不应未作对比分析即直接展示活动的效果。

2）对于经济性目标的检查和认识，应邀请财务主管部门和有关领导参加。

3）对于技术性的目标，应邀请技术主管部门有关人员和领导参加。

4）检查项目应与目标值相一致，针对活动的目标值进行检查。

6.4.4　A：处置阶段

1. 制定巩固措施

制定巩固措施是指把活动中有效的实施措施纳入有关技术和管理文件，其目的是防止质量问题再次出现。制定巩固措施应注意以下几点：

1）必须是被活动实践证明是行之有效的措施，才能纳入有关文件或规程，未经证明的方法不能随意列入巩固措施。

2）任何文件的修改都必须通过文件控制程序进行，不得随意进行文件的修改。

3）巩固措施要具体可行，不能抽象空洞。

2. 总结和下一步打算

QC 小组活动一个周期后，要认真进行总结。总结可从活动程序、活动成果和遗留问题等方面进行。在活动程序方面，应检查在以事实为依据、用数据说话方面，在方法应用方面，哪些地方是成功的，哪些地方尚有不足，需要改进等；在活动成果方面，除有形成果外，要注意无形成果，如质量意识、问题意识、改进意识、参与意识的提高，个人能力的提高，解决问题的信心，团队精神的增强等方面，这是 QC 小组活动非常宝贵的收获。

QC 小组活动中，有些课题可能是一次性地解决问题，对于这类课题，解决之后即可再寻找新的课题。还有些课题是一次性很难解决全部问题的，对于这类课题必须在每完成一次 PDCA 循环之后，就考虑下步计划，制定新的目标，再展开新的 PDCA 循环。无论哪类课题，QC 小组活动都应强调连续性，坚持不断地开展活动。

QC 小组活动过程（进一步描述前面注册登记的 QC 小组的质量管理活动的全过程，四阶段十个步骤）

1. 选择课题

小组通过以下四个方面确定了活动课题：

1）工厂目标：产品焊接一次合格率在 95% 以上。

2）活动背景：车间通过开展质量改进活动，以期解决长期困扰产品焊接一次合格率低的质量问题。

3）现场情况：后尾灯支架在 1# 机器人工作站焊接，目前焊接合格率约 85%，15% 须补焊，影响其质量和生产效率。

4）课题：提高后尾灯支架焊接一次合格率。

本次活动确定为：提高后尾灯支架焊接一次合格率。

2. 现状调查

本小组成员深入现场，对 2019 年 2 月 15 日至 24 日后尾灯支架焊接情况进行调查，共焊接5100件，其中补焊770件。把对影响焊接质量的各因素进行分析整理，做出汇总图表，图6-7为影响焊接质量因素分析图。表6-2为影响焊接质量因素分析表。

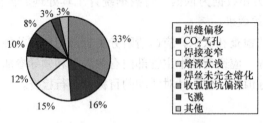

图 6-7　影响焊接质量因素分析图

表 6-2　影响焊接质量因素分析表

序号	缺陷因素	次（件）数	占补焊比例（%）	累积比例（%）
1	焊缝偏移	254	33	33
2	CO_2气孔	123	16	49
3	焊接变窄	115	15	64
4	熔深太浅	92	12	76
5	焊丝未完全熔化	77	10	86
6	收弧弧坑偏深	63	8	94
7	飞溅	23	3	97
8	其他	23	3	100
	合计	770	100	100

3. 设定目标值

将后尾灯支架焊接一次合格率由85%提高到95%。

根据以上数据分析，将补焊的前五项因素解决后，补焊数目将由700件降到109件，补焊率由15%降为2.15%，在其他因素不变的情况下，焊接一次合格率可达97.85%。考虑到存在抽样调查和偶然因素的影响，留有一定余地，实现焊接一次合格率95%指标是可能的。

4. 分析原因

本小组成员深入现场，对影响焊接质量的因素进行了现场跟踪调查，并举行了头脑风暴会议，大家集思广益、畅所欲言，根据各自调查情况进行了原因分析，整理归纳如表6-3所示，并用树图进行了因果分析，如图6-8所示。

表 6-3　原因分析归纳表

序号	原因	序号	原因
1	工件（底座）尺寸偏差大	6	某些角度焊接时CO_2保护效果较差
2	机器人焊枪偏移	7	焊接速度过快
3	夹具夹紧不到位	8	干伸长度过大
4	工作场所风偏大	9	焊接电压偏低
5	导电嘴导电性能差	10	焊丝导电性能差

单元 6 质量改进

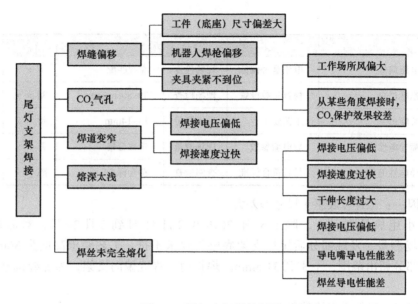

图 6-8 尾灯支架焊接树图

根据图 6-8 可以找出 10 条末梢原因：

1) 工件（底座）尺寸偏差大。
2) 机器人焊枪偏移。
3) 夹具夹紧不到位。
4) 工作场所风偏大。
5) 从某些角度焊接时，CO_2 保护效果较差。
6) 焊接电压偏低。
7) 焊接速度过快。
8) 干伸长度过大。
9) 导电嘴导电性能差。
10) 焊丝导电性能差。

5. 确定主要原因：

根据找到的 10 条末梢因素，小组成员进行了分工，分别用现场测试、现场调查和询问调查等方法列出要因确认计划表（见表 6-4），并一一进行了确认。

表 6-4 要因确认计划表

序号	末梢原因	确认内容	确认方法	标准	负责人	完成日期
1	工件（底座）尺寸偏差大	是否合格	现场测量	底座高 30mm	刘××	2019 年 2 月
2	机器人焊枪偏移	焊枪是否偏离	校枪程序	小于 2mm	陈××	2019 年 2 月
3	夹具夹紧不到位	是否可靠到位	现场检查	可靠到位	刘××	2019 年 2 月
4	工作场所风偏大	是否对 CO_2 气体有影响	现场调查	对气体无影响	王××	2019 年 2 月
5	从某些角度焊接时，CO_2 保护效果较差	确认角度是否对 CO_2 气无影响	现场调查	角度合理，对 CO_2 气无影响	尹××	2019 年 2 月

（续）

序号	末梢原因	确认内容	确认方法	标准	负责人	完成日期
6	焊接电压偏低	电压是否偏低	现场检查	参数匹配	王××	2019年2月
7	焊接速度过快	检查参数设置	现场检查	30~80cm/min	刘××	2019年2月
8	干伸长度过大	工艺要求	现场测量	13~14mm	封××	2019年2月
9	导电嘴导电性能差	导电嘴参数	现场测量	参数合格	尹××	2019年2月
10	焊丝导电性能差	是否符合标准	查阅检查	符合标准	陈××	2019年2月

（1）原因一：工件（底座）尺寸偏差大

验证：小组成员刘××、陈××于2019年2月15日到2月24日，对后尾灯支架情况进行了现场测量，发现部分后尾灯支架底座与要求不符。工艺要求高度为30mm，上下浮动0.5mm。部分超出范围，个别到31.5mm。焊接时，焊缝偏向支架，为焊缝偏移原因，这是要因。

（2）原因二：机器人焊枪偏移

验证：刘××、陈××于2019年2月15日到2月24日，对机器人焊枪情况进行了调查，每天四次在不同时段调出校枪程序，检查测量，发现工作过程中焊枪偏移都在1mm内，能够达到小于2mm的工艺要求。说明焊枪稳定性较好，这是非要因。

（3）原因三：夹具夹紧不到位

验证：小组成员刘××、陈××于2019年2月15日到3月2日，跟踪检查了夹具工作情况，发现夹具夹紧可靠、到位，状态理想。这是非要因。

（4）原因四：工作场所风偏大

验证：刘××、王××、尹××于2019年2月15日到3月3日对CO_2气体保护情况进行现场调查，发现东大门打开时，且有直吹风时，易出现焊接气孔现象，风力对CO_2气保护影响较为明显。这是要因。

（5）原因五：从某些角度焊接时，CO_2保护效果较差

验证：小组成员刘××、王××、尹××于2019年2月15日至3月3日对机器人各焊接角度进行检测检查，检测结果表明焊接角度对CO_2气体保护无明显影响。这是非要因。

（6）原因六：焊接电压偏低

验证王××、封××于2019年2月15日至28日对机器人CO_2焊接电压、电流进行监控，焊接电流稳定在220A，而焊接电压在21V左右，电压偏低，焊丝有时未融化，易插向工件，飞溅增加。这是要因。

（7）原因七：焊接速度过快

验证：刘××于2019年2月15日检查机器人工作站设置发现，机器人焊接速度过快，达65cm/min，经工艺规范确认，焊速在30~80cm/min符合要求，确认该速度基本正常。为改善效果，调整到55cm/min。这是非要因。

（8）原因八：干伸长度过大

验证：小组成员王××、封××于2019年2月15日到21日，到各工件焊接段检查，发现大部分焊接位置干伸长度为16mm，比实际工艺要求13~14mm大。这是要因。

（9）原因九：导电嘴导电性能差

验证：小组成员尹××、陈××于2019年2月16日对机器人工作站导电嘴进行了检查，本工作站采用日本OTC公司原装机器人专用导电嘴，有正确的合格证，现场测量螺纹、螺距、圆孔同心度、圆孔直径等参数，发现各要素正常。这是非要因。

（10）原因十：焊丝导电性能差

验证：小组成员尹××、陈××于2019年2月15日查阅相关标准及现场使用情况，发现原来使用焊丝部分有锈蚀现象，导致与导电嘴接触不良。这是要因。

经过对10个末端因素逐一进行验证，共有5项被确定为要因：

1）工件（底座）尺寸偏差大。
2）工作场所风偏大。
3）焊接电压偏低。
4）干伸长度过大。
5）焊丝导电性能差。

6. 制定对策

1）为了制定出最经济、最有效的对策，小组举行头脑风暴会议，对每条要因提出了多种对策，并对每一种对策都进行了评价选择，具体情况如表6-5所示。

表6-5 对策表（一）

序号	要因	对策方案	评价内容				评价得分	选定方案
			可实施性0.3	经济性0.1	需用时间0.1	有效性0.5		
1	工件（底座）尺寸有偏差	检测每工件	△	◇	◇	⊙	3.6	×
		改进夹具	△	△	◇	⊙	3.8	×
		修正冲压模	△	△	△	⊙	4	√
2	工作场所风偏大	在门口加防护板	△	△	△	⊙	4	√
		将机器人工作站封闭	◇	△	⊙	◇	1.6	×
3	焊接电压偏低	适当加焊接电压	⊙	△	△	△	3.6	√
		减低焊接电流	△	△	△	△	3	×
4	干伸长度过大	调整每一步焊接过程干伸长度	⊙	△	△	△	3.6	√
		加长导电嘴长度	△	△	△	△	3	×
5	焊丝导电性能差	更换焊丝品牌	△	△	◇	⊙	3.8	√
		挑出有锈蚀的焊丝不用	△	△	◇	△	2.8	×

2）制定对策表。对策选定后，小组成员又运用各自的知识、技术和经验，经过反复讨论制定了对策表（见表6-6）。

表6-6 对策表（二）

序号	要因	对策	目标	实施	时间	地点	负责人
1	工件（底座）尺寸偏差大	修正冲压模	底座合格率达100%	由上道工序小冲工段实施	2019年3月	冷加工车间	李××王××
2	工作场所风偏大	在机器人工作站与大门间加防护板	阻挡大门来的直吹风对CO_2的影响	制作并安装一个2m高挡板	2019年3月	冷加工车间	刘××王××尹××
3	焊接电压低	调整焊接电压	由原先21V调整到24V	将焊接程序调出，修改参数	2019年3月	冷加工车间	房××
4	干伸长度过大	调整每一步焊接过程干伸长度	调整至14mm	检查调整每一步	2019年3月	冷加工车间	王××封××房××
5	焊丝导电性能差	更换焊丝品牌	符合标准	提出采购计划，采购ESAB焊丝	2019年3月	采购部	王××刘××

7. 实施对策

（1）实施对策一：修正冲压模

后尾灯支架底座部分误差太大，不稳定，为焊缝偏移原因。将这一情况汇报给王××主任和质保部林工程师，协调相关部门整改冲压模具。修正模具，控制支架底座尺寸至合格要求。3月5日整改完成，工件误差控制在允许范围内。

效果：经过修改，支架底座质量稳定合格。从最近的工作情况看，因底座尺寸原因导致的焊缝偏移消除。补焊比例从33%降为零。焊接一次合格率。提高了5个百分点（123/5100×100%=5%）。

（2）实施对策二：在机器人工作站与大门间加防护板

东大门打开时，风力对CO_2气保护影响较为明显。

实施对策：在机器人工作站和大门间加一块2.1m高防护板，由机修车间实施，挡住了从大门来的直吹风。

效果：站在机器人夹具旁，已感受不到直吹风。从焊接效果看，机器人焊枪送气正常，所有焊缝不再有气孔，大门直吹风对CO_2影响引起的气孔消除。在4月份、5月份的生产中，未发现气孔现象。焊接一次合格率提高了2.4个百分点（123/5100×100%=2.4%）。

（3）实施对策三：调整焊接电压，由21V调整到24V

焊接电压为21V时，电压偏低，焊丝有时未熔化，易插向工件，飞溅增加。

实施对策：调整焊接电压，由21V调整到24V。

效果：电压修正后，焊接如行云流水，焊缝结实美观，经破坏性实验，完全符合要求。外观几乎没有飞溅，焊道宽度比较完美，焊道变窄和飞溅引起的补焊因素消除。焊接一次合格率提高了 2.7 个百分点（115/5100 × 100%=2.7%）。

（4）实施对策四：调整每一步焊接过程干伸长度

大部分焊接位置干伸长度为 16mm，调出焊接程序，修改、调整每道焊缝干伸长度至 14mm。

效果：调整后，焊接均匀，焊丝熔化情况良好（更换焊丝后），飞溅基本消除，调整到 14mm 是合适的。

（5）实施对策五：更换焊丝品牌

原来使用焊丝部分有锈蚀现象，导致与导电嘴接触不良，更换成 ESAB 焊丝后，此品牌焊丝无锈蚀现象，导电性能好，与导电嘴送丝轮配合很好，送丝流畅、均匀，熔化情况理想。

效果：通过跟踪验证，与导电嘴接触不良的现象消除，由此引起的飞溅、熔化不良、焊接效果差等因素消除。焊接一次合格率提高 3 个百分点。

8. 检查效果

（1）效果验证

本次活动制定的对策于 2019 年 3 月初开始实施，2019 年 3 月底全部结束，小组成员对接下来的 3 个月的后尾灯支架焊接情况进行了跟踪统计，统计结果表明 4 月份即实现了小组的活动目标。具体情况如图 6-9 所示。

通过以图 6-9，可以得出结论：本次小组活动的目标已经达成。

（2）经济效益

活动前平均每天焊接工作量为 500 件，其中须补焊的约 75 件，每补一件费时 1.2min，75 件后尾灯支架补焊占用时间为 90min。

活动后平均每天的补焊数目降为 25 件（实际大约为 10 件）以下，每天用于补焊的时间降到 30min 以下。在产量不变的情况下，车间每天节约工时（90 − 30）=60min。在劳动效率提高的同时，有效地降低了人工劳动强度。

后尾灯支架补焊每件需费 0.4 元（包括电费、焊丝耗用、导电嘴、CO_2 气体、其他易损件、设备损耗等）。减少补焊数目，等于减少损耗。每天可节约（75 − 25）× 0.4=20（元）。若每年生产量按 8 万辆计，则年节约成本为 80000 × 2 × 0.4 ×（95% − 85%）= 6400（元）。

另外，补焊的减少降低了焊接废气的排放，降低了现场的环境污染。

9. 总结和下一步打算

（1）总结

1）专业技术方面：小组成员对影响单车质量的因素有了正确的认识，对提高焊接质量起到了决定性的作用。

2）管理技术方面：小组成员对 PDCA 循环有了更进一步的认识，改进了思考问题的思维方式，提高了分析问题、解决问题的能力。

3）综合素质方面：本次活动大大提高了小组成员的团队精神；质量意识、技术创新意识、进取精神以及个人能力明显提高；质量管理工具运用技巧有了一定的提高，但仍存在着不足，是小组成员今后努力的方向。

（2）下一步打算

在本次项目活动中，小组成员的质量管理知识得到了巩固和提高。在今后的工作中，小组成员将围绕着提高产品质量和提高生产率进一步开展质量管理活动。

任务小结

　　通过知识准备和案例阅读4两个内容的学习,能让学生们对QC小组活动的方法与步骤有比较清晰的了解。
　　QC小组活动的主要步骤包括选择课题、调查现状、设定目标值、分析原因、确定要因、制定对策、实施对策、检查效果、巩固措施、总结回顾及下一步打算等。
　　各已经注册登记的QC小组,确定本QC小组活动主题,按上面的PDCA循环开展质量管理小组活动。取得质量改进效果达成质量管理活动的预定目标。

6.5　QC小组活动成果

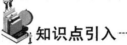

知识点引入

　　前面同学们已经按各自参加的QC小组,开展了QC小组活动,并做了相应的计划与实施记录。请撰写QC成果报告。

学习目标

1. 能够根据本组QC活动成果撰写成果报告
2. 能用合适的方式发表本组的成果

相关知识

　　QC小组成员经过一个阶段的共同努力会取得有形的和无形的成果。编写成果报告和发表成果是QC小组活动的重要内容。

6.5.1 QC小组成果报告的编写

QC小组成果报告应该是QC小组活动全过程的总结和真实写照。为编写好成果报告，QC小组成员应了解成果报告的主要内容、编写技巧和一般要求。

1. 成果报告的主要内容

成果报告是QC小组活动全过程的写照，因此主要内容通常也按活动全过程的顺序来写，而活动的过程又经常采用PDCA循环的4个阶段8个步骤，因而主要内容通常包括小组概况、选题理由、现状调查及分析、设定目标值并对其进行可行性分析、明确主要问题和原因、确定主要原因并对其进行验证、制定对策、实施对策、检查效果、制定巩固措施、明确遗留问题及今后计划。

当然，上述各项不一定都作为一个标题来描述，其顺序也不一定一成不变。可根据实际情况，把要突出的内容重点列成几个小标题详加描述，而非重点内容可归纳到一个小标题之中加以说明。

2. 成果报告的编写技巧

为使成果报告编写成功，应注意以下技巧和安排：

1）课题名称要精炼、准确、鲜明和简洁。
2）开头要引人入胜，结尾要令人回味。
3）成果的中心问题应该明确并富有挑战性。
4）成果报告的结构可按小组活动的经过和时间顺序连贯地按PDCA层次，也可按并列式结构安排报告内容。后一种结构适合于主要问题是通过两个以上PDCA循环才能完成，并且这几个循环是并列关系。还可以采取以多步骤之间的关系层层深入的递进式结构，即先总介绍，再分别详细描述，最后总结说明的总分总式结构。
5）成果报告内容各步骤之间的过渡要连贯自然，前后呼应，内容与课题名称也要相互呼应。

3. 成果报告的编写准备和要求

编写准备工作包括：

1）制订成果报告编写计划和进度表。
2）拟定编写提纲。
3）收集整理原始记录和资料。
4）小组讨论，统一看法，开始编写。

成果报告编写要求包括：

1）文字精练，整洁。
2）条理清楚、逻辑性强。
3）成果报告内容真实可靠，避免虚假。
4）根据选题抓住重点，切忌节外生枝。
5）尽量采用图表等形象化表达方式。
6）科技术语和计量单位要规范化、标准化。

6.5.2 QC 小组成果报告的发表

成果报告是 QC 小组活动的结晶，发表成果是展现 QC 小组活动成就的机会，不仅便于交流，更能促进小组活动的进一步发展。为做好成果报告的发表工作，应重视并组织好 QC 小组成果发表。

1. 成果发表的形式

QC 小组成果发表的形式多种多样，主要有现场发表型、大会发表型和文娱发表型。现场发表型是指在车间或公司范围内进行成果发表交流。因为参加者对成果有关情况都比较了解，所以发表时只介绍主要内容而不必面面俱到，也没有必要按 PDCA 循环的 4 个阶段 8 个步骤来介绍。通常采用实物对比、重点活动阶段的介绍或集体共同发表的方式。

大会发表型是指很多 QC 小组按一定次序在大会上发表自己的成果，以便交流和评比。根据发表目的的不同，大会发表型有评选表彰式和发表分析式、经验交流式等。评选表彰式出于评选、表彰优秀 QC 小组并向上级推荐的目的，由评委现场打分决定名次；发表分析式的目的是提高小组活动的有效性和总结编写成果报告的水平，发表之后，通常由评委分析其优缺点，指出不足，找出原因，以便提高；经验交流式发表的目的是学习交流，沟通信息，因此通常在发表之后进行现场提问答疑，探讨一些共同关心的问题。

文娱发表型是指把成果内容用小品或其他文娱形式来表现的一种发表形式。可由一人介绍，多人表演成果内容，或配以道具、漫画、连环画及音响等丰富多彩的表现形式进行成果发表。这种形式活泼、生动、引人入胜，能体现 QC 小组活动的特点。

2. 成果发表的组织工作

成果发表的组织工作通常由 QC 小组活动主管部门负责。工作内容主要包括：

1）整理成果资料。
2）判定成果评价方案。
3）组建成果评价小组。
4）评价成果报告。

整理成果报告主要是把成果分类，大致可分为全部发表的成果、部分发表的成果、小组活动经验介绍等，并提出建议采取的发表形式，将其登记注册。

制定成果评价方案是指制定评价方法和原则，这里要注意体现小组现场活动评价和成果发表评价相结合，并以活动评价为主的原则。

组建成果评价小组应选择有一定经验、资历和能力的人员担任评委，以便客观、公正地评价小组活动成果。

3. 成果发表后的提问答辩

QC 小组成果发表后，评委和与会代表都可以进行简短提问，这样不仅可以了解发表人对成果的掌握程度，还可以确认该成果的科学性和可靠性。更重要的是可以通过双向交流和研讨，达到互相学习和交流的目的。

6.5.3 QC 小组活动成果的评价

对 QC 小组成果的评价，主要是为肯定成绩，找出不足，促进 QC 小组活动水平的提高和广泛深入开展。因此，对 QC 小组成果的评价要从大处着眼，避免单纯以经济效益为依据。

表 6-7 是 QC 小组活动评价表。

表 6-7　QC 小组活动评价表

项目名称	要求	评分标准	评分	备注
1. 参加 QC 小组	每位同学都要求参加在校 QC 小组	是：10 分 否：0 分		
2. 参加小组活动	每位同学积极参与到每次的 QC 小组活动中来	全程参与：50 分 无故缺 1 次活动：扣 5 分		
3. 撰写成果报告	按要求撰写成果报告	文章按老师评价满分占 30 分，按得分比例计分		
4. 制作汇报 PPT，主讲	参与制作 PPT、参与演出	主讲主制作同学 10 分，其他按参与程度计分		

6.5.4　QC 小组活动的激励

要让员工坚持不懈地开展 QC 小组活动，需要一定的激励手段。这既包括 QC 小组自我激励，也包括外部如企业、上级主管部门给予的激励。

理想与目标激励对 QC 小组自我激励和企业激励都是一种有效的手段。通过教育和小组成员自我认识、互相启发，明确企业发展、员工获益与每个员工努力和参与程度的密切关系，通过成功的 QC 小组活动，小组成员能够感受到自我价值的实现和成长的喜悦，都能激发员工继续积极投入各种质量活动的热情。

此外，企业还可以采取荣誉激励、物质激励、关怀与支持激励、培训激励、组织激励等手段调动全体员工参加 QC 小组活动的积极性。向取得优异成绩的 QC 小组授予荣誉称号、给予表彰，是对员工贡献的一种公开承认，能满足人自尊的需要；物质激励如工资、奖金、公共福利等，决定着人们基本需要的满足，也影响着其社会地位、社会交往、学习娱乐等精神需要的满足；领导参与、提供资金、时间、场所等支持，并聆听成果发表、颁奖等，都能使小组成员感受到领导的关怀与支持，从而激发更大的热情；对 QC 小组进行质量改进基本知识的教育，选派优秀成员外出参加培训、发表成果，可满足员工特别是青年员工求知和发展的需要；让优秀 QC 小组长、小组骨干得到提拔和承担更大责任，既能调动其本人的积极性，对其他小组成员也是鞭策。

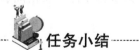

任务小结

通过本小节的训练，熟悉和了解 QC 小组成果报告的编写方法与技巧、注意事项，QC 成果发表的形式以及应该准备的资料。

各学习小组根据本 QC 小组开展质量管理活动取得的成果，撰写成果报告。设计发表形式与工作流程。

6.6 5S 活动

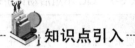

5S 活动是日本企业普遍采用的一种现场管理方法，现已在世界许多国家得到推广应用。开展 5S 活动有助于改善物质环境，提高职工素质，对提高工作效率、保证产品质量、降低生产成本、保证交货期具有重要的作用。

请同学们回答何谓 5S 管理？

1. 能描述 5S 的内容。
2. 能描述如何开展 5S 活动。

6.6.1 5S 概述

1. 5S 的来历

5S 即整理（SEIRI）、整顿（SEITON）、清扫（SEISO）、清洁（SEIKETSU）、自律（SHITSUKE）。5S 最早是从日本丰田公司的现场管理实践中总结出来的，随后在其他企业得到了广泛普及。5S 是一种现代企业管理模式，是指在生产现场中对人员、机器、材料、方法等生产要素进行有效的管理。日本企业的生产现场以干净、整洁闻名，其现场改进的第一步往往是从开展 5S 活动开始的。

2. 5S 的含义

（1）整理

整理是指明确区分需要的和不需要的物品，在生产现场保留需要的，清除不必要的物品。

（2）整顿

整顿是指对所需物品有条理地定置摆放，这些物品始终放于任何人都能方便取放的位置。

（3）清扫

清扫是指生产现场始终处于无垃圾、无灰尘的整洁状态。

（4）清洁

清洁是指经常进行整理、整顿和清扫，始终使现场保持整的状态，其中包括个人清洁和环境清洁。

（5）自律

自律是指自觉执行工厂的规定和规则，养成良好的习惯。

3. 5S 活动的目标

5S 没有什么复杂、高深的内容，但只要长期坚持下去就会使现场管理水平有本质的飞跃。在现场开展 5S 活动最终是要达到以下几个目标：

1）保证质量，提高工效。
2）降低消耗，降低成本。
3）保证机器设备的正常运转。
4）改善工作环境，消除安全隐患，提高员工工作的满意度。
5）提高班组长和工人现场改进能力的途径。

6.6.2 整理、整顿、清扫

1. 整理

（1）整理的目的

整理是指对物品进行区分和归类，将经常使用的物品放在使用场所附近，而将不经常使用或很少使用的物品放在高处、远处乃至仓库中去。在具体实施中，可根据重要程度、是否经常使用、价值如何以及物品使用部门来区分。

总的说来，整理的目的是：

1）腾出空间，充分利用空间。
2）防止误用无关的物品。
3）塑造清爽的工作场所。

（2）整理的方法

1）分类并清除不需要的东西。在整理前，首先考虑以下几点：

① 为什么要清理以及如何清理。
② 规定整理的日期和规则。
③ 预先明确现场须放置的物品。
④ 区分要保留的物品和不需要的物品，并向员工说明保留物品的理由。
⑤ 划定保留物品安置的地方。

分类的方法有许多，如按种类、性能、数量、使用频率、价格等进行分类，最常用的是按使用频率分类，可以一日或一周为单位计算使用频率，这种分类方法是最有效的。

2）用拍照的方法确认整理的效果。将未整理的现场照片和整理后的现场照片进行对比，整理的效果就会一目了然。

① 选择适当的位置和角度，将作业现场拍摄下来。
② 进行整理后，用同样的方法再拍摄一遍。
③ 将前后拍摄的照片进行对比，发现做了哪些调整及效果如何；

3）保管和保存。整理出来的物品，有保管与保存两种处置方法。短期暂时存放称为保管，长期存放称为保存。根据对象的不同，可具体明确保管和保存的标准。

一般使用量较大、使用频率较高的物品，宜保管在作业现场附近；而使用量小、使用频率低的物品，则可以放入仓库保存或不固定保存场所。须保存的物品可以远离现场。需要保管的材料、产品备件、工具和消耗品等应确定保管的位置空间。对体积不大的物品可放在货架和柜子上、抽屉内。对垃圾箱、灭火器材、清洁用具、危险品等要确定专用的放置场所。

4）整理结果的标识。完成整理后，为使需要的物品能便于取用，可利用标牌、指示牌或黑板等予以标识：

① 在确定的保管场所标注区域和名称，明晰整个场地的划分和布局。
② 必要时，将放置方法和排列的条件用指示板予以说明。
③ 对能够区分的物品用记号或序号进行标识。
④ 物品可用图示符号或图片将其特征表示出来。

指示牌内容应简明扼要，如物品名称、分类、数量、存放位置或由谁使用等。在成品仓库里，不仅用型号代码区别不同产品，还使用不同大小、不同颜色或不同形态的指示牌标明箱中的物品。总而言之，标识的目的是明确"是什么"和"在哪里"，让人一目了然。

2. 整顿

（1）整顿的目的

整顿是指将现场所需物品有条理地定位与定量放置，让这些物品始终处于任何人都能随时方便使用的位置。整顿的目的是：

1）使工作场所物件一目了然。
2）作业时，节省寻找物品的时间。
3）消除过多的积压物品。
4）创造整齐的工作环境。

（2）整顿的方法

1）要用5W1H方法发现存在的问题。首先，对现场的每件物品都要用5W1H的方法明确是什么物品、在哪里、在什么时间、由谁使用或保管，从中发现物件的定置摆放是否合理的问题。接着是要对问题追根溯源，不仅依据现有资料，还要追溯到以前情况，一旦了解问题的实质，就立即明确改进的方向。

2）合理放置，方便取放。对制造业来说，作业的对象大多是物流。对流动的物件，整顿并不在于单纯的码放整齐，而是要使物件拿出容易、放回方便。为提高作业效率，方便取放的布局设计是整理的切入点，对工作效率有很大影响。

在工作场地使用的零件和材料有很多是相似的，整顿时要注意避免混淆。

（3）整顿的几点提示

1）设备的摆放改变会引起流程变化，对此要认真考虑。
2）设置工作台、工件箱时，不仅要考虑固定式的，还要考虑带有脚轮的移动式的。安置工作台、货架等，可以考虑用从房顶垂直起落的方式来减少占用空间。
3）对重量重、体积大的应该放置在下层，重量轻、体积小的放在上层。
4）使用频率高的物品放在易于取放的场所。
5）货架橱柜透明化。
6）现场的货架和橱柜要尽量避免使用门，因为门会阻挡员工的视线，延长寻找时间，从而影响工作效率。

3. 清扫

（1）清扫的意义

不管做什么工作，都会有垃圾和废物，清扫是使生产现场处于无垃圾、灰尘状态。清扫本身就是工作的一部分，而且是所有岗位都存在的工作。

清扫的目的包括：

1）消除不利于产品质量、成本、工效和环境的因素。

2）保证设备良好运行，减少对员工健康的不良影响。

（2）清扫的步骤

这里的"清扫"不是指突击性的大会战、大扫除，而是要制度化、经常化，每人从身边做起，然后再拓展到现场的每个角落。

清扫要分五个阶段来实施：

第一阶段——将地面、墙壁和窗户打扫干净。

第二阶段——划出表示整顿位置的区域和界线。

第三阶段——将可能产生污染的污染源清理干净。

第四阶段——对设备进行清扫、润滑，对电器和操作系统进行彻底检修。

第五阶段——制定作业现场的清扫规程并实施。

1）打扫地面、墙壁和窗户。清扫地面，擦拭墙壁、窗户，清除灰尘、垃圾和油污，保持作业环境清清爽爽，让作业者每天都以愉快的心情投入工作。

2）标识区域和界线。清扫后，要处理好美观和高效的矛盾，主要是按整理、整顿阶段的规定，划分作业的场地和通道，标识物品放置位置。对空闲区域、小件物品区域、危险和贵重物品区域等也要设法用颜色予以区别。

3）杜绝污染源。最有效的清扫是杜绝污染源。发现和清除污染源须用手摸、眼看、耳听、鼻闻，要动脑筋、想办法才能做到。

污染大部分是外来的，如刮大风时带来的灰尘或砂粒，搬运散装物品时、搬运过程中出现的泄漏。为杜绝外来污染，首先要将窗户密封，不留缝隙；在搬运切屑和废弃物时不要撒落；在运送水和油料等液体时，要准备合适的容器；在作业现场，要常检查各种管道以防止泄漏；对擦拭用的棉纱、脏的材料、工具等，要定点放置。

4）设备的清扫。设备被污染容易出故障，并缩短使用寿命。为此，要定期清扫检查设备和工具。现代化大生产中，设备越大，自动化程度越高，清扫和检修所花费的时间就越多。

6.6.3 清洁和自律

1. 清洁的意义

清洁主要是指维持和巩固整理、整顿和清扫的效果，保持生产现场任何时候都处于整齐、干净的状态。

2. 实施清洁的方法

（1）制定专门的手册

整理、整顿、清扫的最终结果是形成清洁的工作环境。要做到这一点，动员全体员工参加整理、整顿非常重要。所有人都要清楚该干什么，在此基础上，将大家都认可的各项工作和应保持的状态汇集成文，形成专门的手册或类似的文件和规定。要明确以下内容：

1）作业场所地面的清扫程序、方法和清扫后的状态。

2）确立区域和界线的原则。

3）设备的清扫、检查程序和完成后的状态。

4）设备的动力部分、传动部分、润滑、油压、气压等部位的清扫、检查的程序及完成后的状态。

5）清扫计划、责任者及日常的检查。

（2）明确清洁的状态

清洁的状态包含三个要素，即干净、高效、安全。

清洁的状态具体包括以下内容：

1）地面的清洁。

2）窗户和墙壁的清洁。

3）操作台上的清洁。

4）工具和工装的清洁。

5）设备的清洁。

6）货架和放置物资场所的清洁。

（3）定期检查

除了日常工作中的自检外，还要组织定期检查。一是检查现场的清洁状态，二是检查现场的图表和指示牌设置是否有利于高效作业，以及现场物品数量是否适宜。

（4）环境色彩明亮化

厂房、车间、设备、工作服都应采用明亮的色彩，一旦产生污渍容易被发现。明亮的工作环境会给人的工作情绪以良好的影响。

3. 自律的意义

（1）自律的含义

5S 中的自律活动是指培养人达到整洁有序、自觉执行工厂的规定和规则，养成良好的习惯。通过自律提高每一个人的"行为美"水平，可为做好 5S 管理提供保证。

（2）自律的目的

开展自律活动，主要目的在于培养职工自觉正确执行工厂各项规定的良好习惯，自愿实施整理、整顿、清扫、清洁的 4S 活动，高标准、严要求维护现场环境的整洁和美观。如图 6-9 所示，自律是保证前 4 个 S 得以持续、自觉、有序地开展下去的重要保障。

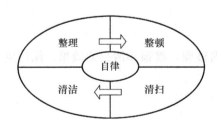

图 6-9 5S 的关系

4. 培养自律的要点

要做到自律，必须做好以下几方面工作：

1）经常积极参与整理、整顿、清扫活动。

2）认真贯彻整理、整顿、清扫、清洁状态的标准。

3）养成遵守作业指导书、手册和规则的习惯。自律所包含的内容很多，但最基本的是养成良好习惯，做到按规章办事和自我规范行为，进而延伸到仪表美、行为美等。

近年来，有专家提出培养自律时不妨灵活运用一些工具，如标语；醒目的标志；值班图表；进度管理；照片、录像；新闻；手册和表格等。

6.6.4 现场开展 5S 活动的方法

从日本众多企业的现场管理经验来看，5S 是企业成功的重要活动之一。5S 在中国企业中也起到了良好的作用。在中国的一些日资企业里，5S 在生产现场被广泛运用着，这些企业的经济效益，产品质量、成本管理都已接近了日本本土企业的水平。各行各业各类组织都可在生产和工作现场大力推广 5S 管理，以保证工作质量、提高工作效率、美化工作环境。

现场开展 5S 活动，可从以下方面入手：

1. 领导重视，身体力行 5S 的工作

一个企业 5S 工作的好坏，有赖于领导的重视程度。5S 工作的推行要从最高管理者的办公室开始，继之以中层领导和管理干部，自上而下进行。作为管理者，当天公务完毕，办公桌上应不留一件不必要的物品，保持办公桌的宽敞、明亮、整洁。在生产、技术、质量、工程管理人员的办公室沿墙应有公文柜，保证每件公文都有合适放置的位置。在下班后，管理者办公桌上除了工作期间使用的办公用品外，不应有其他物品，要在办公室内创造出一种温馨、明亮、整洁、天天整理的气氛。

2. 5S 活动要持之以恒

5S 活动要坚持不懈地进行，才会取得预期的效果。开展 5S 活动如果搞一阵风，就难以找到 5S 活动的感觉。这样不仅活动没有效果，反而有副作用，使大家认为 5S 活动没有什么用。任何管理方法都不是灵丹妙药——"一吃就灵"，需要长期的努力和探索，才能取得预期的效果。

因此，开展 5S 工作要有长期坚持的思想准备。在组织里要养成这种风气，而个人良好习惯的养成和整个组织的风气又是相辅相成的。组织风气的养成可以促进个人形成好习惯，个人良好的习惯又有利于组织良好氛围的营造。

为了在组织内营造有利于 5S 工作良性循环的氛围，可成立一个"5S 推进委员会"。由资历较深、威信较高的管理人员担任主任，再由各部门单位选拔一些优秀员工担任委员会成员，按照上述要求贯彻 5S 工作。5S 推进工作要在企业内大张旗鼓地，广泛宣传，形成舆论环境。要公布"5S 推进委员会"成员名单，并制作"5S 推进委员会"臂章，使"5S 推进委员会"成员既有荣誉感，又有责任心。

3. 5S 活动要经常教育

人的良好习惯需要培养，开展 5S 也要有条不紊、有秩序地进行。

5S 工作的推进就意味着要不断地发展。在企业里，要教育全体员工不断地思考如何改进 5S 工作，脚踏实地把 5S 活动推向前进。企业要鼓励全体员工不断地提出合理化建议，并对这种合理化建议给予奖励，以不断地鼓励和推动 5S 工作的进行。

现场管理的好坏，取决于是否真正实施了5S，而不是仅仅将"整理、整顿、清扫"停留在口头上。为了确保全体员工有效地开展5S活动，大力地进行各种形式的宣传是很重要的，但更重要的是现场管理者要"身体力行"，起到表率的作用。同时，管理人员要经常到基层检查指导，及时发现、解决活动中的问题，创造了一种真正实行5S的现场氛围。此外，还要采用多种多样的激励形式来促进员工创建整洁文明的作业现场。

4. 遵守规定和规则

遵守规定虽然道理很浅显，但未必人人都能做到。问题的关键是缺乏遵守规定的自觉性。要教育员工凡是组织的规定就应该遵照执行，这不仅仅是5S的要求，也是大工业生产的基本前提。

5. 5S活动的评价

定期对5S活动进行评价是确保5S活动持之以恒的有效措施。表6-8是5S活动的评价表。利用评价表既可进行自我评价，也便于相互横向比较。检查时，企业的领导或部门的负责人都要参加，这是做好5S管理的重要一环。

表6-8 5S活动的评价表

项目	自我评价	相互评价	专职人员评价	领导巡回	安全巡查
目的	让每一位员工具有自主性，使其充分认识5S活动，从而由自主性发展为自律性	作业者相互评价对方的现场，以达到互相启发的效果	由第三者站在客观的角度，根据公平的基准进行评价，以确认自我评价、相互评价的水平，进行调整	领导可通过与外企业、工厂进行比较，针对现场存在的差距进行指导，使5S活动更充实，从而提高水平	对安全、卫生的评价，可以促使各工厂和每一位操作者提高积极性，确保安全，推进全工厂5S活动
评价者	初期由部门经理、车间主任、班组长评价，逐渐由员工自己评价	车间主任、班组长	5S活动的推进组织确定的专职人员	企业的高层领导、部门经理	安全卫生委员
初期（1个月）	每日一次	每周一次	每周一次	每日一次	每月一次
基本稳定（90%达要求）	每周一次	每周一次	每月一次	随时	每月一次
稳定（95%以上）	每周一次	每月一次	每月一次	随时	每月一次
评价要点	整理整顿情况 ·有无超出规定位置 ·放置位置是否合适 ·有无不用的物品 ·垃圾、物品有无乱放	整理整顿情况 ·有无超出规定位置 ·放置位置是否合适 ·标志、标线是否适当 ·有无不用的物品	整理整顿情况 ·有无超出规定位置 ·放置位置是否合适 ·标志、标线是否适当 ·有无不用的物品	整理整顿情况 ·安全卫生状况 ·现场的纪律 ·改进活动状况	整理整顿情况 ·安全卫生状况 ·现场的纪律
有无检查表	有	有	有	无	安全检查表

（续）

项目	自我评价	相互评价	专职人员评价	领导巡回	安全巡查
向谁报告	车间主任	5S的推进组织	5S的推进组织		安全卫生委员会
报告内容	·整顿水平 ·指出问题	·整顿水平 ·指出问题（改进建议） ·感想	·整顿水平 ·指出问题（改进建议） ·感想		·安全卫生状况 ·现场纪律 ·改进建议
评价后处置	·评价后立刻改进 ·不能马上改进的，要制订改进计划	·根据对方提出的意见进行改进 ·帮助对方改进 ·从对方得到启发	·根据提出的意见进行改进 ·问题很多时，改进后再进行评价	确认改进的情况，检查计划的完成情况	·有关安全卫生的问题要优先改进 ·班组长对现场纪律进行指导

参 考 文 献

[1] 中国法制出版社.缺陷汽车产品召回管理条例[M].北京：中国法制出版社，2012.
[2] 胡文兴.汽车行业ISO/TS 16949：2009[M].深圳：海天出版社，2010.
[3] 国家质量监督检验检疫总局法规司，国家质量监督检验检疫总局质量管理局.《家用汽车产品维修、更换、退货责任规定》释义[M].北京：中国质检出版社，2013.
[4] 俞鸿斌，等.现代制造企业质量管理与实务[M].北京：清华大学出版社，2009.
[5] 埃文斯，林赛.质量管理与质量控制[M].焦叔斌，译.北京：中国人民大学出版社，2010.
[6] 陈秀华，刘福尚.汽车制造质量管理[M].北京：机械工业出版社，2015.
[7] 张俊峰，邓璘，谢吉祥，等.汽车生产质量管理（配任务工单）[M].北京：机械工业出版社，2021.

高职高专汽车制造类系列创新教材

汽车制造质量管理
任务工单
第2版

主　编　陈秀华　刘福尚
副主编　李　鑫　刘资媛　黎　莉　尹春山
参　编　刘　劼　周贵庭　李艺成　李秋艳

机械工业出版社

目录

单元 1　质量管理基础知识　……………………………………1

单元 2　质量管理体系　……………………………………………5

单元 3　零部件质量管理　………………………………………10

单元 4　汽车制造过程质量管理　………………………………12

单元 5　整车质量管理及相关法律法规　………………………14

单元 6　质量改进　………………………………………………16

单元 1
质量管理基础知识

任务工单

一、任务准备

1. 场地设施：教室或会议室。
2. 工具：手机（计算机）、钢笔和笔记本、白板及白板笔、工单。
3. 实施方式：将学生 4~6 人分成一组进行讨论。

二、熟悉质量与质量管理发展史

1. 请谈一谈：从质量管理发展历史中看，你认为质量发展有什么规律？

2. 简述什么是质量管理？为什么要进行质量管理？

三、理解全面质量管理认知的内容

1. 请谈一谈：质量的概念及其发展。

2. 请谈一谈：各个质量管理模式的特点。

3. 请简要说明，全面质量管理的推进方法以及其特点。

四、熟悉质量管理基础相关知识

1. 请谈一谈：如果你是汽车企业的从业人员，如何制订企业的方针与目标？

2. 请简要说明，质量教育与培训都包含哪些内容。

五、掌握 QC 常用工具，绘制因果图

1. 简述 QC 七大工具的特点。各个工具的使用范围。

2. 根据以下数据制作排列图。

转向盘不良统计图

序号	不良描述	数量	备注
1	开关卡滞	5	
2	外观破损/划伤	13	
3	缝线错误	2	
4	线束破损	3	
5	按键失效	3	

3. 讨论完成以下两个问题的因果图。并分析同样的现象下两个要因图的区别。（图 1-1）

图 1-1　螺钉拧紧时弯曲

4. 某电缆厂有两台生产设备，最近，经常有不符合规格值（135~210g）的异常产品

发生，今就 A、B 两台设备分别测定 50 批产品，数据见表 1-1，请解析并回答下列问题：
  a. 作全距数据的直方图。
  b. 制作 A、B 两台设备之层别图。

表 1-1　A、B 两台设备数据

A 设备					B 设备				
175	179	168	165	183	156	148	165	152	161
168	188	184	170	172	167	150	150	136	123
169	182	177	186	150	161	162	170	139	162
179	160	185	180	163	132	119	157	157	163
187	169	194	178	176	157	158	165	164	173
173	177	167	166	179	150	166	144	157	162
176	183	163	175	161	172	170	137	169	153
167	174	172	184	188	177	155	160	152	156
154	173	171	162	167	160	151	163	158	146
165	169	176	155	170	153	142	169	148	155

5. 某初中一班百米跑步考核，根据结果汇总体重与百米跑步成绩见表 1-2，根据表中数据绘制体重与百米跑步成绩的散布图，并分析百米跑成绩与体重有什么相关性。

表 1-2　某初中一班百米跑步考核表

序号	体重 /kg	成绩 /s	序号	体重 /kg	成绩 /s
1	61	12.5	16	73	14.5
2	70	13	17	76	15.5
3	66	12.8	18	71	13.8
4	63	11.5	19	78	14.4
5	68	12.2	20	62	12.1
6	78	15.1	21	63	11.3
7	74	13.3	22	72	14
8	73	15.1	23	63	13
9	77	15.4	24	74	14.9
10	65	13.5	25	68	13.6
11	69	14.8	26	71	13.4
12	70	13.5	27	62	12.4
13	72	14.8	28	74	14
14	66	12.5	29	65	12.4
15	75	15	30	64	10.5

6. 某厂生产的包装袋，如检验其底部有破损即该包装袋为不良品，取 30 个样本，每个样本数为 50 个包装袋，这些样本是在机器每天三班制的连续工作中每半小时取一次而得的。根据表 1-3 中数据制作控制图。

表 1-3　某厂生产的包装袋不良品统计

序号	样本数	不良数	序号	样本数	不良数
1	50	8	16	50	9
2	50	16	17	50	6
3	50	9	18	50	5
4	50	14	19	50	13
5	50	12	20	50	11
6	50	10	21	50	10
7	50	15	22	50	18
8	50	8	23	50	15
9	50	10	24	50	15
10	50	5	25	50	26
11	50	5	26	50	17
12	50	24	27	50	12
13	50	12	28	50	6
14	50	7	29	50	8
15	50	13	30	50	10

单元 2
质量管理体系

任务工单

一、任务准备

1. 场地设施：教室或会议室。
2. 工具：手机（计算机）、钢笔和笔记本、白板及白板笔、工单。
3. 实施方式：将学生 4~6 人分成一组进行讨论。

二、质量管理体系认知

1. 什么是质量管理体系？

2. 质量方针包括哪几个方面的内容？

3. 判断题

（1）质量目标是"组织在质量方面所追求的目的"。质量目标不一定要量化。（　　）

（2）质量策划和质量控制都是质量管理的一部分。（　　）

4. 单选题

（1）组织建立、实施、保持和持续改进质量管理体系的目的是（　　）。

A. 提高组织的知名度　　　　　　B. 证实组织有能力稳定地提供满足要求的产品
C. 提高顾客满意度　　　　　　　D. B+C

（2）2015 版新标准中质量管理原则不包括（　　　）。
A. 以顾客为关注焦点　　　　　　B. 管理的系统方法
C. 领导作用　　　　　　　　　　D. 持续改进

5. 识读图 2-1。

任务	识读图 2-1	姓名、学号
知识点	质量管理体系由 2008 版的四大过程修改成 2015 版的六大过程	
提示	输入与输出，过程与结果	

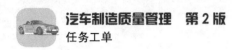

图 2-1　以过程为基础的质量管理体系模式

以过程为基础的质量管理体系	
输入是什么？	
输出是什么？	
过程是什么？	
圆圈中要注重什么？	

三、质量管理体系构筑

1. 质量管理体系文件通常可分为哪三个层次文件?

2. 判断题
（1）在 ISO 9000 质量管理体系的建立和实施过程中，组织的基层负责人可以参与质量管理体系的内部审核工作。（   ）
（2）管理评审可以不形成记录。（   ）

3. 单选题
（1）企业应该对上至高层领导下至普通员工的所有人员开展质量教育培训，质量教育培训的首要内容是（   ）。
   A. 质量知识培训　　B. 专业技能培训　　C. 质量意识教育　　D. 统计技术培训
（2）规定每个职能部门和每个岗位的员工在质量工作中的职责和权限，并与考核奖惩相结合。（   ）
   A. 标准化工作　　　B. 计量工作　　　　C. 质量记录　　　　D. 质量责任
（3）管理评审是对质量体系的（   ）性进行评价。
   A. 适宜性　　　　　B. 有效性　　　　　C. 充分性　　　　　D. A+B+C
（4）ISO 9001：2015 没有强制要求设立管理者代表，是因为（   ）。
   A. 管理者代表没有使用
   B. 管理层职责不清
   C. 无法确定 QMS 过程之间的相互作用表述
   D. 要求最高管理者负责质量管理体系的策划、实施和改进

4. 描述建立质量管理体系的方法与步骤。

5. 描述获得质量管理体系认证证书的方法与途径。

四、质量管理体系审核

1. 描述企业实施质量管理体系审核的目的。

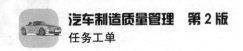

2. 简答题

根据下列情况,判断是否为不符合项。如是,则不符合标准中哪条规定并判断其不符合的程度。

(1)用户认为外观不合格的一批 AB 型汽车上用塑料制品共 100 件被退回塑料一厂。一位成品库的搬运工人从中选出了他认为外观合格的 54 件,作为合格的成品。

(2)某企业的材料检验工段,一名对 A 型合金钢材进行压痕硬度测量的工人,不知道如果两个压痕靠得太近,测试结果将是不准确的。问他为什么这样做时,此工人说他是看人家操作而学着干的,而不是按作业指导书的要求那么干。

(3)工厂在内部质量体系审核时,针对不同部门组成审核组。在对车间审核时,由质量办主任任审核组组长,车间主任任组员,因为他们两人对车间的流程、设备、工艺和人员基本了解。

3. 判断题

(1)审核计划应提前交给受审核方。(　　)

(2)应根据不符合项的多少来评价受审核方的质量管理体系。(　　)

(3)内审就是自我评价。(　　)

4. 单选题

(1)顾客委托审核机构对供方进行的审核属于(　　)。
A. 第一方审核　　　　B. 第二方审核　　　　C. 第三方审核　　　　D. 内部审核

(2)组织建立、实施、保持和持续改进质量管理体系的目的是(　　)。
A. 提高组织的知名度
B. 证实组织有能力稳定地提供满足要求的产品
C. 提高顾客满意度
D. B+C

五、ISO 9000 标准学习

1. 填空题

（1）（　　）是国际汽车行业普遍贯彻实施的质量管理体系，它是汽车行业的技术规范。

（2）内部审核在 ISO 9001:2015 中属于（　　）条款。

（3）管理评审在 ISO 9001:2015 中属于（　　）条款。（　　）应按照策划的时间间隔对组织的质量管理体系进行评审，以确保其持续的适宜性、充分性和有效性，并与组织的战略方向保持一致。

2. 单选题

（1）2015 版新标准中质量管理原则不包括（　　）。

A. 以顾客为关注焦点　　　　B. 管理的系统方法

C. 领导作用　　　　　　　　D. 持续改进

（2）产品要求可由（　　）而确定。

A. 顾客提出规定　　　　　　B. 组织预测顾客的要求

C. 法律法规　　　　　　　　D.A+B+C

（3）下列哪个不是内部沟通（　　）。

A. 各种形式的有关质量体系运行的内部会议

B. 各种内部管理信息文件传递

C. 内部联欢会

D. 年终总结会

3. 判断题

（1）设计和开发的更改只要进行了适当的评审、验证和确认，不需要再次得到批准即可实施。（　　）

（2）在有可追溯性要求的场合，组织应控制产品的唯一性标志，并保持记录。（　　）

（3）设计和开发的输出结果仅为生产过程的输入。（　　）

4. 描述推行 ISO 9001 的好处。

单元 3
零部件质量管理

任务工单

一、任务准备

1. 场地设施：汽车工厂、教室或会议室。
2. 工具：手机（计算机）、钢笔和笔记本、白板及白板笔、工单。
3. 实施方式：组成 5~7 人小组进行讨论。

二、了解汽车零部件的功用及其质量特性

1. 分别写出你熟悉的三个汽车零件和汽车部件，并简述其功用。

2. 完成以下工单相关任务（见表 3-1）。
选择汽车制造企业进行调查分析，完成工单填写。

表 3-1 汽车零部件质量特性指标调查分析

零部件名称	主要质量特性指标	是否与安全性有关	是否与功能有关	是否与舒适性有关	是否与商品性有关

单元 3
零部件质量管理

三、掌握质量不合格零部件的处理流程与质量改善方法

1. 零部件质量不合格有哪几种类型？

2. 简述导致汽车零部件质量不合格的因素有哪些。

3. 简述质量不合格零部件处理流程。

4. 完成以下工单中的任务。

通过汽车制造企业的实地调查，针对 1~2 个质量不合格零部件，撰写调研报告，并完成表 3-2 的填写。

表 3-2　调研报告表

调研企业及部门	
不合格零部件名称	
质量问题描述	
不合格原因	
纠正措施	
效果验证	
预防措施	

单元 4
汽车制造过程质量管理

任务工单

一、任务准备
1. 场地设施：教室或会议室。
2. 工具：手机（计算机）、钢笔和笔记本、白板及白板笔、工单。
3. 实施方式：将学生 4~6 人分成一组进行讨论。

二、掌握生产现场质量管理
1. 填空题
（1）影响过程能力的六个因素分别为人、机、料、法、环、（　　　）。
（2）"5S"是指：整理、整顿、清扫、清洁、（　　　）。
（3）作业标准书的英文简称为（　　　）。
2. 选择题
（1）不合格品管理工作要做到三个"不放过"，分别为（　　　）。
A. 没找到责任和原因"不放过"
B. 没找到防患措施"不放过"
C. 当事人没受到教育"不放过"
D. 不合格品没修复好"不放过"
（2）整车关键力矩控制和装配过程中的外观质量是（　　　）过程质量控制的重点。
A. 涂装工艺　　　　　B. 焊装工艺　　　　　C. 冲压工艺　　　　　D. 总装工艺
（3）标准作业由（　　　）三要素组成。
A. 生产节拍　　　　　B. 作业顺序　　　　　C. 标准手持　　　　　D. 作业内容

三、掌握过程质量管理
1. 选择题
（1）汽车四大生产工艺中，第二大生产工艺是（　　　）。
A. 涂装　　　　　　　B. 焊装　　　　　　　C. 冲压　　　　　　　D. 总装

（2）四大工艺中，（ ）自动化程度最低、线体最为复杂，因为审核要素最多。
A. 冲压　　　　　　B. 焊装　　　　　　C. 涂装　　　　　　D. 总装

2. 判断题

（1）冲压过程的质量检验一般设定为首件和中间抽检。（　　）

（2）过程评审包括内部审核和外部审核，两种审核方式不同，并且审核准则也不同。（　　）

（3）标准偏差越小，工序能力越高；标准偏差越大，工序能力越小。（　　）

四、熟悉精度质量管理

1. 选择题

（1）零件精度报告包括（　　）。
A. 尺寸精度　　　　B. 形状精度　　　　C. 位置精度　　　　D. 表面精度

（2）影响车身尺寸偏差的最主要的因素为（　　）。
A. 冲压件偏差　　　　　　　　B. 焊接工装夹具偏差
C. 焊接工装夹具的5S状况　　　D. 焊接员工的操作

2. 判断题

（1）零件精度是指零件加工后的几何参数（尺寸、形状及位置等参数）与几何参数的符合程度。（　　）

（2）车身焊装尺寸偏差对最终汽车产品的质量没影响。（　　）

（3）夹具定位元件的精度管理属于夹具的日常管理。（　　）

（4）监视装置是监视生产条件，并具备判断生产条件是否适合的装置。（　　）

单元 5
整车质量管理及相关法律法规

任务工单

一、任务准备

1. 场地设施：教室或会议室。
2. 工具：手机（计算机）、钢笔和笔记本、白板及白板笔、工单。
3. 实施方式：将学生 4~6 人分成一组进行讨论。

二、熟悉整车质量检查规范、流程和评审标准

简述整车质量检查包括哪些？

三、理解 3C 认证的目的和熟悉 3C 认证的步骤

（1）国家建立 3C 认证制度的目的是什么？

（2）企业申请 3C 认证的步骤有哪些？

四、理解汽车召回的法律依据和熟悉实施汽车召回的具体步骤

（1）国家实施召回的法律依据是什么？

（2）汽车的哪些缺陷需要实施召回活动？

（3）实施召回活动的具体步骤是什么？

五、熟悉汽车三包政策的基本知识

（1）汽车"三包"政策何时实施？法律依据是什么？

（2）汽车"三包"与汽车"召回"有何不同？

（3）消费者在维权时要保留哪些单据？

单元 6
质量改进

任务工单

一、任务准备

1. 场地设施：教室或会议室。
2. 工具：手机（计算机）、钢笔和笔记本、白板及白板笔、工单。
3. 实施方式：将学生 4~6 人分成一组进行讨论。

二、质量改进基本认识

1. 思考：企业从事质量改进的方法与步骤有哪些？

2. 填写表 6-1。

表 6-1　根据 ISO 9001:2015 理解质量相关定义

	质量改进	质量控制	备注
定义的区别			
实现手段的区别			
两者的联系			
质量改进与质量突破的关系			

3. 请谈一谈：如果你是汽车企业的从业人员，在质量改进中你想要做些什么？能做什么？

三、QC 小组活动认知

1. 什么是 QC 小组？

2. QC 小组活动的性质和特点是什么？

3. 为什么中国商飞能够获得"2020 年全国优秀质量管理小组"光荣称号，有何意义？

四、QC 小组组建及注册登记

1. 描述怎样成立 QC 小组？

2. 班级成立学习改进小组（建议由班长、学习委员、课代表组成），设计本班级 QC 小组注册登记表。

3. 班级学习改进小组设计本班 QC 小组注册登记工作流程。

4. 各 QC 小组按要求填写 QC 小组注册登记表，并初步确定本小组活动课题，以为下一步正式开展 QC 小组活动做相应的准备。

五、怎样开展质量管理小组活动

1. 描述质量管理小组活动的步骤与方法。

2. 单选题

（1）质量管理小组活动成果评价方法应以（　　）为主。
A. 会议发表　　　　B. 现场检查　　　　C. 活动　　　　D. 专家评审

（2）在 QC 小组活动中，下列选项不属于 QC 老七种工具的是（　　）。
A. 网络图　　　　B. 散布图　　　　C. 排列图　　　　D. 控制图

（3）QC 小组活动起源于（　　）。
A. 美国　　　　　　B. 日本　　　　　　C. 德国　　　　　　D. 挪威

3. 判断题

（1）对策表又叫措施计划表，是针对质量问题的主要原因而制定的应采取措施的计划表。（　　）

（2）QC 小组活动应遵循科学的程序和方法，以事实为依据，用数据说话，才能达到预期目标，取得有价值的成果。（　　）

六、撰写 QC 小组活动成果

1.QC 小组活动成果报告编写准备工作包括：制定成果报告编写计划和进度表，（　　），收集整理原始记录和资料，小组讨论，统一看法，开始编写。

2.QC 小组活动成果报告的编写技巧有哪些？

3.描述 QC 小组活动成果报告的主要内容有哪些？

七、5S 活动

1. 描述 5S 的内容。

2. 如何开展 5S 活动。

3. 判断题

（1）定置管理太耽误时间，赶不上过去随意取放方便、省时。（　　）

（2）5S 是一种行为，用活动来改变人的思考方式和行动品质，来达到改变公司整体管理水平的目的。（　　）

4. 单选题

（1）5S 的来源：（　　）。

A. 中国、韩国　　　　B. 美国、日本　　　　C. 英国　　　　D. 日本

（2）公司什么地方需要整理或整顿？（　　）

A. 生产现场　　　　B. 办公室　　　　C. 公司的每个地方　　　　D. 仓库

（3）整理主要是排除（　　）浪费？

A. 时间　　　　B. 工具　　　　C. 空间　　　　D. 包装物